하룻밤에 읽는 숨겨진 세계사

하룻밤에 읽는
숨겨진
세계사

미야자키 마사카쓰 지음 | 오근영 옮김

RHK
알에이치코리아

'불확실성의 시대'라는 말이 유행한 지 꽤 많은 시간이 흘렀다. 그러나 세계는 여전히 다양한 대변동을 겪고 있다. 사회의 앞날이 보이지 않는다는 것은 불안한 일이다. 우리는 예부터 사회의 방향성이 잘 보이지 않을 때 역사에서 그 지침을 찾곤 했다. 제2차 세계대전 후 몇 번인가 고개를 쳐들었던 역사에 대한 관심도 그러한 시대적 요청이었을 것이다. 그러나 현재는 역사에 대한 관점 자체가 변혁을 요구하고 있다. 사회의 변동이 점점 빨라져서 지금까지 '드러난 역사'는 아예 외면당하고 있다는 느낌이 든다.

최근에 빈번히 사용하는 말 가운데 '리스크risk'가 있다. 영국의 사회학자 앤서니 기든스Anthony Giddens에 의하면 리스크라는 단어는 '항해도가 없는 항해'를 뜻하는 스페인어 혹은 포르투갈어가 어원이며 원래는 '미지의 공간'을 의미하는 말이었다고 한다. 지도가 없는 항해는 지금의 세계 움직임과도 절묘하게 일치한다.

"리스크를 잡는다"는 말은 변화의 과정을 '읽고' 스스로 그것을 헤쳐나가는 것을 가리킨다. 그러기 위해서는 다각적이면서도 유연하게 사물을 보는 관점이 무엇보다 중요하다. 생각해 보면 리스크는 어느 시대에나 있었고, 많은 사람이 '리스크'와 맞서왔다.

한편 기든스는 '전통tradition'이라는 말은 '전달이나 관리를 목적으로 다른 사람에게 일을 맡긴다'는 의미의 라틴어 '트라데레tradere'에서 유래한 것으로, 여러 가지 시스템을 다음 세대를 위해 소중하게 지키고 관리할 의무와 함께 계승하는 것을 의미한다고 말한다. 그것은 리스크를 배제하는 구조다.

뭐든지 '형식'이나 '명분'으로 만들어 버리는 문화는 리스크보다도 전통에 대응하기 쉬운 본질을 갖고 있다. 그러나 '불확실성의 시대'를 만나 상황은 생각지도 않은 방향으로 전환하기 때문에 우리도 결국은 리스크와 맞서지 않을 수가 없다. 매뉴얼적인 발상으로는 도저히 극복할 수 없는 시대다.

이 책의 기본 관점은 '비교 문화', '비교 문명'이라는 학문에서 볼 수 있는 문화·문명의 이질성, 다양성에 대한 착안에 있다. 모든 것을 형식이나 명분으로 만들어 버리는 게 아니라 '실제로 있는 역사'를 풀어내고 좀 더 유연하게 생각해 보고 싶다.

《하룻밤에 읽는 숨겨진 세계사》라는 제목에서도 엿볼 수 있지만 이 책은 일반 통사通史로는 다룰 수 없는 사항들을 읽기 쉬운 형태로 다양한 시각에서 다루려고 한다. 아무 데나 펼쳐서 읽고 '역사의 단면도 여러 가지가 있구나', '현재 사회와 역사에는 다양한 접점이 있구나', '의외로 재미있네'라는 느낌을 받는다면 좋겠다.

미야자키 마사카쓰

3장 세계의 지명·국가명은 역사의 산물

4장 세계사를 수놓은 문화와 문명

5장 교류와 교섭이 역사를 더욱 풍요롭게 만들었다

6장   변화하면서 성장하는 세계

7장 역사는 역시 인간이 만드는 것이다

8장 역사의 틈바구니에 숨겨진 사건

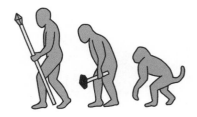

1장

세계사는
이런 관점에서도
이해할 수 있다

사람의 생활 공간은
1인당 겨우 0.02제곱킬로미터 이하

세계사는 사람들에 의해 이루어져 왔다. 그 무대가 되는 지구에 대해 잠시 알아두자. 역사가 어떻게 이루어져 왔는지는 지표地表 상태와도 크게 관련이 있기 때문이다.

인류의 생활 터전인 지구는 크게 바다와 육지로 나뉜다. 현재 바다와 육지의 비율은 70.8퍼센트 대 29.2퍼센트이다. 육지의 모든 땅을 깎아 바다를 메우면 지구 표면은 약 2,400미터 깊이의 바다로 뒤덮인다.

지구는 바로 '물의 혹성'인 것이다. 바다의 대부분을 차지하는 대양은 크게 태평양, 대서양, 인도양으로 구분하는데 태평양이 바다 면적 가운데 약 46퍼센트를 차지하고 있다. 더구나 태평양은 육지를 모조리 삼켜버릴 정도로 광활하다.

남반구와 북반구를 비교해 보면 북반구는 육지 39 대 바다 61,

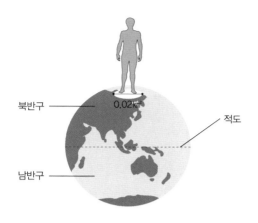

북반구

0.02㎢

적도

남반구

남반구는 육지 19 대 바다 81의 비율이다. 북반구는 '육반구', 남반구는 '해반구'라고 바꾸어 표현할 수도 있을 것이다. 북반구가 인류사의 주요 무대가 되어온 이유는 바로 여기에 있다.

지구상의 육지 면적은 약 1억 5,000만 평방킬로미터이다. 그런데 육지 면적 가운데 7분의 1 이상은 사막, 초원, 산악 지대 등이기 때문에 인류가 '생활할 수 있는 장소'는 약 1억 2,800만 제곱킬로미터에 불과하다. 지구상의 인구를 약 60억으로 잡는다면 1인당 겨우 0.02제곱킬로미터 정도라는 계산이 나온다.

그러나 인류가 생활할 수 있는 면적 중에는 건조 지대 등 실제로 생활하기 어려운 부분이 포함되어 있으므로 정확하게 따지면 1인당 면적은 더욱 좁아진다. 이처럼 지구를 제한된 공간에 불과한 '평범한 혹성'이라고 여기기 시작한 것은 20세기에 접어든 후의 일이다.

모든 인류는
아프리카에서 탄생했다?

인류의 역사는 '직립 보행'에서 비롯되었다. 다시 말해 '앞발'이 보행에서 해방되어 자유롭게 사용할 수 있는 '손'이 되면서 모든 것이 시작되었다.

1974년에 에티오피아 수도 아디스아바바 동북쪽 아와시강 하류에서 발견된 여성의 화석 인골이 직립 보행을 한 인류의 첫 조상으로 알려져 있다. 약 320만 년 전의 것으로 추정되는 이 화석 인골은 '루시'라고 명명되었다(조사대가 당시 즐겨 부르던 비틀스의 노래 〈Lucy in the sky with diamonds〉를 따서 명명). 루시의 그룹을 '원인猿人' 오스트랄로피테쿠스Australopithecus라고 한다.

그로부터 오랜 세월이 흐른 약 100만 년 전에 그들은 아프리카에서 기후 조건이 좋은 지역을 따라 이동하기 시작했다(제1 무리의 이동). 육지를 따라 동남아시아로 이주했고(자바 원인), 이어서 동아시

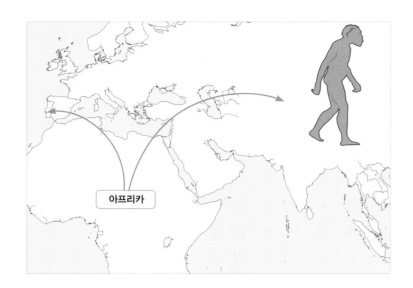

아에 이르렀다(베이징 원인). 호주 원주민은 약 50만 년 전에 나타난
원인原人의 직접적인 자손으로 추정된다.

또 현대인의 고향이 아프리카라는 설도 있다. 약 10만 년 전에 아
프리카에서 신인新人(현대인인 '호모 사피엔스'의 직접 조상)의 이동 물
결(제2 무리의 이동)이 일어나 전 세계로 퍼져나갔을 것이라는 이론
이다.

하와이 대학의 R. 캔은 1987년 세계 각지에 사는 인류의 세포에
서 미토콘드리아 DNA를 추출해 조사한 결과를 토대로 20만 년 전
아프리카에 있던 한 여성('이브'라 명명)이 모든 호모 사피엔스, 즉 현
재 지구상에서 생활하는 약 60억 인류의 '공통된 어머니'일 것이라
는 가설을 제시했다.

그러나 인류의 발상지로 여겨지고 있는 아프리카에는 현재 세계 인구의 12.8퍼센트가 거주하고 있을 뿐이다.

📖 역사 메모

에티오피아는 320만 년 전의 인류 화석인 '루시'가 발견된 데 이어 '호모 하빌리스(손을 쓰는 사람)', '호모 에렉투스', '호모 사피엔스' 등 다양한 인류 화석이 출토된 곳으로 '인류학의 보고'라 할 수 있다.

농업의 시작으로
인간 생활은 어떻게 변했나

약 400만 년에 이르는 인류의 역사 가운데 어느 한 시대를 딱 잡아 '매듭'을 짓는다면 그 시대는 틀림없이 약 1만 년 전 농업이 개시된 때가 될 것이다.

'농업'을 시작함으로써 자연에 의존하던 그때까지의 사회 형태가 가히 혁명적으로 달라졌기 때문이다. 인간이 관리하는 '밭'이라는 공간이 생기면서 다른 생물을 배제하고 인간이 필요로 하는 작물만 선택 재배해 거기에 의존하는 새로운 생활 양식이 창출된 것이다.

이러한 변화를 세계사에서는 '농업 혁명'이라고 한다. 여기서 인간이 자기 손으로 제어하는 지구상의 공간, 즉 '인간권 人間圈'이 탄생한다.

제2차 세계대전 이후 인류 역사상 농업이 어디서, 어떤 형태로, 왜 시작되었는지에 대한 연구가 본격적으로 이루어졌다. 그러나 농

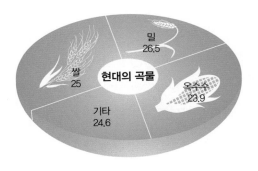

밀
26.5

쌀
25

현대의 곡물

옥수수
23.9

기타
24.6

업의 기원에 대해서는 여러 가지 설이 있어 명확하게 밝혀진 것은
아니다.

가장 유력한 설은 다음과 같다. 약 1만 년 전에 마지막 빙하기가
끝나고 특정한 여러 지역에서 건조가 진행되는 등 인류의 생활 조
건이 열악해졌다. 따라서 수렵이나 채집에 의한 생활을 유지하기가
불가능했다. 그러한 위기에 대응하기 위해 주변에 있던 곡류, 감자
류, 바나나 등의 과수 재배를 시작했다는 것이다. 일테면 농업은 자
연 환경이 열악해진 데 대한 인류의 도전으로 시작된 것이다.

이러한 변화가 일어나는 가운데 인류 사회에 특히 큰 영향을 끼친
것이 밭에서 경작하는 밀, 쌀, 옥수수 등의 곡류 재배였다. 현재 세
계에서 재배되는 식료 가운데 52퍼센트가 곡류, 20퍼센트가 근채류
이고, 과실果實은 0.9퍼센트를 차지하는 데 불과하다(1977년 FAO 통
계). 그리고 곡류의 26.5퍼센트가 밀, 25퍼센트가 쌀, 23.9퍼센트가
옥수수라는 수치는 인류 사회를 지탱해 온 농업의 근간을 반영하고
있다.

의외라고 생각할지 모르지만, 농업이 시작된 곳은 하나같이 지구상의 건조 지대였다. 팔레스타인·시리아·이라크를 잇는 '비옥한 초승달 지대' 주변의 중근동에서는 보리 등의 맥류麥類, 중국의 황토 지대에서는 조·수수, 중앙아메리카(메소아메리카)에서는 옥수수, 아프리카에서는 사하라 사막의 우기에 얕은 호수가 생기는 우묵한 땅 주변 그리고 사바나와 숲의 경계에서 잡곡을 재배하기 시작했다.

밭은 처음에 숲이나 들판을 태워서 만들었다. 수렵·채집 단계에서 이미 인류는 불을 이용해 삼림을 개척하거나 재배하는 식물의 종류를 바꾸기도 하고, 수렵 조건을 개선할 수 있다는 것을 알고 있었다. 숲에 계속해서 불을 놓으면 초지草地를 늘릴 수 있고, 초원에 불을 놓으면 새싹이 돋아나 초식 동물을 모아들일 수 있었다. 이러한 지식을 요령껏 이용하면서 '화전 농업'을 시작하는 일은 비교적 쉬웠을 것이다.

화전 농업에서는 밭을 개간해 1년에서 수년간 작물을 재배한 다음 10~25년 동안 방치했다. 다시 말해 이 시대의 밭은 불안정해서 '생물권'과 '인간권' 사이를 왔다 갔다 했다.

그러나 밭에 의존해 생활하는 인구가 늘어나자 한번 만들어 놓은 밭을 해마다 이용할 필요가 생겼다. 그래서 수로와 제방을 건설하고 '강물'을 이용하는 새로운 유형의 밭이 만들어졌다.

밭이라는 형태를 보통 자연과 똑같다고 생각하기 쉽지만 밭은 있는 그대로의 자연과는 상당히 다르다. 그런 맥락에서 생각해 보면 인류의 발자취를 쉽게 이해할 수 있을 것이다.

최초의 '도시'는
과도한 개발로 쇠망했다?

도시는 5,000년 전에 출현한 이래, 엄청난 기세로 지구를 뒤덮기 시작했다. 1995년 현재 세계 인구의 45.3퍼센트가 도시에서 생활하고 있으며, 선진 지역에서는 무려 74.9퍼센트가 도시에서 생활하고 있다.

현재 인구 100만 명 이상의 도시는 약 280개나 된다. 그야말로 거대 도시가 지구 표면을 뒤덮고 있는 형상이다. 연구에 따르면 2030년에는 세계 도시 인구의 비율이 60퍼센트를 넘을 것이라는 예측도 있다.

산업혁명 이전의 전통 사회에서는 도시에 사는 사람들이 전체 인구의 20퍼센트 정도면 그 도시 인구를 부양할 수 있다고 여겼다. 그러나 현재는 45퍼센트다. 공업화된 농업을 통해서도 막대한 도시 인구를 부양하기 어려워졌고, 나아가 지구의 환경은 급속히 악화되

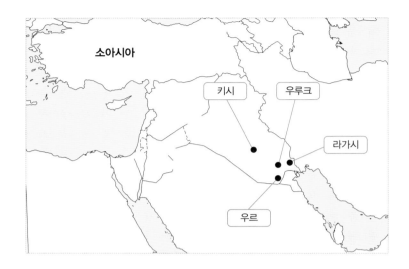

고 있다. 그야말로 '도시 폭발'을 어떻게 할지가 21세기의 큰 과제로
대두되었다.

그런데 이러한 도시는 약 5,000년 전 메소포타미아 남부(현재의
이라크)의 습지대에서 최초로 출현했다. 그곳에서 생활하던 수메르
인은 관개 시설을 늘려 넓은 밭을 개척하고 그것을 중심으로 키시,
우르, 우루크, 라가시 등의 도시를 건설했다. 도시는 신농지의 개척,
질서 유지, 신앙·교역의 센터 역할을 맡고 있었다.

그들이 만든 '에리두Eridu'라는 도시의 유적 발굴을 통해 '물의 신'
엔키에게 제사를 지내는 작은 제단이 작은 신전이 되고, 점차 도시
로 발전해 가는 과정이 밝혀졌다.

밭이 확대되면서 도시가 성장했다고 할 수 있다. 그러나 과도한
개발로 자연의 균형이 무너지자 수메르인의 세계는 쇠망했다. 지금

전 지구적 규모로 일어나고 있는 '도시 폭발'을 보면서 수메르 세계의 교훈을 되새길 수 있을까.

📖 역사 메모

에리두는 이라크 남부의 유프라테스강에서 가까운 아부 샤흐라인에 있는 고대 수메르의 도시이다. 발굴 조사 결과 남부 메소포타미아에서 가장 오래된 도시라는 사실이 확인되었다.

역사상 수도 없이 출현한
'제국'은 과연 무엇일까

세계사에는 '제국'이나 '황제'라는 말이 계속 나온다. 국가를 훨씬 초월하는 막강한 지배력, 권력을 연상케 하는 제국은 서아시아에도, 남아시아(인도)에도, 동아시아(중국)에도, 지중해 세계에도 등장했지만 각각의 제국이 의미하는 바는 제각기 다르다.

중국에서는 천신天神의 대리인인 왕이 지상 세계를 두루 지배한다는 신앙이 있었는데, 전국 시대(기원전 403~기원전 221)의 일곱 개 강대국全國七雄을 통합하고 전 국토를 통일한 진秦의 시황제(재위 기원전 221~기원전 210)가 그 이미지를 처음으로 구현하였다.

그는 전설 시대의 지배자인 '삼황오제三皇五帝'의 덕을 두루 갖춘 지배자로서 황제를 자칭하고, 자신이 통치하는 세계를 제국으로 삼았다. 종교적이라고 할 수 있는 그러한 권위가 '한漢' 이후에 등장하는 왕조에도 이용되어 황제라는 말이 계승된 것이다.

여러 도시와 지방의 자립성이 강한 서아시아 세계를 통일한 아케메네스 왕조의 페르시아(기원전 550~기원전 330)에서도 페르시아 왕은 자신을 '여러 왕들의 왕'으로 칭하고, 조로아스터교의 전지전능한 신 아후라 마즈다(광명의 신)의 대리인으로서 시간을 만들어 냈고('曆'을 만들고), 세계를 지배한다고 했다. 그러한 제국의 이미지는 파르티아 제국(기원전 248?~기원후 226), 사산 왕조(224~651) 그리고 이슬람 제국으로 계승되었다.

지중해 세계를 무력으로 통일한 로마 제국에서는 도시국가 이후의 정치적 배경도 한몫을 했다. 기원전 27년에 실력자 율리우스 카이사르의 후계자인 옥타비아누스('아우구스투스', 즉 존엄자라는 존칭을 얻었다)가 원로원에서 라틴어 임페리움imperium(권력, 권한)에서 유래한 임페라토르imperator(최고 군사령관), 카이사르 등의 칭호를 부여받고 원수元首, princeps로서 지중해 주변의 광활한 영토를 지배했다.

대립 관계에 있던 서아시아 페르시아 제국의 영향을 받아 이러한 칭호는 차츰 종교적 권위를 띠게 된다. 단순히 최고 군사령관의 칭호였던 '임페라토르'는 영어 '엠퍼러emperor(황제)'가 되고, 황제가 지배하는 영토는 '엠파이어empire(제국)'라고 불렸다.

다른 한편 '카이사르'라는 칭호는 황제를 의미하는 독일어 '카이저', 러시아어 '차르'로 계승되어 각 지역 지배자의 권위를 높였다. 395년에 로마 제국이 동서로 분열된 후, 서로마 제국의 권위는 프랑크 왕국·신성 로마 제국으로 계승되었고, 동로마 제국의 권위는 러시아 제국으로 계승되었기 때문이다.

또 앞에 나온 '프린켑스princeps(원수)'라는 말에서 '프린스prince(황태자)'라는 말이 생겼다.

19세기 말(1870년대 이후)이 되자 강력한 군사력을 가진 유럽 열강에 의한 세계 분할이 예전의 로마 제국에 의한 침략, 확장의 이미지와 겹쳐져 '제국주의imperialism'라는 말이 사용되기 시작했다. 전 지구적 규모의 세력 다툼 결과 제1차 세계대전(1914~1918)이 일어났는데 유럽 열강은 이 전쟁으로 급격히 약해졌다.

그리고 자국의 이익을 위해 다른 나라를 희생시킴으로써 세계 규모의 시스템을 유지하려는 나라를 '패권 국가'라 부르는데, '대항해 시대' 이후 패권 국가는 스페인, 포르투갈, 네덜란드, 영국, 미국으로 옮겨 갔다. 그런데 종교적 권위를 동반하지 않는 이러한 국가들을 반드시 제국이라고 부르지는 않는다.

최초에 지구의 크기는
어떻게 측정했을까

최초로 어렴풋하게나마 '지구'의 이미지를 그려낸 사람은 헬레니즘 시대를 대표하는 대학자 에라토스테네스(기원전 275?~기원전 194)였다.

그리스에서 인도 부근까지의 광활한 지역을 지배한 알렉산드로스 대왕이 사망한 후 알렉산드리아의 통치권을 쥐게 된 프톨레마이오스는 프톨레마이오스 왕조(기원전 304~기원전 30)를 열고, 그 만년에 '무세이온Museion'이라는 종합 연구 기관을 만들었다.

무세이온은 2층짜리 대강당, 연구실, 강의실, 천문대, 동식물원, 대도서관(장서 50만~70만 권) 등으로 이루어졌으며, 지중해 주변 여러 지역에서 모여든 100여 명에 이르는 연구원이 높은 급료를 받으며 우수한 연구를 진행했다. 무세이온은 '뮤지엄Museum(박물관)'의 어원이다.

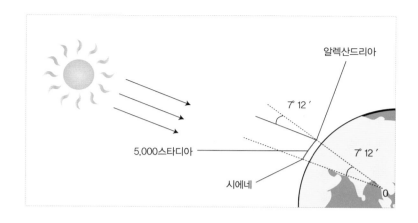

에라토스테네스는 무세이온의 제2대 도서관장이었다. 그는 '지구는 둥글다'는 가설을 세우고 알렉산드리아와 그 정남쪽에 있는 시에네(현재의 아스완)에서 같은 시각에 태양의 고도를 비교해 두 지점의 거리를 측정함으로써 지구의 원주圓周를 계산하려 했다.

시에네에서 태양이 머리 위에 왔을 때 알렉산드리아의 오벨리스크 그림자를 측정하니 7도 12분이었다. 이 각도는 원주 360도의 약 50분의 1이므로 두 지점 사이 거리의 50배가 지구의 원주라는 계산이 나온다.

그리고 여행자에게 알렉산드리아와 시에네 사이의 거리를 물으니 낙타로 50일이 걸리는 여정이었다. 그 낙타는 하루에 100스타디아를 가니까 두 지점의 거리는 약 5,000스타디아이며, 여기에 50을 곱하면 지구의 원주는 약 25만 스타디아라는 계산이 나온다. 이것을 미터법으로 환산하면 약 4만 5,000킬로미터다. 실제 지구의 원주는 약 4만 킬로미터이므로 5,000킬로미터의 오차가 있을 뿐이다.

세계 지도를 영어로 '아틀라스'라고 부르는 까닭

그리스 신화에 따르면 제왕 제우스를 리더로 하는 올림포스의 신들이 세계를 지배하기 이전에, '티탄(거인족)'이라 불리는 신들이 지배하는 시대가 있었다고 한다. 그중 하나가 아틀라스였다.

아틀라스는 엄청난 힘으로 하늘을 짊어지고 사방을 둘러보는 생활을 했기 때문에 세계의 구석구석까지 이해할 수 있었다. 영웅 헤라클레스가 황금 사과를 찾으러 왔을 때는 헤라클레스에게 한동안 하늘을 떠받치게 하고 대신 사과를 따다 줄 정도였다고 한다.

그러나 제아무리 힘 좋은 아틀라스도 가는 세월과 나이를 이기지 못해 무거운 하늘을 지탱하기가 너무나 힘들어지기 시작했다. 그런데 영웅 페르세우스가 눈이 마주친 사람은 모두 돌로 만들어 버리는 메두사를 퇴치하고 그 목을 가지고 돌아오는 길에 아틀라스에게 잠자리를 청했다가 거절당하자 화가 나서 메두사의 머리를 내보였다.

그때 메두사의 눈과 마주친 아틀라스는 순간 바위산으로 변해 현재와 같은 산맥의 모습이 되었다고 전한다. 그것이 바로 지브롤터 해협의 아프리카 북서부에 동서로 우뚝 솟은 아틀라스 산맥이다.

옛날 지도는 그림 지도였고 그리스와 로마의 문화를 계승한 유럽에서는 지도에 하늘을 떠받치고 있는 아틀라스를 그려 넣는 것이 관습으로 이어졌다.

대항해 시대 이후에는 지구에 대한 지식이 급속히 축적되어 많은 세계지도가 만들어지기 시작했다. 1569년에 네덜란드의 지리학자 G. 메르카토르(1512~1594)는 형태와 방위는 옳게 기록할 수 있지만 남북이 극단으로 퍼지는 '메르카토르 도법'에 의한 세계 지도책을 만들고 그 표지에 아틀라스를 그려 넣었다. 그 후로 세계지도 혹은 지도책을 '아틀라스'라 부르게 되었다.

1장 세계사는 이런 관점에서도 이해할 수 있다

환상의 '남대륙'으로
착각한 뉴질랜드

유럽인의 지리적 세계 인식은 지중해 세계를 토대로 하고 있다. 뛰어난 해양 민족으로서 세계로의 인식을 확대했던 페니키아인 항해사가 이집트 왕의 명령을 받아 오랜 세월 동안 동에서 서로 아프리카를 일주했다는 전승이 남아 있을 정도다.

그들의 영향을 받은 그리스인은 고온 지대나 적도가 있다는 것은 알았지만 남반구에 대한 이해가 부족했다. 그래서 육지가 많은 북반구와 마찬가지로 남반구에도 대륙이 있을 거라고 생각했다. 그들은 그 미지의 대륙에 남대륙이라는 뜻으로 '테라 아우스트랄리스Terra Australis'라는 이름을 붙였다. 이 대륙은 2세기에 프톨레마이오스가 그린 것으로 추정되는 세계 최초의 세계 지도에도 동서로 길게 확대된 거대한 형태로 그려져 있다.

대항해 시대 이후 항해사들은 남대륙 발견을 목표로 항해를 되풀

프톨레마이오스

남반구

이했다. 그러나 태평양은 지구 면적의 약 3분의 1을 차지하는 넓디 넓은 바다였다. 아메리카 대륙 최남단의 마젤란 해협을 거쳐 태평양에 들어서면 북쪽으로 흐르는 훔볼트 해류와 강풍 때문에 같은 위도에서 서쪽으로 나아가기가 매우 어려웠다.

1642년 바타비아(자카르타) 총독의 명령을 받은 네덜란드 탐험가 A. 타스만은 남대륙을 발견하기 위해 남위 50도에서 42도의 해역을 항해하던 중 '태즈메이니아섬'을, 이어서 광활한 육지를 발견했다.

타스만은 자신의 고향인 네덜란드 남부의 제일란트Zeeland(바다의 땅) 지명을 따서 그 땅을 '뉴제일란트'로 명명했는데 이것이 나중에 영어로 '뉴질랜드'가 되었다.

이 땅은 한동안 남대륙의 일부로 간주되었는데, 영국의 탐험가 제임스 쿡에 의해 1770년에 '섬'이라는 것이 밝혀졌다.

'일곱 바다'는 시대에 따라
다르게 인식되었다

지구의 표면에서 70퍼센트는 '바다'이고 '육지'는 고작 30퍼센트에 불과하다. 지구는 그야말로 수구水球인 것이다.

《정글북》을 쓴 러디어드 키플링의 시집에서 유명해진 '일곱 바다'가 있다. 미지의 세계를 나타내는 말로 낭만적인 분위기를 자아낸다.

세계사적으로 보면 '바다 세계'의 개척은 지지부진하여 15세기까지는 지중해와 '바닷길'을 연결하는 루트에 일곱 개의 바다가 펼쳐져 있다고 생각했다. 지중해, 흑해, 아드리아해, 카스피해, 홍해, 페르시아만, 인도양 등이 유럽인이 인식한 '일곱 바다'였다.

그에 비해 8세기에 '바닷길'을 발전시켜 서쪽 페르시아만과 동쪽 중국의 광저우廣州만을 잇는 직행 항로를 개발한 무슬림은 그 항로 상의 해역을 파르스 바다(페르시아만), 라르비 바다(아라비아해), 하르칸드 바다(벵골만), 카라 바다(말라카 해협), 쿤드란 바다(베트남 남부

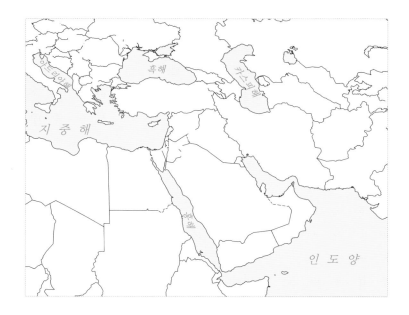

의 바다), 상하이 바다(중국 남부의 바다) 등 여섯 개로 나누고, 그 밖에 쿠르무즈 바다(홍해), 잔지 바다(아프리카 동부의 바다), 지중해 등을 인식하고 있었다.

뱃사람 '신드바드'가 활약하던 시대의 일곱 바다는 유럽인이 알고 있는 것과는 큰 차이가 있었다. 일단 육지에서 가까운 바다가 중심이고 너무 넓은 대양은 시야에 넣지 않았다. 대양에 항로를 개척하고 바다 세계의 역사를 크게 전환시킨 것은 유럽의 대항해 시대였다. 이 시대 이후 일곱 바다는 남태평양, 북태평양, 남대서양, 북대서양, 인도양, 북극해, 남극해 등을 일컫게 되었다.

대항해 시대를 연
아랍계 어선

'대항해 시대'는 지중해와 대서양, 아프리카와 유럽의 십자로에 위치하는 포르투갈에서 시작되었다. 이 나라에서 새로운 움직임이 시작된 데는 까닭이 있다.

포르투갈 문화는 이슬람 문화를 절묘하게 받아들여 국제성을 띠고 있었다. 서아프리카 항로를 개척한 엔히크(1394~1460) 항해 왕자 시대의 왕궁은 이슬람 건축 자체였고, 포르투갈 고유의 파란 타일 장식(아즈레조)에도 이슬람의 세밀화가 그려져 있었다.

모로코의 경제 도시 세우타 공략에 실패한 엔히크 왕자는 포르투갈의 최남단 사그레스에 천문대와 항해사 양성 학교를 세웠고, 아프리카 내륙에 있다고 알려진 '대기독교국'과의 제휴 및 서수단에서 황금 무역을 펼칠 목적으로 아프리카 서해안에 대한 탐험 사업을 시작했다. 그런데 정작 엔히크 왕자는 뱃멀미가 심해서 항해에는 거

엔히크 왕자

의 동행하지 않았다고 한다.

이 탐험 사업은 1년 내내 북풍이 강한 모로코 남부를 항해해야 하는 큰 문제가 있었다. 다시 말해 역풍을 받으며 북쪽으로 항해하지 않으면 포르투갈로 돌아갈 수가 없었던 것이다. 그래서 엔히크는 역풍이 불어도 전진할 수 있는 이슬람의 삼각범선에 주목했다. 그렇게 해서 만들어진 배가 아랍계 어선을 개량한 '카라벨선船'이다.

탐험에 이용된 카라벨 범선은 전체 길이는 18~30미터, 무게는 약 50톤가량 되었다. 두 장 또는 세 장의 큰 삼각돛을 갖춘 흘수吃水(배의 밑부분이 물에 잠기는 깊이 – 옮긴이)가 얕은 배로서 갑판을 밀폐시켜 완전 방수가 되었다. 승무원은 스물다섯 명 정도 탑승할 수 있었다.

이 배는 돛에 바람을 받아 앞으로 나아가는 범주帆走 능력이 좋아 아프리카 연안을 탐험하기에 매우 좋았고, 육지로 인양해 수리하기도 간편했다. 카라벨 범선이 없었다면 대항해 시대는 없었을 것이다.

1장 세계사는 이런 관점에서도 이해할 수 있다

세계 어디에서든 타민족은 모두 '야만'이라고 불렸다

신대륙(아메리카)을 정복한 스페인 사람은 비기독교도인 인디오의 문명을 '야만野蠻'으로 간주하며 가혹한 정복 활동을 합리화했다. 그 시기의 프랑스 사상가 몽테뉴(1533~1592)는 《수상록隨想錄》에서 인간은 자신이 이해하지 못하는 것을 접할 때 그것을 '야만'이라는 이름으로 치부한다고 비꼬았다.

인간은 이질적인 존재를 이질적인 존재 그 자체로 이해하지 못하고, 자신의 척도를 적용해 그 가치를 폄하한다. 그런 예는 세계사에서 무수히 찾을 수 있고, 지금도 예외가 아니다. 독단적인 편견은 모든 것을 왜곡해 그 실체를 보지 못하게끔 만들어 버린다.

중화中華 제국은 스스로를 '중화의 땅' 혹은 '중국中國'이라 칭하고, 주변 민족을 '동이東夷', '서융西戎', '남만南蠻', '북적北狄'이라 부르며 멸시했다. 그들이 '동이'라고 불렀던 일본도 남쪽 바다를 통해

북적
(北狄)

서융
(西戎)

중화

동이
(東夷)

남만
(南蠻)

일본에 들어온 포르투갈인을 '남만인'이라고 불렀다.

그와 대조적으로 몽골 제국 시대에는 옛 남송南宋에 속한 중국 남부 지역을 '만즈蠻子'라고 불렀다. 유목민 입장에서 보면 좁은 밭에서 곡물을 재배하며 허덕허덕 평생을 보내는 농민은 '야만인'이었다.

고대 그리스인도 자신들을 영웅 헬렌의 자손이라는 뜻으로 '헬레네스Hellenes'라 부르고, 타민족을 '새의 울음소리처럼 알아들을 수 없는 말을 하는 놈들'이라는 뜻에서 '바르바로이Barbaroe'라고 불렀다. 이 말은 이후에 야만인, 미개인을 뜻하는 말로 바뀌었다.

모로코와 알제리에 사는 원주민을 '베르베르인'이라고 하는데, 이 말은 바르바로이의 라틴어 '바르바로스Barbaros'에서 유래한 것이라고 한다. 멸시를 담아 부르던 호칭이 그대로 민족 이름이 된 것이다.

'역曆'은
달이나 태양을 토대로 만들었다

자연은 태양과 달의 운행에 따라 변하고, 인간의 생활 리듬도 그 변화에 따라 형성되었다. 사람들은 태양의 움직임에 따라 '때時'의 추이를 알고, 태양과 달의 움직임으로 하루의 경과를 알았다.

이러한 자연의 때에 눈금을 넣어 '역曆'을 만들고 농사를 지배한 것은 신관神官이었으며, 그들은 신의 이름 아래 때를 지배함으로써 사람들의 생활을 지배하고자 했다.

역의 역사는 길다. 메소포타미아에서는 수메르인이 달이 차고 기우는 것을 기준으로 한 달을 30일, 하루를 24시간, 한 시간을 60분으로 나누는 방법을 고안해 냈다.

이집트에서는 농업을 가능케 하는 나일강이 범람할 때마다(달이 차고 기우는 것으로는 강의 범람을 측정할 수 없었기 때문에) 새벽 동쪽 하늘의 일정한 위치에 시리우스별天狼星이 나타나는 현상을 발견함으

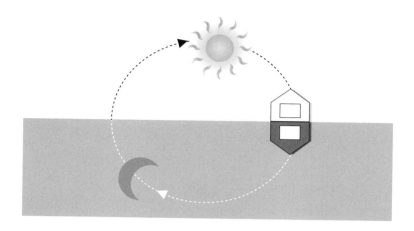

로써 1년을 365일로 하는 '태양력'을 만들 수 있었다.

중국에서는 갑·을·병·정·무·기·경·신·임·계라는 열 개의 태양十干을 은殷 왕조의 조상신으로 여기고, 이것이 하루씩 교대로 나타나 열흘 동안에 모든 태양이 한 바퀴를 돈다고 생각했다. '열흘 旬'이 시간을 재는 기준이 되었던 것이다. 그후 춘추전국 시대에 이르러 서아시아에서 자·축·인·묘·진·사·오·미·신·유·술·해의 십이지十二支가 전해져 십간과 십이지를 교대로 하나씩 접목시킨 '간지干支'로 '일', '년' 등을 재는 방법이 고안되었다.

인도 문명에서는 생명의 무한한 순환인 '삼사라 samsara'를 상상하면서 방대한 규모의 '시간'을 생각했다. 그 생각은 갈수록 확대되어 힌두교에서는 우주 전체를 '윤회의 과정'으로 여기게 되었다. 그 결과 인간의 생활은 사소한 사건에 불과하다는 생각이 폭넓게 퍼져 인도에서는 역사 의식의 발달이 늦어졌다.

역에 남아 있는
카이사르와 옥타비아누스의 허영심

지중해 세계를 거의 통일했던 로마 제국의 율리우스 카이사르는 자신의 영토에서 이용되는 다양한 '역曆'을 통합할 필요성을 느꼈다. 그래서 알렉산드리아의 천문학자 소시게네스의 조언을 받아들여 1년을 365일과 4분의 1로 하는 이집트의 태양력을 채택해 새로운 '로마력'을 만들었다.

　그때 카이사르는 약삭빠르게 자신이 탄생한 7월을 자기 이름을 따서 '율리우스Julius(영어로는 July)'라고 명했다. 그러나 카이사르가 제정한 역은 3년에 한 번 윤년을 두었기 때문에 큰 혼란이 생겼고, 초대 로마 황제 옥타비아누스(아우구스투스) 시대가 되자 4년에 한 번 윤년을 두도록 고쳤다.

　이때 옥타비아누스도 자신의 탄생월인 8월에 자기 이름을 붙여 '아우구스투스Augustus(영어로는 August)'로 부르게 했고, 카이사르의

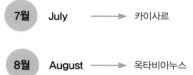

| 7월 | July | ⟶ | 카이사르 |
| 8월 | August | ⟶ | 옥타비아누스 |

달과 같은 날수를 만들기 위해 2월에서 하루를 빼 31일이라는 큰 달로 바꾸었다.

그 때문에 7, 8월이 연거푸 31일이 되는 기묘한 상황이 되었다. 이 부자연스러운 태양력에는 카이사르 따위에게 질 수 없다는 옥타비아누스의 대항 의식이 담겨 있다.

이것이 현재 전 세계에서 널리 사용되는 '그레고리력'의 토대가 된 '율리우스력'이다. 우리도 무의식중에 로마 권력자의 허영심에 휘둘리고 있는 것이다. 로마 제국의 권위는 역에 '카이사르', '옥타비아누스'의 이름이 들어감으로써 부동의 것이 되었다고도 할 수 있다.

1장 세계사는 이런 관점에서도 이해할 수 있다

어째서 '기원후'는 라틴어이고, '기원전'은 영어인가

전 세계 사람들은 각각 독자적인 연호_{年號} 계산법을 갖고 있다. 불교도는 석가의 입멸_{入滅} 연도를 기원 원년으로 하고, 이슬람교도는 교조 마호메트(무함마드)가 교단의 거점을 메카에서 메디나로 옮긴 해(기원후 622)를 기원 원년으로 정한 것처럼 말이다.

그렇다면 기독교에서는 어땠을까. 기독교도는 교의와 깊이 관련된 '예수의 부활'에는 강한 관심을 갖고 있었지만 '예수의 탄생'에는 그다지 관심이 없었다. '서력_{西曆}'이라고 하는 특별한 기준이 없었던 것이다.

그런 가운데 525년에 로마의 수도원장 디오니시우스 엑시구스(470~544)는 매년 변하는 부활절 날짜를 간단히 계산하기 위해 532년을 주기로 한 부활절력을 만들고, 계산의 기점이 되는 해를 예수 탄생일로 삼아 라틴어로 'Anno Domini('주님의 해'라는 의미.

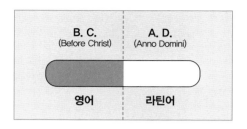

약칭 A.D., 곧 '기원후', '서기'를 말한다)'라고 불렀다.

이처럼 서력 기원이 고안된 것은 뜻밖에도 6세기가 되고 나서였다. 그러나 '기원후'는 즉각 채택되지 못하고 엑시구스의 부활절력이 보급됨에 따라 일반화되었다.

한편 예수의 탄생에서부터 과거로 거슬러 올라가 연수를 세는 '기원전(Before Christ, 약칭 B.C.)'이 학자들 사이에서 사용되기 시작한 것은 물리학자 뉴턴 등이 세계 공통의 연표를 만들기 위해 노력하던 17세기의 일이다.

그런데 디오니시우스 엑시구스가 예수의 탄생 연대를 로마의 체계에 따라(즉, 로마 건국 이후 754년) 753년으로 잡은 것은 오류이고, 실제로 예수가 태어난 것은 기원전 4년 이전이라고 알려져 있다.

기독교 세계에는
'진보와 발전'이라는 이미지가 있다

우리가 인류 사회의 미래를 '진보' 또는 '발전'이라는 관점에서 바라보며 장밋빛으로 묘사하기 시작한 것은 극히 최근의 일이다. 그러나 눈부신 미래가 찾아오리라는 보장은 아무 데도 없다.

인도에서도 중국에서도 고대 그리스에서도 시간은 돌고 도는 계절처럼 언제까지고 순환을 계속하는 것이라고 여겼다. 신들의 시대에서 인간의 시대로 변화하면서 사회가 점점 악화될 것이라는 견해도 있었다.

그에 비해 '최후의 심판'을 교의에 포함시킨 유대교, 기독교, 이슬람교에서는 시간이 '하나님 나라의 실현'을 향해 직선적으로 나아간다고 생각했다. 하지만 유대교나 이슬람교 세계에서 최후의 심판은 어디까지나 종교적으로 이해되었고, 전통적 사회를 유지하는 것이 요구되었다.

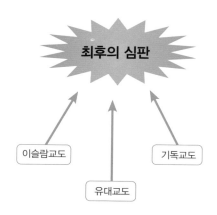

최후의 심판

이슬람교도

유대교도

기독교도

그런데 기독교 세계는 17세기의 '과학 혁명'을 거치면서 차츰 세속화되었다. '지상에 하나님 나라를 실현하는 최후의 심판'이 '자유'의 발전, '과학'의 진보, '복지'의 확충 등으로 환치되었고, 그것이 발전 또는 진보를 향한 필연적인 방향으로 간주되었던 것이다.

이리하여 최후의 심판 사상은 시간을 진보와 발전으로 파악하는 배경이 되었다. 그런데 사실 최후의 심판이 처음 나타난 것은 페르시아인의 조로아스터교에 있다.

낮과 밤, 혹은 농경민과 유목민의 투쟁을 축으로 삼아 시간을 파악한 조로아스터교는 최종적으로 아후라 마즈다(광명, 善神)가 아리만(암흑, 惡神)을 무찌르고 최후의 심판에 의해 선인의 영혼이 구원을 받는다고 믿었다. 나중에 조로아스터교는 이슬람교에 흡수된다. 그리고 이슬람교의 교리 안에는 여전히 진보와 발전이라는 사고방식의 기초가 된 최후의 심판이라는 뿌리가 있다.

중국 황제는 '때'를 지배했다. '원호'는 그 흔적이다

중국에서 황제는 '천자天子(우주를 지배하는 天帝의 대리인)'로서 하늘을 받들어 모실 권리와 의무를 갖고 있었다. 황제에게 시간을 만들어 내고 지배하는 권한이 부여되었던 것이다. 그 때문에 황제가 '역'을 만드는 것은 국가의 주된 사업 가운데

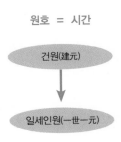

하나로 간주되었고, 당연히 천문 관측과 역을 작성하는 업무에 종사하는 관리에게는 높은 지위가 주어졌다.

또 황제가 만든 역을 사용하는 것은 황제의 권위와 지배에 복종하는 것으로 간주되었다. 그 때문에 왕조가 바뀔 때마다 개력改曆을 시행하는 규칙이 있었고, 황제가 지배하는 주변 나라에는 반드시 인수印綬(도장과 그 끈목)와 함께 역이 주어졌다.

전한前漢의 무제武帝(재위 기원전 141~기원전 87)가 즉위 이듬해를 '건원建元' 원년으로 삼은 이후 역대 황제는 자신의 권위를 민중에게 드러내기 위해 새롭게 '원호元號(연호)'를 설정했다. 역과 마찬가지로 원호를 사용하는 것은 황제의 권위에 복종하는 것으로 간주되어 황제의 직접 지배권에 속하게 되는 것을 의미했다.

　처음에는 한 황제가 연호를 여러 번 바꾸어 여러 개의 원호를 사용하는 것이 일반적이었지만 원대元代에 이르러서는 '이원호二元號'로 한정되었다.

　가난한 농민의 신분으로 명明 제국을 이룩한 태조 홍무제洪武帝(재위·1368~1398)는 자신의 권위를 굳히기 위해 한 황제가 하나의 원호만을 사용하도록 하는 '일세일원제一世一元制'를 도입했다.

　일본도 메이지 유신 이후 일세일원제를 도입했는데, 이는 '메이지明治'부터 '헤이세이平成'까지 이어졌다. 이것 역시 천황을 중심으로 국민을 결속시켜 근대화를 촉진하려는 일본 정부의 의도에서 비롯된 것이다.

이슬람교도는 일몰부터 하루가
시작된다고 생각했다

이슬람교도가 이용하는 '이슬람력'은 636년에 제2대 칼리프인 우마르 1세(재위 634~644)에 의해 정해졌다. 마호메트가 박해를 피해 메카에서 메디나('예언자의 도시'라는 의미, 원래 지명은 야스리브)로 이슬람교 포교의 거점을 옮긴 사건(헤지라, 聖遷)을 중시해, 그 사건이 일어난 622년 7월 16일 목요일을 기원 원년인 1월 1일로 정한 것이다.

이슬람교도의 역사적 기원을, 이슬람교단(움마)에 비약적 발전을 가져온 '헤지라'에 둔 셈이다. 오늘날에도 약 12억 명의 이슬람교도들은 이러한 이슬람력을 토대로 인류의 역사를 생각한다. 서기는 인류의 역사를 측량하는 하나의 척도에 지나지 않는다.

이슬람력은 달이 차고 기우는 것만으로 날짜를 세는 순수한 태음력이며, 때時를 재는 기준은 '월'에 한정되어 있다. 그 때문에 이슬람

세계에서는 하루가 일몰부터 시작된다.

이슬람력에서는 각 월의 기점도 새 달新月이 처음 모습을 드러낸 날 저녁으로 정했다. 태양을 기준으로 하는 역은 계절의 변천이 역 안에 담겨 있는 데 비해, 순태음력인 이슬람력은 달이 차고 기우는 것을 단위로 시간이 순환하기 때문에 계절의 변천을 담을 수가 없다.

이슬람력에서는 1년, 즉 12개월을 30일과 29일짜리 한 달이 번 갈아 오도록 배치했다. 따라서 1년은 354일이 된다. 이처럼 이슬람 력의 1년은 서기보다 11일이나 짧기 때문에 설날이 매년 이동한다. 그 때문에 33년이 지나면 계속 이동하는 설날이 원래의 날로 돌아 와 서기와 겹치게 된다.

금·토·일요일은 각각
신성한 요일이다

유대교에서 파생된 기독교와 이슬람교
는 각기 다른 신앙 구조를 갖고 있으며,
각 종교는 나름대로 신앙의 독자성을 주
장하고 있다. 신성하게 여기는 요일이 서
로 다른 것도 그 때문이다.

유대교에서는 일주일을 첫째날, 둘째
날, 셋째날…… 이렇게 기계적으로 세었
지만, 기원전 6세기경이 되면서 마지막

일요일	★
월요일	
화요일	
수요일	
목요일	
금요일	★
토요일	★

일곱째날(토요일)을 '사바트Salbbath'라 부르며 다른 요일과 명확하게
구별하기 시작했다. 하나님이 6일 동안 천지를 창조하고, 일곱째 되
는 날 쉬었다는 《구약성서》〈창세기〉의 기술을 토대로 '안식일'을
정한 것이다.

사바트는 '일을 중단한다'는 의미이고, 이날은 노동하는 것을 엄하게 금지했다. 이스라엘에서는 매주 토요일에 공공 교통 기관을 비롯해 모든 정부 기관이 휴무이다.

그에 비해 기독교에서는 일주일의 첫날인 일요일을 중시한다. 로마 제국 시기에 일요일은 예수가 부활한 날로서 '주일Lord's Day, Dominical Day'이라고 불렀다. 그리스도에게 기도를 바치는 날로 정한 것이다. 313년 밀라노 칙령을 공포하고 기독교를 공인한 로마 제국 황제 콘스탄티누스 1세(재위 306~337)가 321년 일요일을 휴일로 삼는 7요일 제도를 도입한 이후, 유럽에서는 일요일을 기도하는 날로 정한 역이 정착되었다.

이슬람교에서는 하루에 다섯 번 의무적으로 성지 메카를 향해 예배를 올려야 하는데, 금요일은 특히 집단 예배를 해야 하는 '성스러운 날'로 정해져 있다. 일테면 금요일 정오에 이맘imam(이슬람 종교 공동체의 지도자)의 지도 아래 신에 대한 복종과 감사의 기도를 올리게 되어 있다.

예루살렘이 세 종교의 성지가 된
역사적 이유

예루살렘은 유대교, 기독교, 이슬람교가 각각 '성지聖地'로 여기는 땅이다. 그 지명은 히브리어로 예루Yeru(일족)와 샬렘Shalam(평화)의 합성어이다.

예루살렘은 이스라엘 왕국 제2대 왕 다윗(재위 기원전 1000?~기원전 962?)이 수도로 정하고 아들 솔로몬(재위 기원전 962?~기원전 932?)이 신전을 세운 유대인의 성도聖都였다. 그러나 훗날 로마 제국이 예루살렘을 지배하게 되자 유대인은 고난의 세월을 겪어야 했다.

유대인들은 로마인의 지배에 거세게 저항했다. 그로 인해 기원후 70년 신전은 성벽의 일부(통곡의 벽)만 남긴 채 파괴되고, 유대인은 예루살렘에서 쫓겨나 각지로 뿔뿔이 흩어졌다. 이것을 '디아스포라Diaspora, 離散'라고 한다.

기독교도의 입장에서 보면, 예루살렘은 예수가 십자가형에 처해

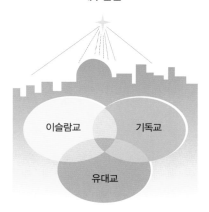

예루살렘

이슬람교

기독교

유대교

진 후 부활의 기적이 이루어진 신성한 도시이다. 예루살렘에는 콘스
탄티누스 1세 때 교회가 세워졌고, 현재도 성묘聖墓 교회는 예수가
부활한 장소로서 기독교도의 신앙을 응집시키고 있다.

또 이슬람교도의 입장에서 보면, 예루살렘은 이슬람교의 창성기
에 마호메트가 유대교도를 본받아 이 도시를 예배의 대상으로 삼았
다가 나중에 메카로 옮겼다는 이유에서 신성한 도시가 되었다.《코
란》에는 마호메트가 죽기 직전에 날개 달린 천마를 타고 예루살렘
에서 승천했다고 기록되어 있다. 이렇게 해서 예루살렘은 '성스러
운 집'이라 불리며 메카, 메디나에 이어 이슬람교 제3의 성지가 되
었다.

마호메트가 승천한 장소에는 '바위의 돔'이 세워져 있다(선지자 마
호메트가 승천했다는 전설에 따라 그의 발자국이 남아 있는 바위를 보존하
기 위해 692년 예루살렘의 통치자인 압둘 말리크에 의해 대사원 '바위의 돔'

이 세워졌다-옮긴이).

세 종교가 대립하게 된 뿌리는 이처럼 깊다.

먹고 마시는
일이
역사를 움직인다

피라미드는 양파와 마늘로
만들어졌다

고대 그리스의 역사가 헤로도토스가 '이집트는 나일의 선물'이라고 기술했듯이 나일강의 정기적인 홍수와 뜨겁게 내리쬐는 햇볕 덕분에 이집트는 고대를 대표하는 곡창 지대였다.

'태양의 화신'으로 여겨진 파라오(왕)는 나일강을 관리하고 풍요로운 대지를 유지하는 존재였다. 이집트인은 사후에 파라오가 하늘로 올라가 신이 됨으로써 자신들을 지켜줄 것이라고 생각했다. 그래서 그들은 농한기에 왕의 묘, 즉 왕이 하늘로 올라갈 때 제단으로 사용하게 될 거대한 '피라미드'를 만들었다.

피라미드의 기부는 정확하게 동서남북을 향하고, 왕의 시신을 안치한 묘실 입구는 북쪽, 통로는 거의 북극성 방향과 일치한다. 돌과 돌 사이의 틈이 0.5밀리미터라고 하니 고도의 기술로 건조되었음을 알 수 있다. 피라미드의 표면에는 태양빛을 반사해 눈부신 빛이 나

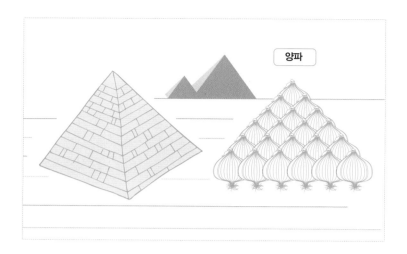

도록 석회를 발랐다.

현재 남아 있는 피라미드는 약 여든 개인데 그중 규모가 가장 큰 피라미드는 약 4,500~4,600년 전에 만들어진 쿠푸왕의 대★피라미드이다. 헤로도토스가 이집트를 방문하기 2,000년 전에 지은 건축물이다.

쿠푸왕의 피라미드 바닥면은 한 변의 길이가 227미터의 정방형으로 높이는 약 144미터, 평균 2.5톤의 돌을 230만 개나 쌓아 올린 것이다. 이 거대한 건축물을 만드는 데는 까마득한 세월과 막대한 노동력이 필요했을 것이다. 헤로도토스는 피라미드의 본체 부분을 만드는 데만도 10만 명이 20년 동안 계속 작업에 투입되었을 것이라고 기술하고 있다.

쿠푸왕은 건설에 종사하는 사람들에게 백합과의 양파, 마늘 등을 식량으로 지급했다. 헤로도토스는 피라미드의 벽에 새겨진 기록을 근거로 노동자의 식량으로 쓰인 래디시, 양파, 마늘 등의 대금이 은으로 1,600달란트(약 40톤)에 달했다고 썼다.

황금 마스크로 유명한 투탕카멘왕의 피라미드에서도 여섯 개의 건조 마늘이 출토되었다. 마늘에 살균 또는 구충 성분이 함유되어 있기 때문에 묘에 넣은 것인지, 투탕카멘왕이 마늘을 좋아했기 때문에 묘에 넣은 것인지는 확실치 않다.

훗날 이집트에서는 양파가 눈물을 흘리게 하고 공복감을 강화시킨다는 이유로 식용이 금지되었다. 모세의 인솔로 이집트를 탈출한 히브리인은 이집트에서 먹은 마늘과 양파 맛을 잊지 못하고 팔레스티나에서 마늘을 대량 재배해 마음껏 먹었다는 이야기도 있다.

고대 그리스에서는 마늘이 종교적으로 취급되었다. 천상과 저승을 다스리는 여신 헤카테를 위해 십자로에 돌을 쌓고 새 달이 뜨는 밤에는 많은 양의 마늘을 쌓아 올렸다고 한다. 저세상과 마늘에 불가분의 관계가 있다고 생각한 것이다. 마늘을 좋아하지 않는 드라큘라도 이러한 이미지의 연장선상에 있을지 모른다.

마늘은 병사들의 스태미나를 돋우기 위한 식량으로도 존중되었다. 알렉산드로스 대왕의 군대는 마늘을 상식常食하여 연전연승했다고 전해진다. 또 마늘은 고기의 냄새를 없애주는 작용 외에도 건위健胃, 정장整腸, 호흡기병과 당뇨병, 간장 장애의 치료약으로서도 효과가 있었기 때문에 병사들에게는 편리한 식품이었다.

로마 제국에서도 마늘은 병사들이 즐겨 먹는 음식이었다. 네로 황제는 마늘을 아주 좋아해 '아이올리'라고 하는 마늘이 든 마요네즈 소스를 고안할 정도였다고 한다.

고대 지중해 세계에서는
'무화과'를 매우 중요시했다

동양의 음식 문화에서는 별로 중요하지 않지만 '무화과'는 설탕이 없던 시대에 자연에서 얻은 천연 감미료로서 귀중한 먹을거리였다. 말린 무화과, 무화과잼 등이 사람들을 매료시켰던 것이다. 예를 들면 《구약성서》에서 최초로 등장하는 식물이 무화과이다. 금단의 열매를 먹은 아담과 이브는 자신들이 벌거벗었다는 것을 깨닫고 무화과 나뭇잎을 엮어 허리 가리개를 만들었다고 한다. 무화과의 원산지는 아라비아 반도 남부로 알려져 있다. 일테면 중동에서 지중해 연안으로 전해진 것이다.

포도와 함께 무화과를 즐겨 먹던 고대 이집트에서는 무화과 열매에 들어 있는 여러 개의 씨앗을 지식의 상징으로 여겼으며, 신관이 될 인물은 무화과를 먹음으로써 속세에서 멀어진다고 생각했다.

그리스에서 소생의 신 디오니소스에게 바친 무화과는 황금보다

무화과 열매

도 귀중한 것으로 여겨졌으며, 신관이 충분히 익었다고 인정하기 전에는 무화과 열매를 수확할 수 없었다.

그리스 중부의 아티카 지방에서는 이 귀중한 과일의 수출을 금지했다고 한다. 올림픽 제전에 참가하는 운동선수도 말린 무화과를 중요한 스태미나원으로 애용했다고 한다.

무화과는 실크로드를 거쳐 당대唐代에 중국으로 전해진 듯하다. 일본에는 약 17세기 이후에야 들어왔는데, '당시唐柿' 혹은 '남만시南蠻柿'라 불리며 약용으로 이용했다. 일본이나 한국에서는 말린 무화과의 맛을 깊이 이해하지 못한 듯하다.

'와인'은 고대부터
몸에 좋다고 알려져 왔다

'발효' 현상은, 17세기 후반 네덜란드 델프트의 직물 상인 A. 레이우엔훅이 발명한 현미경으로 '효모'를 발견하기 전까지 '신의 재주'라고 여겨졌다.

포도는 껍질이 얇아서 쉽게 터지고, 터진 부분에서 부패가 시작된다. 그래서 와인을 만들려면 신선하게 충분히 익은 단단한 포도를 신속하게 으깨서 재빨리 발효로 이끌 필요가 있다.

따라서 와인은 포도가 수확된 지역에서 다른 곳으로 옮기지 않고 그 자리에서 만들어야 했다. 그 때문에 지역의 특성에 맞는 다양한 품질의 와인이 만들어지게 되었다. 그래서 "와인은 풍토를 마신다"는 속담도 생겼다.

이러한 와인에 비해 보리로 만드는 맥주는 운반이 가능한 곡물을 원료로 하기 때문에 도시에서의 양조가 가능했고, 굳이 따지자면 도

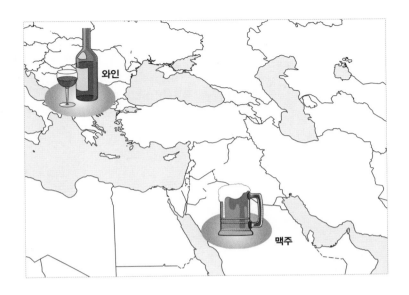

시적인 음료가 되었다. 메소포타미아와 이집트 등의 도시에서 맥주가 와인에 비해 우위를 차지한 것은 그 때문이다. 그러나 밀의 수확량이 적고 양조 원료를 확보하기 어려운 그리스와 로마에서는 맥주가 보급되지 않아 포도를 원료로 빚은 와인이 주된 음료가 되었다.

그리스에서 와인은 소생의 신 디오니소스에 대한 신앙과도 관계가 있다. 따서 으깨고 짬으로써 다시 소생하는 포도의 와인은 신의 피를 대신하는 것으로서 '불사不死를 약속하는 음료'로 여겨졌다.

디오니소스의 탄생일을 '빛의 탄생일(동지)'로 기념하게 되었고, 와인이 숙성되는 시기에 벌어지는 레나이아 축제는 폴리스의 큰 행사로서 신께 감사하는 연극을 바치기도 했다.

페르시아 전쟁과
살라미 소시지의 뜻깊은 관계

살라미 소시지를 안주 삼아 와인을 마시면서 페르시아 전쟁을 떠올려 보면 재미있을 것이다.

살라미 소시지는 소금에 절인 쇠고기나 돼지고기를 잘게 다진 다음 돼지기름, 레드 와인, 마늘 등을 첨가해 창자에 채워 넣은 것을 2~3개월 동안 건조시켜 풍미를 강화한 음식이다. 애주가들에게 없어서는 안 될 식품이지만 이상하게도 그 기원은 페르시아 전쟁과 깊은 관련이 있다.

기원전 480년 페르시아 전쟁(기원전 500~기원전 449)은 최고의 절정을 맞고 있었다. 페르시아 제국의 왕 크세르크세스(재위 기원전 486~기원전 465)가 제국의 여러 민족들로 이루어진 대군을 몸소 이끌고 그리스로 쳐들어간 것이다. 아테네는 페르시아군의 점령 아래 들어갔고, 아크로폴리스 언덕에 세워져 있던 여신 아테나의 목조 신

2장 먹고 마시는 일이 역사를 움직인다

전은 파괴되었다. 아테네 경제를 지탱해 온 올리브 나무도 베어버려 그후 50년이 지나도록 경제 재건이 불가능할 정도로 큰 타격을 입었다.

그런 가운데 아테네의 해군 지도자 테미스토클레스(기원전 528?~기원전 462?)는 노소를 불문하고 모든 부녀자들을 살라미스섬으로 피난시켰다. 그리고 전투에 참여할 수 있는 모든 시민을 소형 군선에 태워 아티카 반도와 살라미스섬 사이에 있는 협곡의 조류가 빠른 살라미스 해협을 이용해 페르시아군과의 마지막 결전을 치렀다. 이것이 유명한 살라미스 해전(기원전 480)이다.

살라미스섬과 살라미스 해협에는 긴박감이 넘쳐 흘렀다. 아티카의 언덕에는 크세르크세스의 옥좌가 설치되었고, 그곳에서 크세르크세스는 조만간 패배할 아테네의 모습을 지켜볼 수 있게 되기를 희망했다.

그러나 크세르크세스가 본 것은 예상을 완전히 뒤집은 전투였다. 소형 아테네 군함이 교묘하게 페르시아 군함을 들이받자 페르시아 군함이 잇따라 바닷속으로 빠져들었던 것이다. 스스로 폴리스를 지키려는 아테네 시민의 드높은 사기가 가져다준 기적적인 승리였다. 현대사에서 그 비슷한 실례를 든다면 세계 최강 미군을 격퇴한 베트남군이라고 할 수 있다.

그런데 이 전투의 영웅 테미스토클레스의 말로는 참담했다. 당시 아테네에는 독재자의 출현을 방지하기 위한 '도편추방陶片追放'이라는 제도가 있었다. 독재자가 될 우려가 있는 인물의 이름을 사기 조각에 적어 득표수가 6,000표 이상이 되면 10년간 국외로 추방하는

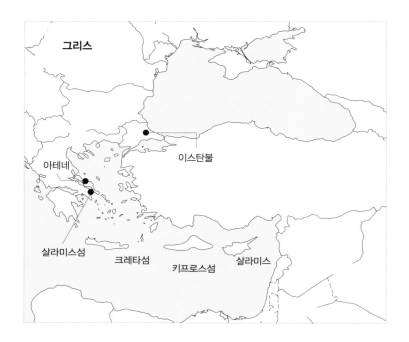

그리스

이스탄불

아테네

살라미스섬 크레타섬 키프로스섬 살라미스

제도였다. 테미스토클레스는 살라미스 전투 후 도편추방을 당했을 뿐 아니라 페르시아와 내통하고 있다는 혐의로 사형을 선고받았다. 가까스로 탈출에 성공한 테미스토클레스는 결국 페르시아로 망명하는 처지가 되었다.

아테네의 유적을 발굴한 결과, 동일한 사람이 쓴 것으로 추정되는 사금파리가 많이 발굴되었다. 그리고 거기엔 모두 테미스토클레스의 이름이 적혀 있었다. 지금이나 옛날이나 권력 투쟁은 치열하기 그지없었던 모양이다. 권모술수에 능한 사람이 권력을 손안에 넣었다. 역사에 이름을 남긴 인물이 반드시 권세를 휘둘렀던 것은 아니다.

수십 년의 세월이 흘러 기원전 449년 아테네의 장군 키몬이 이끄는 그리스 함대가 키프로스섬의 살라미스라는 도시 앞바다에서 페르시아 함대를 격파했다. 페르시아가 '그리스 정복을 포기한다'는 내용의 화약을 체결함으로써 페르시아 전쟁은 끝을 고했다.

살라미 소시지의 기원은 살라미스섬에 있다는 설과 이 키프로스섬의 도시 살라미스에 있다는 설이 있다. 어쨌거나 살라미 소시지는 페르시아 전쟁에서의 그리스 측 승리와 관계가 있는 소시지임에는 틀림없다.

'심포지엄'의 기원이
향연에 있다니?

'심포지엄'이라고 하면 딱딱한 분위기에서 이루어지는 학자나 유식한 사람들의 토론이 생각난다. 그러나 그 기원은 교제를 좋아하는 아테네인들이 저녁 식사 때 벌인 연회宴會에 있다. 그들은 긴 의자에 모여 앉아 느긋하게 식사를 한 다음 물을 탄 와인을 마시면서 위트가 풍부한 대화를 즐기곤 했는데, 그것을 '심포지온Symposion(향연)'이라고 불렀다. 그리스의 철학자 플라톤(기원전 427~기원전 347)은 술을 한가운데 두고 둘러앉아 나누는 한담閑談이 교육적으로 큰 가치가 있다고 적극적인 평가를 내린 바 있다.

그에 비해 식도락가였던 로마인들은 오로지 먹고 마시는 데만 열중했다. 그들의 향연은 오후 4시경에 시작해 한밤중까지 계속되었는데 긴 의자에 누워 오로지 먹고 마시기만 했다. 향연이 벌어지는 방에는 취기를 깨는 데 효능이 있다고 알려진 재스민 등의 꽃이 장

2장 먹고 마시는 일이 역사를 움직인다

식되었다. 그야말로 먹고 즐기기 위한 준비가 착실했다.

　로마인들은 꿀을 탄 와인과 고기 요리를 배가 터지도록 먹고 나서는 노예를 시켜 깃털 달린 공작의 날갯죽지로 목 깊숙한 곳을 자극해 기껏 먹은 음식을 억지로 토해냈다. 그러고 나서 다시 먹는 일에 열중했다고 한다. 먹는 순간이야말로 쾌락이라고 여기며 오로지 먹는 일에만 열중했던 것이다. 같은 이유로 향연이 시작되기 전에 토사제를 나눠주어 그때까지 먹은 것을 모조리 토해내는 것이 관습이었다고 한다.

　그들의 식사 코스는 전채 요리인 새알에서 시작해 잘 익은 사과 디저트로 끝나는 것이 관례였다. 중앙 아시아에서 전해진 사과는 돼지고기나 닭고기 등의 고기 요리와 궁합이 잘 맞는 데다 그것을 재배하기에 적합하지 않은 지중해 세계에서는 귀중한 음식 재료였다고 한다.

'소금'은 샐러리의
어원이 될 정도로 중요했다

인간의 몸은 약 0.7퍼센트가 소금이라고 한다. 그래서 인간은 하루에 일정한 양의 소금을 섭취하지 않으면 살아갈 수가 없다.

바닷물의 약 3.5퍼센트는 염분이다. 소금은 간단히 만들 수 있을 것 같지만 해안과 떨어진 지역에서는 소금을 구하기가 매우 어려워 때로 소금은 화폐를 대신할 정도의 귀중품이었다. 현재로서는 생각하기 어려운 일이지만 민중에게 소금은 살아가기 위해 반드시 구입해야 하는 값비싼 생활 필수품이었던 것이다.

고대 로마 제국에서는 관료나 군인들에게 소금을 살 수 있는 특별 '수당'을 지급했는데, 이것을 라틴어로 '살라리움salarium'이라고 한다. '급료 또는 봉급'을 의미하는 영어 샐러리salary는 살라리움에서 유래한다.

또한 소금은 식품을 보존하는 데도 중요한 역할을 하여 염장 음

2장 먹고 마시는 일이 역사를 움직인다

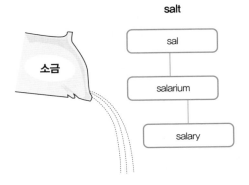

salt

소금

- sal
- salarium
- salary

식을 위해 대량의 소금이 소비되었다. 예를 들면 유럽에서 즐겨 먹는 소금에 절인 청어를 만들려면 청어 무게의 3분의 1이나 되는 양의 소금이 필요했다고 한다. 1875년 북해 무역에서 거래된 청어가 30억 마리에 달했으니 약 1억 2300킬로그램의 소금이 필요했다는 계산이 나온다.

대량으로 거래되는 소금은 주요 과세 대상이었고, 중세 프랑스에서는 왕실의 재원으로 중시되었다. 13세기에 징수된 '가벨gabelle'은 애초 물품세였는데 소금세鹽稅라는 뜻으로 바뀌었다. 당시 프랑스어는 유럽의 국제어여서 다른 나라에서도 '가벨'은 소금세를 가리키는 말이 되었다.

무거운 소금세에 대한 민중의 원한은 깊어만 갔다. 심지어 소금세에 대한 반감이 프랑스 혁명의 주요 원인 가운데 하나라고도 알려져 있다. 혁명 결과 '가벨'은 완전히 폐지되었다.

소시지를 먹지 못하게 한
콘스탄티누스 1세

로마 제국의 황제 콘스탄티누스 1세(재위 306~337)는 313년 밀라노 칙령을 공포해 기독교를 공인한 황제로서 서구 사회에서는 매우 극진한 평가를 받는다.

그러나 기독교를 공인한 그의 목적은 민족을 초월해 보편성을 갖는 기독교의 보호자가 되어 황제권을 강화하는 데 있었다. 결속이 느슨한 다민족으로 이루어진 로마 제국을 하나로 모으려면 강력한 이데올로기가 필요했던 것이다.

콘스탄티누스 1세가 가장 즐긴 음식은 소시지였다. 소시지는 라틴어로 '소금'을 뜻하는 '살sal'에서 유래한 '살수스salsus'가 어원이다. 말하자면 '소

콘스탄티누스 1세

313년 밀라노 칙령

325년 니케아 공의회

금에 절인 고기'라는 뜻인데, 신축성과 밀폐성이 뛰어난 양¥의 창자에 향료와 함께 돼지고지 등의 육류를 채우고 건조시키거나 찌거나 혹은 훈제한 음식이다.

부패하기 쉬운 고기를 오랫동안 보존할 방법이 별로 없던 시대에 소시지는 현재로서는 상상할 수 없을 정도로 매혹적인 식료였던 모양이다.

소시지의 맛에 포로가 된 콘스탄티누스 1세는 민중이 너무 소시지에 열광하는 것을 보고 소시지가 민중을 타락시키는 음식이라고 생각했다. 그래서 황제령을 내려 민중이 소시지 먹는 것을 금지했다고 한다.

기독교에 관대한 황제도 맛있는 음식은 독점하고 싶었던 걸까? 그렇다 하더라도 가장 맛있는 음식을 금지시킨 콘스탄티누스 1세를 과연 민중은 마음으로부터 존경할 수 있었을까?

참깨와 사바랭 케이크로
이어지는 뜻밖의 관계

서아프리카의 니제르강 유역이 원산지인 참깨는 널리 유라시아 각
지로 퍼져나갔다.

《아라비안나이트》의 〈알리바바와 40인의 도둑〉에서 알리바바가
"열려라 참깨!"라고 주문을 외자 40인의 도둑이 보물을 감춘 동굴의
문이 열린다. 이 신비스러운 주문이 많은 독자들의 가슴을 두근거리
게 했다. 그런데 왜 하필 참깨였을까?

이것은 농익은 참깨의 깍지가 세로로 갈라지며 씨가 땅에 떨어지
는 모양과 동굴의 문이 열리는 것을 연관시켜, 숨겨져 있던 '부'가
그 모습을 드러내는 것을 뜻한다고 한다. 이슬람 세계에서는 참깨의
생명력에 신비스러운 이미지가 있었던 것이다.

그런데 알리바바에 관해 재미있는 이야기가 있다. 17세기 초에
폴란드 왕 스타니슬라프 렉틴스키는 〈알리바바와 40인의 도둑〉을

열심히 읽다가 진저ginger(생강)라는 향신료가 들어간 빵을 럼주 안에 떨어뜨렸다. 그런데 럼주 안에 빠진 빵을 먹어보고 너무나 신비로운 맛에 놀랐다. 우연히 절묘한 맛이 만들어진 것이다. 그 후 왕의 요리사는 빵에 럼주를 뿌린 '알리바바(약칭 바바)'라는 이름의 과자를 만들어 유행시켰다.

나아가 1840년에는 파리의 과자 장인이 빵 반죽을 구운 다음 럼주를 넣은 시럽에 담가 과자를 만들었는데, 당시 《미각 예찬》을 써서 미식가로 이름 높은 브리야사바랭의 이름을 따서 그 과자를 '브리야사바랭'이라고 불렀다. 알리바바를 변형한 이 케이크가 오늘날에도 사랑받는 '사바랭 케이크(브랜디나 럼주를 넣은 스폰지 케이크-옮긴이)'이다.

참깨

사바랭 케이크

호텔과 레스토랑에서 유행하는
'바이킹' 뷔페의 기원

호텔에서 아침 식사를 할 때 좋아하는 음식을 원하는 만큼 먹어도 되는 바이킹 뷔페가 크게 유행하고 있다. 낭비가 없는 식사법으로 호텔 측에서도 이용자 측에서도 만족스러워하는 방식이다.

바이킹viking은 '하구vik에 사는 자'라는 뜻인데, 8세기부터 11세기에 걸쳐 서유럽 연안 지역을 휩쓸고 다니며 이슬람 제국이나 비잔틴 제국과 왕성하게 교역하던 노르웨이인, 덴마크인, 스웨덴인 등을 가리킨다.

극단적으로 한랭하고 메마른 땅에서 농사를 짓던 바이킹은 어업, 상업, 해적질 등을 통해 생계를 꾸려나가지 않으면 살아갈 수가 없었다. 그들은 '드라칼(용)' 혹은 '스네칼(뱀)'이라 불리는 장식을 선수船首에 붙인 5미터 정도의 바이킹선을 이용해 연해 지역뿐 아니라 강을 거슬러 올라가 내륙 지방에서도 강력한 힘을 발휘했다.

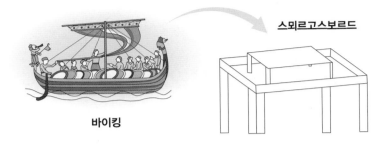

스뫼르고스보르드

바이킹

북유럽에서는 밀이 귀중한 식재료였다. 추운 기후로 인해 수확량이 적었기 때문이다. 북유럽에서는 지금도 밀로 만든 빵을 얇게 썰어 버터를 바르고 그 위에 쉰 가지나 되는 다양한 '고명'을 얹어 술과 함께 먹으며 백야의 밤을 즐기는 습관이 있다. 스웨덴에서는 그것을 '스뫼르고스보르드Smörgåsbord'라고 부르는데 '스뫼르고스'는 버터 바른 빵, '보르드'는 '테이블'을 뜻한다.

북유럽 특유의 식사 방식을 보고 이를 일본에 가져온 사람은 데이코쿠 호텔의 이누마루 데츠조犬丸徹三 사장이었다. 1957년 북유럽을 시찰할 때 스뫼르고스보르드 방식을 접하고 감동하여 일본에 도입한 것이다. 이 식사 방식의 이름은 데이코쿠 호텔에서 사내 공모를 거쳐 커크 더글러스가 주연한 영화 〈바이킹〉에 나오는 장면, 즉 배 위에서 마음껏 먹고 마시는 장면에서 힌트를 얻어 '바이킹'이라는 이름이 채택되었다.

800년 동안이나 계속
끓는 기름에 빠지는 진회

송宋나라는 이민족 금金에 멸망당한 후 1127년 장난江南의 린안臨安 (현재의 항저우)에 도읍을 옮기고 남송을 재건했다. 그러나 남송은 힘이 약해 도저히 금에 대항할 수 없었다. 그래서 재상의 자리에 있던 진회秦檜(1090~1155)는 화평 교섭을 통해 어떻게든 국경을 확정하고자 했다. 반면 항전파 지도자인 악비岳飛(1103~1141)는 현실을 제대로 보지 못하고 '화평'을 완강하게 인정하려 하지 않았다.

이에 진회는 악비에게 높은 지위를 주어 도읍으로 불러들인 후 누명을 씌워 옥에 가둔 다음 죽여버린다. 이렇게 겨우 방해자를 제거한 진회는 금과의 강화 조약을 체결했다. 그러나 이 조약은 양국의 뒤바뀐 관계를 반영한 어처구니없는 내용이었다.

남송은 화이허강淮河 이북의 땅을 금에게 양보했을 뿐 아니라 매년 25만 냥의 은과 25만 필의 비단을 보내고, 남송의 황제가 금의

2장 먹고 마시는 일이 역사를 움직인다

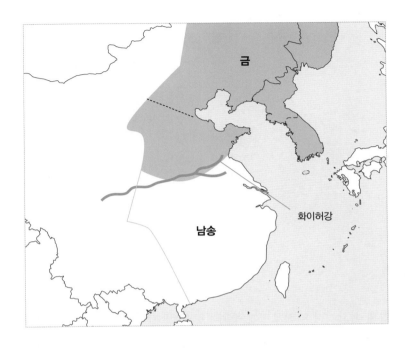

황제에 대해 '신하의 예'를 취해야 했다. 그 때문에 진회는 나중에까지 '민족의 배신자'라는 낙인이 찍혀 민중에게 미움을 받았다.

중국에는 '유탸오油條'라는 음식이 있다. 밀가루 반죽을 발효시켜 소금으로 간한 다음 30센티미터 길이의 길쭉한 모양으로 만들어 기름에 튀긴 식품인데, 길거리 노점상 같은 데서 간단히 사 먹을 수 있다. 이 음식에는 진회의 소행에 불만을 가진 민중이 밀가루로 만든 진회의 인형을 고열의 기름에 튀겨 지옥의 고통을 맛보게 하려 한 데서 비롯되었다는 설명이 따라다닌다. 유탸오를 '유자구이油炸檜'라고 부르는 경우도 있는데, 진회를 기름에 튀겨 먹어버리겠다는 뜻이다.

가축은 도살 방식에도
의미가 있다

현재 쇠고기나 돼지고기는 부위별로 잘라 가게에 진열해 놓고 판매한다. 그래서 동물의 생고기라는 느낌이 별로 들지 않는다. 그러나 옛날에는 함께 생활해 온 가축을 직접 도축해서 먹어야 했기 때문에 고기를 먹기 위해서는 엄청난 고통이 따랐다.

유대인이나 이슬람교도들은 하나님의 이름을 외치면서 가축을 죽이면 동물에게서 영혼이 빠져나가 '물건'으로 변한다고 생각했다. 이슬람교의 경전 《코란》은 돼지고기는 물론이고 죽은 동물의 고기와 함께 '피'를 먹는 것을 금하고 있다. 알라의 이름 아래 도축하여 피를 뺀 고기 외에는 먹을 수 없는 것이다.

그에 비해 건조한 초원에서 생활하는 몽골 고원에서는 채소가 많이 부족해 가축의 '생피'가 비타민과 영양을 섭취하는 중요한 원천이었다.

2장 먹고 마시는 일이 역사를 움직인다

예를 들어 이탈리아의 여행가 마르코 폴로(1254~1324)는《동방견문록東方見聞錄》에서 하루에 약 70킬로미터의 속도로 원정을 계속하는 몽골군은 수시로 갈아타기 위해 1인당 열여덟 마리의 말을 끌고 다녔는데, 식량이 부족할 때는 말의 혈관을 찔러 생피를 마시며 행군을 계속했다고 기록하고 있다.

또한 칭기즈 칸(1155?~1227)이 몽골의 여러 종족에 대한 관습법을 성문화해 제정한 법전에서는 "짐승을 먹고자 할 때는 사지를 묶고 배를 갈라 그 짐승이 죽을 때까지 손으로 심장을 쥐어짜야 한다. 이슬람교도가 하는 것처럼 짐승의 목을 자르고 죽이는 자는 마찬가지로 목을 잘라 죽여야 한다"고 규정하고 있다. 일테면 칭기즈 칸은 유대가 강했던 무슬림 상인의 관습을 배척하고 몽골의 전통을 지키려 했던 것이다.

몽골 제국의
육류 문화가 남긴 흔적

세계 역사상 가장 넓은 영토를 지배했던 몽골 제국(1206~1271)에게 키가 작은 몽골말은 최상의 이동 수단이 되었다. 원정을 떠날 때 몽골군은 많은 말을 이끌고 매일 갈아타면서 하루에 약 70킬로미터를 진격했는데, 필요할 경우 말을 죽여 식량으로 삼았다. 그들은 말고기를 다져서 채소와 소금을 첨가한 다음 말안장 아래 깔아두고 다니면서 먹었다. 이것이 이른바 '타르타르 스테이크'이다.

몽골 세력이 유라시아로 확장하면서 고기 요리도 그와 더불어 보급되었다. 몽골 제국이 지배하던 중국에서는 양고기 요리가 대유행했다. '타타르(러시아에서는 몽골을 '타타르'라고 부른다 – 옮긴이)의 멍에'라 불리며 13세기부터 15세기에 걸쳐 약 200년 동안 몽골의 지배를 받은 러시아에서도 타르타르 스테이크는 즐겨 먹는 음식이 되었다.

몽골의 타르타르 스테이크　　　　　**몽골의 타르타르 스테이크가
　　　　　　　　　　　　　　　　　　변형된 햄버거**

　1936년 일본을 방문한 러시아 가수 샬랴핀은 데이코쿠 호텔의
주방장에게 쇠고기의 우둔살을 다져서 양파즙에 담갔다가 굽고 그
위에 볶은 양파를 얹은 스테이크를 만들어 달라고 요구했다. '샬랴
핀 스테이크'라는 이름으로 유명해진 이 요리는 아마도 타르타르 스
테이크의 변형일 것이다. 타르타르 스테이크는 독일 최대의 항구 도
시 함부르크에도 전해져 철판 위에서 굽는 '햄버그스테이크'로 변형
되었다.
　태풍처럼 세계사를 스치고 지나간 몽골 제국이지만 음식 문화 측
면에서 보면 큰 흔적을 인류 사회에 남기고 있는 셈이다.

설탕은 값비싼 약재에서
대중 감미료로 변천했다

설탕이 출현하기 전까지 자연계에 존재하는 감미료는 값비싼 꿀과 각종 과일의 당밀로 제한되어 있었다. 설탕은 영어로 '슈거sugar'라고 하는데 그 어원은 아라비아어의 '스칼', 페르시아어의 '샤칼', 더 나아가 인도의 고어인 산스크리트어에서 설탕 알갱이를 이르는 '사르카라sarkara'로 거슬러 올라갈 수 있다.

요컨대 설탕의 원산지는 동남아시아인 것이다. 기원전 4세기에 알렉산드로스 대왕이 인도에 원정군을 파견했을 때(기원전 327) "인도에서는 갈대(사탕수수)에서 꿀을 얻고 있더라!"는 당시 사령관의 보고를 받고 놀랐다는 기록이 있는데, 그만큼 설탕의 역사는 매우 오래되었다.

설탕 제조법을 지중해 세계에 전한 것은 앞서 언급한 '스칼'이라는 말에서 알 수 있듯이 무슬림 상인이었다. 설탕이 귀중품으로서

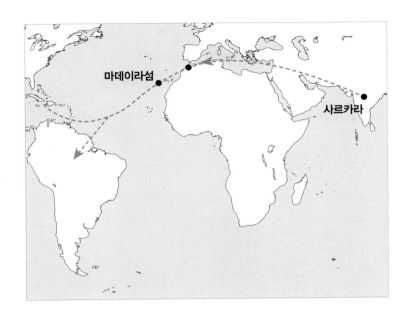

마데이라섬

사르카라

십자군 원정 당시 베네치아를 경유해 서유럽에 전해졌을 때에는 감미료라기보다 값비싼 약재로 대접을 받았다.

설탕을 대중화시킨 것은 대항해 시대의 포르투갈이었다. 모로코 원정을 통해 사탕수수 재배 방법과 제당 기술을 배운 포르투갈인은 대서양의 마데이라섬 등에서 사탕수수를 재배하다가 이윽고 브라질에서 흑인 노예를 이용해 대량으로 생산하기 시작했다. 16세기 후반부터 17세기 전반 동안 유럽에서 사용된 설탕의 대부분은 브라질산이었다.

사탕수수 재배가 막대한 수익을 올리게 되자 18세기 들어 네덜란드, 프랑스, 영국 등이 서인도 제도를 중심으로 무수한 흑인 노예를 이용해 설탕을 대량 생산하기에 이르렀다. 이때부터 설탕은 대중적인 감미료가 되었는데, 이것이 이른바 '설탕 혁명'이다.

오늘날 브라질, 아이티, 도미니카, 자메이카, 쿠바 등 예전의 설탕 재배 산지에 흑인이 많이 살고 있는 것은 그 때문이다.

'그로기'라는 말은
럼주에서 탄생했다

정열적인 리듬을 가진 춤 중에 '룸바rumba'가 있다. 그리고 이 음악과 관련 있는 술로서 사탕수수 원액을 발효시킨 '럼'이 있다.

이 술은 원주민의 말로 '흥분하다'는 뜻의 '럼불리온rumbullion'으로 불리다가 어간만 따서 '럼'이라 불리게 되었다고 한다. 숙성되면 호박색을 띠는 럼주는 설탕을 만들고 난 찌꺼기, 즉 당밀을 발효, 증류, 숙성시켜 만든 술이기 때문에 값이 비교적 저렴했다.

사탕수수 농장에서 일을 부려먹기 위해 흑인 노예를 아프리카에서 서인도 제도로 실어온 노예 수송선은 노예를 내려주고 빈 배로 돌아가는 대신 당밀을 싣고 북아메리카 동부의 뉴잉글랜드 식민지로 갔다. 그리고 그곳에서 생산한 럼주를 사들여 유럽에 판매한 다음 그 돈으로 다시 흑인 노예를 구입했다. 이렇듯 노예 무역과 관련된 럼주의 이미지는 매우 어둡다.

럼주

당밀

금

아프리카

서인도 제도

노예

18세기에 영국 해군은 이 값싼 술을 이용해 수병들의 기운을 돋우기도 했다. 하루에 240밀리리터의 럼주를 수병에게 지급한 것이다. 그러나 과음은 좋지 않았으므로 1740년에 유명한 해군 제독 에드워드 바논은 수병의 건강을 배려해 "물을 섞어서 지급하라"고 명령했다.

그러자 수병들에게서 엄청난 비난이 쏟아졌다. 그놈이 뭔데 인생의 낙을 빼앗아 간단 말인가? 분개한 수병들은 그로그랭 천으로 만든 소박한 외투를 주로 입는 바논을 '그로그 자식'이라고 부르며 울분을 삭였다. 그것이 훗날 과음한 상태를 나타내는 '그로기'로 변화된 것이라고 한다.

2장 먹고 마시는 일이 역사를 움직인다

김치와 명란젓은
일본에서 전해진 고추로 만들었다

가지와 친척쯤 되는 고추는 예부터 아메리카 대륙에서 향신료로 사용되었다. 이것을 유럽으로 가져간 사람이 콜럼버스였다. 그는 카리브해의 히스파니올라섬에서 고추를 알게 되었고, 이를 스페인으로 가지고 돌아갔다고 한다.

그 후 고추는 1542년에 다네가시마種子島를 찾아온 포르투갈인에 의해 일본에 전해져 '남만후추南蠻胡椒'라는 이름으로 불렸다.

고추는 깔끔한 맛을 즐기는 일본에서는 그다지 대접을 받지 못했는데 17세기 들어 일본에서 조선으로 전해지면서 '김치'의 조미료로 널리 이용되기 시작했다.

또 명태의 알에 고춧가루를 넣은 '명란젓'도 17세기경 만들어지기 시작해 19세기에는 조선 각지로 퍼졌다. 일본에서 유명한 하카타의 명란젓도 한국에서 전해진 것이다.

유럽에서는 '타바스코 소스'가 유명하다. '타바스코'는 멕시코의 아즈텍 제국을 정복한 코르테스가 자신을 도와 아즈텍 정복에 중요한 역할을 한 젊은 여성 말린체와 만났던 멕시코 남부의 지방 이름이다. 멕시코 원주민 말로 '습한 땅'이라는 뜻이다.

텍사스를 둘러싼 멕시코 전쟁(1846~1848) 때 그리슨이라는 군인이 작고 아주 매운 붉은 고추(칠리) 씨를 멕시코에서 가지고 돌아왔다. 그는 미국의 남북 전쟁(1861~1865) 후에 루이지애나에서 고추를 3년간 발효시켜 만든 '타바스코 소스'를 완성시켰다.

그후 신비스러운 맛을 가진 '타바스코 소스'는 만능 조미료로서 세계 각지로 퍼졌다. 고추는 '발효'와 궁합이 아주 잘 맞는 것 같다.

쇠고기에 귀족 칭호를 붙인
영국의 왕 제임스 1세

쇠고기는 19세기 후반 냉동선에 실려 미국 대륙에서 유럽으로 수입되기 시작하면서 대중화되었는데 그전까지는 엄청난 사치품이었다.

'착한 여왕 베스'로 국민의 사랑을 받았던 엘리자베스 1세(재위 1558~1603)가 70세로 세상을 떠난 다음, 스코틀랜드 왕과 잉글랜드 왕을 겸임한 제임스 1세(재위 1603~1625)는 스스로를 인류의 조상인 아담과 마찬가지로 잉글랜드인의 아버지라 칭하며 독재 정치를 강행하고, 청교도들을 엄하게 탄압했다.

제임스 1세의 가혹한 조치에 대항해 1620년 102명의 청교도들은 불과 180톤의 작은 무역 범선 메이플라워호를 빌려 타고 고난에 찬 항해를 한 끝에 대서양을 건너 지금의 보스턴 동남쪽 플리머스에 도착해 식민지를 개척했다. 이것이 미합중국의 시작이다. 의회와 대립해 청교도 혁명(1640~1660)의 불씨를 만든 왕 제임스 1세에 대한 평가는 혹독하다.

그런데 제임스 1세는 대단한 쇠고기 애호가였다. 어떤 파티에서 기름기가 적당히 섞인 뛰어난 쇠고기 맛에 감격한 제임스 1세는 그 고기가 어느 부위에서 나온 것인지 물었다. '로인(허리)'이라는 대답을 듣고 제임스 1세는 그 부위의 고기에 귀족 칭호인 서sir를 내려주었다. 그 이후 '설로인'은 지방분이 적은 텐더로인tenderloin(부드러운 로인)보다 높은 지위에 놓이게 되었다.

일테면 미묘한 '지방분의 마술'이 제임스 1세를 감탄시킨 것이다.

명예 혁명으로 영국에 확산된
유서 깊은 술, 진

진피즈와 마티니 등 칵테일의 기본이 되는 진은 재미있는 내력을 갖고 있다. 이 술은 1660년경 네덜란드의 레이던 대학 의학부 교수 프란시스 실비우스가 '노간주나무 열매(주니퍼 베리)'를 원료로 제조한 것인데, 처음엔 해열을 위한 약용주로 사용되었다. 영어의 '진Gin'이라는 이름 자체는 네덜란드어 '게네베르Genever'가 어원이다. 17세기의 네덜란드 전성기에는 선원들이 즐겨 마신 술이었다.

진은 영국의 명예 혁명(1688)과 깊은 관계가 있다. 명예 혁명에 의해 네덜란드에서 영국 왕에 오른 윌리엄 3세는 무슨 이유에서인지 네덜란드의 진을 영국에서 유행시키겠다는 생각에 프랑스산 와인과 브랜디에 높은 관세를 부과하면서까지 진의 보급에 힘썼다. 그 결과 영국은 본국 네덜란드를 능가하는 진의 생산국이 되었다.

그런데 18세기 후반이 되자 영국에서는 값싼 진을 서민들이 들이

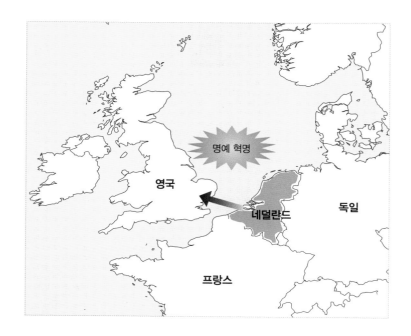

붓듯 마시게 되었고, 진을 마시면 서민이라도 왕이 된 듯한 기분이
된다는 입소문이 퍼졌다. 그 때문에 젊은층의 음주, 알코올 중독, 대
낮부터의 만취 등이 커다란 사회 문제가 되었다. 그래서 정부는
1736년에 진에 대한 세금을 한꺼번에 네 배나 인상하고 특정한 주
점에서만 판매를 허락하는 법률을 정했다. 이에 불만을 품은 하층
민중이 증류소를 습격하는 등 대소동이 벌어지기도 했다.

  진의 과도한 음주가 일단락된 1830년대에 한 영국인이 진에 비
터즈(쓴맛)를 넣어 마시는 방법을 고안해 냈다. 그 후 진을 기본으
로 하는 칵테일이 줄지어 탄생하면서 진의 이미지가 달라지기 시작
했다.

2장 먹고 마시는 일이 역사를 움직인다

영국인은 위스키를
마시지 않았다

스카치위스키를 영국의 전통적인 알코올 음료로 알고 있는 사람이 많은데 그것은 정확한 정보가 아니다. 원래 위스키는 브리튼섬 북부에 있는 스코틀랜드 지방의 알코올 음료이고, 잉글랜드에서는 주로 맥주, 와인, 코냑 등을 즐겨 마셨다.

1707년에 잉글랜드가 스코틀랜드와 합쳐진 후에도 두 지방의 취향은 달라지지 않았다. 스코틀랜드에서는 무거운 주세酒稅를 피하기 위해 포트 스틸이라는 간단한 단식 증류기로 만드는 위스키 밀주가 성행했다. 이탄泥炭으로 맥아를 건조시킨 것인데 독특한 풍미를 갖고 있었다.

18세기 후반에 잉글랜드의 산업혁명이 스코틀랜드에 파급되자 연속 증류기인 페이턴트 스틸이 발명되어 주로 옥수수를 원료로 알코올 음료가 양산되기 시작했다(그레인위스키). 그런데 이 값싼 술과

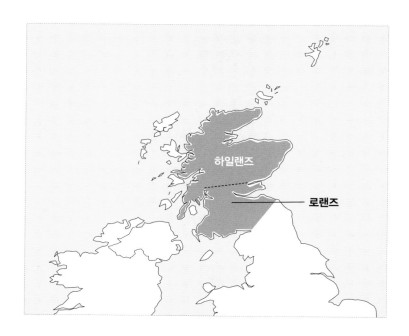

종래의 원주原酒(포트 스틸로 증류하는 맥아가 원료인 몰트위스키)를 혼합하면 마시기가 편하고 맛이 있었다.

19세기 후반, 필록세라(포도뿌리혹벌레)로 인해 프랑스를 비롯한 유럽의 포도밭이 괴멸 상태에 이르러 와인과 브랜디를 구하기 어렵게 되자 위스키 시대가 찾아온다. 잉글랜드 사람들도 차츰 스코틀랜드 위스키에 손을 내밀기 시작하고, 위스키는 제1차 세계대전 이후 영국을 대표하는 알코올 음료로 자리를 잡게 되었다.

스카치위스키는 대부분 스코틀랜드 남부 로랜즈에서 만드는 그레인위스키에 북부 하일랜즈에서 만드는 몰트위스키를 혼합해 제조되고 있다.

　　　　　　　　2장 먹고 마시는 일이 역사를 움직인다

세계 3대 요리 가운데 하나가
터키 요리?

"세계 3대 요리는 무엇입니까?" 이런 질문에 당신은 얼른 대답할 수 있을까. 중국 요리와 프랑스 요리는 누구나 인정하는 바이지만 세 번째가 어느 나라 요리인지는 금방 떠오르지 않을 것이다.

아시아와 유럽, 흑해와 지중해가 만나는 십자로에 위치한 터키 사람들은 그 세 번째가 '터키 요리'라고 말한다. 세 대륙(아시아, 유럽, 아프리카)에 걸친 오스만튀르크 제국(1299~1922)과 1,000년 동안 계속된 비잔틴 제국(395~1453)의 전통을 이어받고 있어 먹는 일을 무엇보다 좋아하는 터키인들이 자기들의 요리가 맛이 없을 까닭이 없다고 생각한다.

게다가 터키에는 "고픈 배를 안고 유람하기보다 배불리 먹고 죽는 게 낫다"는 속담이 있을 정도이다. 제국의 술탄들은 끼니때마다 마흔 가지 요리를 조금씩 음미했다고 한다.

확실히 렌즈콩 등 여러 가지 콩을 사용한 초르바(스프)나 '시시 케밥'이라고 부르는 꼬치에 끼운 양고기 구이, 요구르트, 치즈, 터키가 기원인 필래프(밥에 고기, 새우 등을 넣고 버터로 볶은 음식-옮긴이) 같은 음식은 그 맛이 매우 훌륭하다.

그런데 설탕을 무지막지하게 사용한 디저트와 약초를 넣고 물을 타서 탁하게 만든 '라키raki(라틴어로 희고 탁하다는 뜻)'라는 브랜디가 터키 요리의 지위를 위태롭게 하고 있는 것 같다. 터키인들은 라키보다 더 맛있는 술은 없다고 말한다. 하지만 디저트의 과도한 당분과 라키의 강한 알코올 성분은 건강을 해치기 십상이다.

터키공화국 건국의 아버지 케말 아타튀르크(1881~1938, 터키의 군인·개혁가·정치가이며 터키공화국의 창시자, 초대 대통령 – 옮긴이)는 볶은 이집트콩 이외에는 거의 먹지 않는 소박한 생활을 했지만 간경변으로 57세에 급사했다. 어쩌면 라키의 매력을 이기지 못했던 것인지도 모른다.

빈을 구한 빵집에서
탄생한 크루아상

1683년 오스만튀르크 제국의 군대가 3개월에 걸쳐 오스트리아의 수도 빈을 포위하는 사건이 일어났다. 누가 뭐라 해도 빈은 당시 유럽을 대표하는 대도시였으므로, 만일 터키군이 승리한다면 유럽 세계 전체가 이슬람 세계로 편입되고 말지도 모를 일이었다. 불안이 유럽 세계를 엄습했다.

그러나 번영을 구가하던 오스만튀르크군의 사기는 쇠잔해지고 그들은 더 이상 예전처럼 세계 최강의 군대가 아니었다. 빈 포위는 완전히 실패로 돌아갔고, 거꾸로 오스만튀르크 제국은 약한 모습을 보이기 시작했다.

그 증거로 이 사건이 있은 지 16년 후에 체결된 카를로비츠 조약(카를로비츠는 지금의 세르비아공화국 스렘스키카를로브치를 말한다–옮긴이)을 들 수 있다. 이 조약을 통해 오스트리아는 오스만튀르크 제

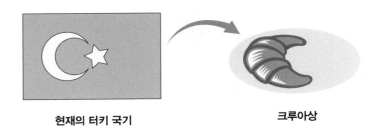

현재의 터키 국기   **크루아상**

국으로부터 헝가리, 슬로베니아, 크로아티아 등의 땅을 획득해 동유럽의 패권을 확립하였고, 오스만과의 관계를 역전시키는 데 성공했다. 빈 포위는 이처럼 유럽의 입장에서 역사의 전환점이라고도 할 수 있는 전쟁이었다.

이 전쟁의 와중에 빈의 한 빵집 주인이 큰 수훈을 세웠다. 오스만 튀르크 군대가 폭약을 장치하기 위해 굴을 파고 있었는데, 그 소리를 들은 빵집 주인이 아군에게 이 사실을 알림으로써 적을 격퇴시킬 수 있었던 것이다.

전쟁이 끝난 후 공적을 인정받은 이 빵집 주인은 오스만튀르크군의 군기軍旗에 그려진 반달을 본뜬 '초승달' 모양의 빵을 구울 수 있는 특별 허가를 받았다. 일테면 '터키를 먹어버린다'는 뜻인데 이로 인해 크루아상은 크게 유행했다.

나중에 마리 앙투아네트가 프랑스의 루이 16세와 결혼할 때 크루아상은 프랑스 파리로 전해져 파리 사람들의 마음을 사로잡았다. 오늘날에도 프랑스의 아침 식탁을 장식하고 있다.

비엔나커피는 오스만튀르크와의 전쟁에서 탄생했다

1683년에 오스만 제국군이 오스트리아의 수도 빈을 겹겹이 포위했을 때 전령이 된 게오르크 콜시츠키는 용감하게도 오스만 군인의 복장으로 적진을 돌파해 폴란드 구원군과의 사이를 수차례 왕복함으로써 적의 포위 작전을 무력화시키는 데 공헌했다.

허둥지둥 철수한 오스만군은 텐트 2만 5,000개, 낙타 5,000마리, 식용 소 1만 마리, 곡물 10만 부셸(곡물의 중량을 나타내는 단위, 1부셸은 약 28킬로그램-옮긴이), 어마어마한 돈 등과 함께 대량의 커피콩 자루를 남기고 물러났다.

빈 사람들은 좋은 향이 나는 이 이상한 콩의 사용법을 알지 못했다. 하지만 터키어와 터키 문화에 정통했던 콜시츠키는 그 가치를 알고 있었다. 전쟁 중의 용감한 행동에 대한 포상으로 다량의 커피 원두와 저택을 하사받은 그는 그 저택을 고쳐 커피 하우스를 열고

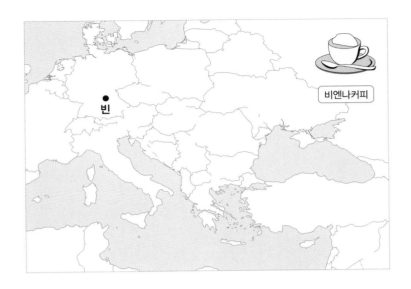

비엔나커피

진한 커피 위에 휘핑크림을 얹은 독특한 커피를 팔기 시작했다.

커피 맛에 익숙하지 않은 사람들도 쉽게 마실 수 있지 않을까 생각했던 것이다. '영광의 커피'라는 이름으로 그가 판매한 커피는 빈 사람들의 인기를 얻고 대유행했다. 이 커피는 훗날 멋쟁이 마차를 탄 귀족들이 즐겨 마셨다는 뜻에서 '아인슈패너Einspanner(한 마리의 말이 끄는 마차)'라 불리게 되었다. 일본과 한국에서 말하는 비엔나커피가 바로 그것이다.

콜시츠키는 빈의 커피 하우스 업자들로부터 커피의 수호성인으로 존경을 받아 커피 끓이는 모습을 한 동상이 세워지기도 했다. 빈에는 그를 기념하는 '콜시츠키 거리'도 남아 있다.

미국에서 연한 커피를
마시게 된 깊은 사연

영국에서는 오래전부터 홍차를 즐겨 마셨는데, 지금도 근무가 끝나는 6시경에는 '하이티'라고 해서 케이크 등의 가벼운 간식과 함께 홍차를 마시는 습관이 있다. 그에 비해 영국으로부터 독립한 미국에서는 홍차를 흉내 낸 듯한 '아메리칸 커피'라는 연한 커피를 즐겨 마신다.

왜 이런 차이가 생긴 걸까? 그 이유는 뜻밖에도 미국의 독립 전쟁(1775~1783)에 있다.

1773년에 영국 정부는 차조령茶條令을 발표함으로써 경영 위기에 빠져 있던 동인도회사로 하여금 아메리카 식민지에서의 독점적인 홍차 판매 권한을 갖도록 했다. 식민지에서 판매되는 홍차의 약 90퍼센트를 독점하고 있던 밀무역 상인을 중심으로 이 조치에 대한 반대 운동이 고조되었다.

1773년	차조령
1773년 12월 16일	보스턴 차 사건
1775년	미국 독립 전쟁

그러다 영국에 대한 반감이 홍차에 대한 반감으로 그 형태를 바꾸었다. '자유의 처녀들'이라는 여성 정치 단체에서 영국의 홍차를 마시는 남자와는 결혼하지 않겠다는 슬로건을 내걸 정도였다.

그런 가운데 1773년 홍차를 가득 실은 동인도회사 소속의 배 세 척이 보스턴항에 들어오자 인디언으로 변장한 약 예순 명의 급진파가 배에 뛰어들어 342상자(7만 5,000달러)의 홍차를 보스턴 바닷속으로 던져버렸다. 이른바 '보스턴 차 사건'이다. 이 사건은 결국 미국 독립 전쟁의 직접적인 발단이 되었다.

전쟁이 시작되자 홍차 수입이 힘들어지는 바람에 아메리카 식민지 사람들은 브라질에서 수입한 커피를 많이 마시게 되었다. 병사들도 전쟁터에서 설탕과 우유를 넣지 않은 블랙 커피를 마시며 사기를 드높였다고 한다. 그러다 보니 홍차 비슷한 연한 커피가 미국 사회에 정착하게 되었다.

프랑스 요리가 맛있는 것도
프랑스 혁명 덕분

세계적으로 인정받는 프랑스 요리는 17세기 중반 이후 궁정 요리를 중심으로 점점 발전하다가 18세기 중엽에는 '오트 퀴진haute cuisine'이라 불리는 세련된 맛을 확립했다.

그 중심에는 누가 뭐라 해도 깊은 맛이 독특한 소스에 있다. 그러나 그것은 어디까지나 궁정 요리였다. 그 음식이 서민들 사이에 퍼진 것은 궁정 요리사가 프랑스 혁명으로 인해 일자리를 잃고 거리로 나와 음식점을 내면서부터이다. 프랑스 요리는 사람들이 외식을 하기 시작하면서 점점 수준이 높아졌다.

식사하는 가게를 '레스토랑'이라고 부르는데, 그 어원은 레스트rest, 즉 '휴식하다' 혹은 '기운을 회복시키다'라는 뜻이다. 일찍이 '레스토랑'이라는 말은 포타주(걸쭉한 수프)로 만드는 짙은 육즙을 가리켰다.

오트 퀴진

프랑스 혁명

　그런데 1765년 파리의 한 술집에서, 양고기가 들어간 오리지널 수프에 '기운을 회복시키는(restaurer) 수프'라는 이름을 붙여 엄청난 호평을 받으면서부터 맛있는 요리를 파는 가게 자체를 '레스토랑'이라고 부르기 시작했다.

　참고로 최초의 레스토랑이 개업한 것은 1782년이었다(처음으로 문을 연 레스토랑은 파리의 '런던 최고의 선술집'이었다. 이 레스토랑의 소유주인 앙투안 보빌리에는 권위 있는 미식가이자 뛰어난 요리법 저자로서 뒷날 프랑스 요리법의 기본서가 된《요리의 기술》(1814)을 펴내기도 했다-옮긴이).

　또 주방장이 쓰는 독특한 하얀색 모자는 당시 명요리사로 알려졌던 앙투안 카렘에게서 비롯되었다. 카렘이 손님이 쓰고 있던 독특하고 매력적인 하얀 모자를 흉내 내서 쓰기 시작했는데, 그것이 훗날 요리사들 사이에 퍼진 것이라고 한다.

최고의 나폴레옹 브랜디가
1811년산인 이유

1804년에 프랑스 황제가 된 나폴레옹은 그때까지 다른 나라에서는 볼 수 없었던 '징병제'를 도입함으로써 많은 프랑스 청년들의 피의 대가로 유럽 대륙의 패권을 확립하고 '영웅'이 되었다. 나중에 도스토옙스키는 소설 《죄와 벌》에서 그 사실을 지적하며 영웅 나폴레옹을 통렬하게 비난했다.

형제와 근친을 유럽의 7왕국, 30공국의 지배자로 삼은 나폴레옹에게 부족했던 것은 뒤를 이을 아들과 가문이었다. 그래서 나폴레옹은 1809년 오랫동안 살아온 여섯 살 연상의 아내 조세핀과 이혼하고, 이듬해 아직 19세가 채 되지 않은 오스트리아 황제 프란츠 1세의 장녀 마리 루이즈와 결혼했다.

말할 것도 없이 허영심을 채우기 위한 결혼이었다. 그러나 나폴레옹은 젊은 루이즈에게 푹 빠져 결혼 후에도 전쟁터에서 318통이

아프리카

세인트헬레나섬

나폴레옹 브랜디

나 되는 러브레터를 부지런히 보냈다. 그런데도 루이즈는 자신의 고
국을 자주 공격하는 나폴레옹에게 강한 적개심을 품고 있었던 모양
이다. 루이즈는 가장 싫어하는 인형에 '나폴레옹'이라는 이름을 붙
이고 괴롭혔다고 한다.

1811년 마리 루이즈는 기다리고 기다리던 아들을 낳았다. 이해
에 프랑스의 미래를 축하라도 하듯 혜성comet이 나타났고, 포도 농사
도 일찍이 보지 못했을 정도로 풍작을 이루었다. 그 이전부터 혜성
이 나타난 해의 와인은 '코메트 와인'이라고 해서 귀하게 여겼는데,
1811년산 와인 중에서 증류한 코냑은 '나폴레옹 브랜디'라는 이름
으로 특히 귀하게 여겼다.

레미 마르탱사社에는 이 1811년산 브랜디가 아직까지 한 통 남
아 있는데, 지금도 숙성된 양질의 브랜디에 계속 첨가하면서 사용하
고 있다고 한다. 그런데 '나폴레옹'이라는 명칭은 7년 이상 숙성시
킨 브랜디의 순위를 나타낸 것이고, 회사마다 제각기 양조·시판되

고 있다. 다시 말해 같은 '나폴레옹'이라도 천차만별이라 무조건 고급 브랜디는 아니라는 것이다.

참고로 브랜디의 어원은 네덜란드어 '브란데빈brandewiyn(영어 burnt wine의 뜻−옮긴이)'이다. 17세기의 무역 대국 네덜란드가 프랑스, 스페인 등지에서 와인을 수입해 증류하고 이를 다시 값비싼 상품으로 재수출한 데서 붙여진 이름이다. 소주燒酒도 증류주라는 점에서는 브랜디와 같다.

1812년 60만 명을 동원한 러시아 원정이 무참한 실패로 끝나자 낭떠러지로 떨어지듯 나폴레옹의 몰락이 시작되었다. 나폴레옹은 부르고뉴 와인 '샹베르탱'을 좋아해서 모스크바 원정 때도 큰 술통을 갖고 다녔다고 한다. 하지만 이 검붉은 빛깔의 와인으로 아무리 사기를 고무시키려고 해도 러시아의 혹독한 겨울 추위는 이겨낼 수 없었다.

1814년에 마리 루이즈와 이별한 나폴레옹은 1815년 대서양의 절해고도 세인트헬레나섬으로 유배를 당했다. 실의에 찬 나폴레옹을 위로한 것은 평소 즐겨 마시던 코냑 '쿠르브와제'였다고 한다. 파리의 와인 상인 엠마누엘 쿠르브와제는 나폴레옹의 친구로서 자기 증류소에서 만들어 낸 코냑 첫 작품을 그에게 헌상했다. 나폴레옹의 모습을 상징으로 삼는 쿠르브와제는 지금도 널리 애음되고 있다.

섬으로 유배를 당한 지 6년 후 나폴레옹은 위암으로 쓸쓸하게 세상을 떠났다. 일설에 의하면 비소를 사용한 독살이었다고도 한다. 나폴레옹이 죽음을 앞두고 남긴 말은 '군대'와 첫 번째 아내 '조세핀'이었다고 한다.

초호화판 요리 만한전석은
어떻게 출현했을까

25세에 즉위해 60년간이나 황제로 군림했던 건륭제乾隆帝(재위 1735~1795) 시대는 청나라의 전성기였고, 중화 제국의 지배 영토는 역사상 최대였다. 그러한 시대에 걸맞은 요리가 만주인의 요리와 한인의 요리를 한자리에 차린 호화로운 '만한전석滿漢全席'이다.

　이 요리는 건륭제가 장난江南의 양저우揚洲에 행차했을 때 그 지역의 부호가 산해진미를 차려 바친 것이 기원이므로 궁정 요리에서 비롯된 것은 아니다.

　당시는 화신和神이라는 건륭제의 심복이 막대한 뇌물을 받고 제국 예산의 몇 배나 되는 축재를 했던 시대이기도 했고, 모든 일이 화려하게 흘러가던 시절이었다. 민간의 부호가 진기한 음식 재료를 사용해 중화요리 역사상 최고의 호화로운 잔치를 열었다는 점에서 시대의 분위기를 느낄 수 있다.

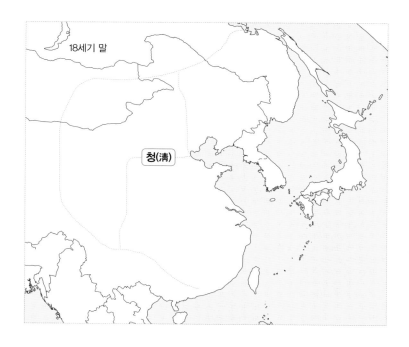

18세기 말

청(淸)

요리는 이틀에 걸쳐 다섯 번 차려졌다. 세 번째까지는 열 가지 요리와 수프, 밥 종류이고, 네 번째는 요리 스무 가지, 다섯 번째는 술 안주 스무 가지, 작은 접시 스무 가지, 건과 열 가지, 생과일 열 가지 등으로 되어 있었다.

요리 재료로는 중화요리에서 전형적으로 사용하는 새끼돼지 통구이, 상어 지느러미, 전복, 제비집, 해삼 등에서부터 곰 발바닥, 낙타 등심, 사슴 코, 코끼리 코, 호랑이 고환, 오랑우탄의 입술과 골, 물개 고기, 오리 발, 개구리 난관, 뱀 등에 이르기까지 희귀하고 값비싼 데다 유별난 것들도 많이 포함되었다.

이러한 사치스러운 작태는 당연히 빈부의 차이를 확대시켰다. 건륭제가 황제의 자리를 가경제嘉慶帝에게 물려준 이듬해에 30만 명의 민중이 참가한 '백련교白蓮敎의 난(1796~1804)'이 일어나 9년 동안이나 계속되었고, 그것을 진압하는 데만 1억 2,000만 냥을 허비해 청나라의 재정은 순식간에 악화되었다. 이로써 청나라는 쇠망과 혼란의 과정으로 접어들기 시작한다.

우유는 19세기 중반이 되어서야
급속히 보급되었다

프랑스의 의학자이자 과학자인 루이 파스퇴르(1822~1895)가 공기 중의 미생물이 부패·발효의 원인이라는 사실을 밝혀낸 것은 1860년 초의 일이다. 그 후 그의 이름을 따서 '파스터라이즈'라는 이름이 붙은 우유를 약 60도에서 30분간 가열해 살균하는 저온살균법이 개발되었다.

이 시기에 프랑스의 페르디낭 카레(1824~1900), 샤를 텔리에(1828~1913)에 의해 냉장고가 발명되었고, 특히 카레는 1859년의 만국박람회에 인공 제빙기를 출품해 호평을 받았다. 이른바 냉장 기술의 진보이다.

그 후 1878년에는 냉동선이 아르헨티나에서 대량의 냉동 쇠고기를 유럽으로 운반하는 데 성공했다. 쇠고기가 대중화되는 시대가 도래한 것이다.

파스터라이즈

- 저온살균법(LTLT)
  63~65℃ – 30분
- 고온살균법(HTST)
  72~75℃ – 15초

또 프랑스에서는 나폴레옹 3세의 통치하에 철도 건설이 급속하게 진행되어 철도의 총연장 거리가 1845년의 888킬로미터에서 1865년에는 1만 3,562킬로미터로 약 열다섯 배나 늘어났다. 이러한 저온살균, 냉장 그리고 철도 수송이 서로 연계됨으로써 도시의 주민도 싼 가격으로 신선한 우유를 마실 수 있게 되었다.

전에는 주변 농촌에서 마차로 우유를 실어오는 것 외에는 운송 방법이 없었기 때문에 생우유는 반경 4~5킬로미터 근교에서만 가져올 수 있었다. 그러나 철도의 발달로 인해 멀리 떨어진 지역에서도 우유를 실어올 수 있게 되었고, 이로써 도시 주민들은 끓인 물로 마시는 커피, 홍차 외에 우유라는 신선한 음료도 마실 수 있게 되었다.

20세기 초에는 이들 나라의 개인 우유 소비량이 연간 100리터쯤 되었다.

병맥주가 대량 생산된 것은
'크라운' 덕분

맥주는 5,000년 전의 고대 메소포타미아, 이집트 시대 때부터 만들 어졌는데 예전에는 보리를 발효시킨 탁주와 같은 것이었다. 현재는 전 세계에 퍼져 1만 가지 이상의 유명 브랜드 맥주가 시판되고 있으 며, 연간 약 1억 4,000만 킬로리터나 되는 양을 생산하고 있다.

맥주에 향과 쌉쌀한 맛을 더하고 거품을 잘 일게 하는 '맥주의 영 혼' 혹은 '녹색 황금'이라고도 불리는 것이 뽕나무과의 식물 홉hop이 다. 홉이 맨 처음 맥주 양조에 이용된 것은 독일 남부의 수도원이었 다고 하며, 16세기에는 독일 전국에 보급되었다.

1516년 바이에른 공국의 빌헬름 4세는 반드시 보리, 홉, 효모, 물 만으로 맥주를 제조해야 한다는 '맥주 순수령'을 발표함으로써 맥주 제조의 기본틀을 정했다. 독일에서는 통에 넣은 맥주가 주로 생산되 었고, 영국에서는 17세기부터 병맥주가 등장하기 시작했다.

2장 먹고 마시는 일이 역사를 움직인다

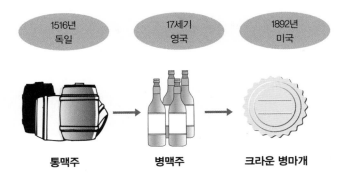

1516년 독일	17세기 영국	1892년 미국
통맥주	병맥주	크라운 병마개

19세기 말 병에 담은 맥주를 본격적으로 생산해 맥주의 양산 체제를 정비한 것은 미국이었다. 1870년대에 병을 증기로 가열하는 살균 방법이 보급된 데 이어, 1892년에 미국인 윌리엄 페인터가 발명한 '크라운'이라는 이름의 간단히 딸 수 있는 밀폐용 병마개 덕분이었다.

그 결과 병의 크기도 '크라운'에 맞게 규격화되었고 대량 생산도 본격화되었다. '크라운'은 특허를 받았기 때문에 스물한 개의 주름이 있는 고유의 병마개가 지금도 전 세계에서 이용되고 있다.

병맥주가 보급됨에 따라 주스 등의 비알코올 음료도 마찬가지 형태로 제조되기 시작했다.

한때 와인의 지위를 위협했던
위험한 압생트

'압생트absinthe'는 프랑스 혁명으로 유럽이 동요하던 18세기 말 스위스에서 개발된 강한 '리큐어liqueur(달고 향을 풍기는 술의 총칭)'이다. 향쑥의 라틴어 압신티움absinthium이 어원인 압생트는 향쑥, 아니스 등의 허브를 섞어 발효시킨 술로서 물을 섞으면 뿌옇게 변한다. 허브계의 방향芳香을 풍기며 알코올 농도는 65~79도로 매우 높다.

테킬라 50도, 보드카 40~50도와 비교해 보더라도 알코올 농도가 얼마나 강한지 알 수 있다. 그래서 압생트는 그냥 '생'으로 마시기는 어렵고 대개 물에 희석시켜 마셨다. 나폴레옹이 황제로 즉위한 이듬해인 1805년 프랑스에서도 양조되기 시작했으며, 풍기는 향과 눈으로 보는 아름다움 그리고 무엇보다도 적절한 가격으로 넓은 계층에서 유행했다.

1860년대에 프랑스의 포도밭에 필록세라가 만연해 전체 포도밭

보드카	테킬라	압생트
40~50도	50도	65~79도

의 4분의 3이 괴멸 상태에 이르자 와인 값이 폭등했고 압생트를 물에 타서 마시는 서민의 수가 급증했다. 그런데 압생트의 맛에 친숙해지자 희석하기 위해 넣는 물의 양이 점점 줄어들었다.

압생트를 즐겨 마시는 사람 가운데 알코올 의존증이 확대되고, 노동 의욕 감퇴, 범죄 등의 사회 문제가 빈발하기 시작했다. 또 압생트는 중독 증상이 강해 인간의 정신 활동에 지장을 준다는 의심을 받았다. 조사 결과, 압생트의 주원료인 향쑥에 함유된 물질이 인간의 신경에 유해하다는 결론이 나왔다.

그에 따라 유럽에서는 20세기 초부터 잇따라 압생트의 음용이 금지되었고, 프랑스에서도 1915년에 압생트 제조가 전면 금지되었다. 이로써 와인이 다시 위세를 되찾게 되었다.

환경까지 생각한
'백주'의 선견지명

중화요리와 돼지고기는 떼려야 뗄 수 없는 사이다. 전 세계 사람들이 먹는 돼지고기의 거의 절반이 중국에서 사육되고 있다고 한다. 그런데 이 돼지 사육과 백주白酒의 양조는 밀접한 관계를 갖고 있다.

'백주'로 총칭되는 중국의 증류주는 수수를 원료로 한 고량高粱과 보리를 원료로 한 백주가 대표적이다. 구이저우성貴州省의 '마오타이주茅台酒'의 알코올 농도가 60도라는 것에서 알 수 있듯이 한국이나 일본의 소주와 비교해도 매우 높다.

그 까닭은 흙 속의 용기에 분쇄한 원료와 누룩을 넣고 그대로 발효시키는 중국 고유의 밀폐 양조법에 있다. 전 세계의 증류주가 발효 효율을 높이기 위해 원료를 액체 상태로 용기 안에 넣어 발효시키지만 중국에서는 고집스럽게 전통적인 양조법을 지키고 있다.

그 이유에 대해 도쿄 농업대학의 고이즈미 다케오小泉武夫 교수는

2장 먹고 마시는 일이 역사를 움직인다

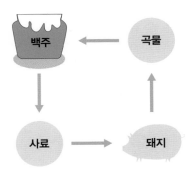

돼지, 곡물, 백주를 적절히 순환시키기 위함이 아닐까 추측하고 있
다. 다시 말해 백주를 양조한 후에 남는 대량의 찌꺼기를 돼지 사료
로 사용하고, 돼지 분뇨를 밭에 뿌리고, 밭에서 나는 곡물을 재료로
다시 백주를 만든다는 것이다.

　백주의 찌꺼기는 적당히 발효되어 있기 때문에 돼지한테는 소화
하기 좋은 뛰어난 사료이다. 낙농업에서 발효시킨 목초를 소에게 주
는 것도 같은 이유에서이다.

　과도하게 인공 비료에 의지해 온 근대 농업은 흙 속의 미생물을
괴멸시킴으로써 토지의 황폐화를 가져왔고, 결국 지구 환경의 악화
를 초래하고 있다. 현대 과학이 유전자 조작에 의한 품종 개량 등으
로 이러한 상황에 대처하고 있지만 자연의 순환을 이용하는 중국인
의 지혜에서 배울 점이 있지 않을까.

세계의
지명·국가명은
역사의 산물

터키 주변을 왜
소아시아라고 부르는가

현재와 같은 세계의 '틀'과 지역명 대부분은, 처음으로 세계적 시야
와 지배력을 갖게 된 유럽인에 의해 만들어졌다. 그 '틀짜기'의 출발
점은 세 대륙을 연결하는 고대 지중해 세계이다. 지중해를 하나로
묶은 해양민 페니키아인은 교역 활동의 거점이 된 에게해 동쪽을
'아수assu', 서쪽을 '에레브ereb'라고 불렀다.

이 이름이 그리스인과 로마인에게 계승되어 동방 세계는 기원전
133년 로마가 터키 서부의 페르가몬을 지배하게 되었을 때 '아수'
에 지명을 나타내는 접미사 '이아(-ia)'를 붙여 '아시아'라고 불렀다.

그러나 유럽인의 지리적 인식이 확대됨에 따라 '아시아' 영역은
점점 넓어져 세계 육지 면적의 3분의 1에 달하는 지역으로까지 확
장되었고, 로마인이 최초로 이름 붙인 아시아, 다시 말해 현재의 터
키 주변을 '소아시아'라고 부르기 시작했다.

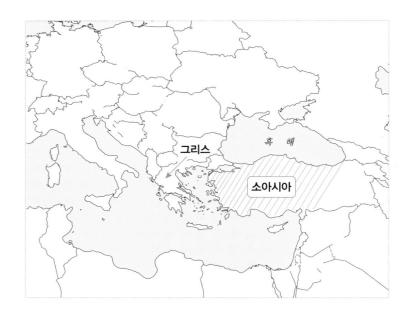

그리스

흑해

소아시아

나아가 에게해 서쪽 지역을 '유럽'이라 부르게 되었는데, 이는 그리스의 지모신地母神 에우로페Europe에서 비롯된 이름이다.

그리스인은 이집트 남쪽 지역을 해신 포세이돈의 아내 리뷔에의 이름을 따서 '리비아Libya'라고 불렀다. 그러나 이 말은 아프리카의 일부 지역을 가리키는 데 불과했다.

'아프리카'라는 말은 북아프리카의 베르베르인이 좀 더 오지에 거주하는 사람들을 '아프리(동굴)에 사는 사람들'로 칭한 데서 유래한다. 기원전 3세기~기원전 2세기에 일어난 포에니 전쟁 당시 로마인들이 지중해 대안對岸에 있던 카르타고를 정복한 후 이 지방을 '아프리카'라 불렀으며, 로마 제국의 속령이 된 북아프리카 일대도 '아프리카'라고 불렀다.

'서양'과 '동양'은 원래
해역을 일컫는 말이었다

지금 흔히 사용되는 '서양'과 '동양'이라는 말은 원래 중국인의 해외 무역이 번창하던 시기에 생겨난 지리적 개념이다. 11세기 송대宋代에 접어들면서 대형 외양 정크선이 건조되었고, 중국 상인의 상업 활동 터전은 동남아시아에서 인도양으로 확대되었다.

그런데 송대에 중국인들이 부르던 해외 여러 지역의 명칭은 '해외 국가들' 또는 '해남 국가들'이었다. 그 후 몽골 제국이 출현하자 중국 상인의 해양 세계 진출이 더욱 활발해져 원元 제국과 서아시아 일한국(1256~1411: 이란에 있던 몽골족의 왕국 - 옮긴이) 사이의 해상 무역이 정기화되었다.

모로코의 대여행가 이븐 바투타(1304~1368)는 그의 저서《이븐 바투타 여행기》에서 "우리가 체류할 무렵 카리카트항에는 열세 척의 지나선船이 와 있었다. ……지나해를 항해하려면 오로지 지나선

동양

서양

수마트라섬

말라카 해협

보르네오섬

자바섬

에 의해서만 가능하다"고 기록했다.

이처럼 해외 무역이 비약적으로 성장하는 가운데 선원들 사이에서 '동양', '서양'이라는 호칭이 사용되기 시작했다.

1304년 저술된《남해지南海志》는 보르네오섬 서해안 해협을 경계선으로 보르네오섬, 자바섬 및 그 동쪽 해역을 '동양', 그 서쪽에서 인도양에 이르는 해역을 '서양'이라고 불렀다. '동양'과 '서양'이라는 말은 원래 동양 침로針路와 서양 침로라는 뜻에서 항로에 면한 '나라들'을 가리켰지만 이윽고 일정한 해역을 가리키게 되었다.

다양한 기록을 종합해 보면 원 제국 때는 말라카 해협을 경계선으로 하여 남지나해와 자바해 부근의 해역을 '동양', 서쪽에 있는 인도양 해역을 '서양'으로 칭한 듯하다. 이러한 해역 개념인 '서양'이 서구 사회를 가리키게 된 것은 아편 전쟁 이후의 일이다.

지명의 접미사에서
도시의 성격을 알 수 있다

세계 지도를 보면 비슷한 '접미사'를 가진 도시가 상당수 눈에 띈다. 세계의 여러 지명은 취락 지구와 도시, 성과 요새를 가리키는 고유의 접미사를 갖고 있다. 그래서 접미사를 보면 그 도시가 어느 민족권에 속해 있는가를 알 수 있다.

게르만인은 성과 요새 도시에 '부르크(-burg)'라는 접미사를 붙였다. 예를 들면 올덴부르크는 '올덴olden(오래된)'이 붙어 '오래된 성벽 도시'를 말하고, '레겐스부르크'는 도나우강과 레겐강의 합류 지점에 위치한 군사 도시를 말한다. 벨기에와 독일, 프랑스에 둘러싸인 나라 룩셈부르크는 '작은 성채 도시'라는 의미이다.

한편 슬라브인은 성채 도시에 '그라드(-grad)'라는 접미사를 붙였다. 세르비아의 베오그라드는 '베오beo(희다)'가 붙어 '하얀 성채 도시', 러시아의 볼고그라드는 '볼가강의 성채 도시'라는 뜻이다.

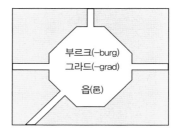

중국에서는 벽으로 둘러싸인 취락 지구를 크고 작음에 관계없이 '읍邑'이라고 불렀다. 은殷나라의 도읍을 '대읍상大邑商'이라고 부른 것은 요컨대 은인殷人(상인)의 대규모 취락(도시)이라는 뜻이다.

이에 비해 '스크(-sk)'는 동슬라브인의 명칭 접미사이고 '칸드(-kand)'는 이란인, '켄트(-kent)'는 터키인의 도시나 마을의 명칭 접미사였다. 러시아 지도를 보면 '스크'라는 접미사가 붙은 도시명이 많다. 하바롭스크(탐험가 하바로프의 마을이라는 뜻), 스몰렌스크(송진의 마을이라는 뜻), 이르쿠츠크(이르쿠트강과 '스크'의 합성어)와 같은 지명이 그렇다.

전 세계로 확산된
라틴계, 게르만계 지명의 특징

교통 수단이 그다지 발달하지 못했던 시대에 사람들은 지극히 제한된 지역을 생활권으로 삼고 있었다. 현재의 우리와 같이 '나라'나 '지구' 규모의 시야를 가질 수가 없었던 것이다.

고대 로마에서는 지방명을 나타내는 접미사로 '이아(-ia)'를 사용했다. 이어서 주로 라틴계 사람들이 지방명을 지을 때 '이아'가 사용되기 시작했다. 예를 들면 이베리아 반도의 이베리아는 '이베르인의 지방', 불가리아는 '불갈인이 사는 지방', 그리스는 '그라키에인이 사는 지방'이라는 뜻이다.

이처럼 접미사를 붙여서 지명, 국명을 짓는 방법은 근대 이후에도 계속되었다. 미국이 해방노예의 국가를 건설할 목적으로 그들을 아프리카에 이주시키고 명명한 라이베리아(자유의 나라), 소말리인의 나라를 소말리아로 부르는 것이 그 예이다. 미국의 펜실베이니아

주도 '펜 숲의 지방'이라는 뜻이다.

라틴계	이아(-ia)
게르만계	랜드(-land) 란트(-land)

그에 비해 게르만 사회에서는 '란트 (-land)' 또는 '랜드(-land)'를 지방명을 나타내는 접미사로 이용했다. 잉글랜드 는 '앵글인의 지방', 네덜란드의 모태가 되는 홀란드는 '저지대 지방', 폴란드는 '폴란드인의 지방', '아일랜드'는 '서쪽 지방', 핀란드는 '핀인들이 사는 지방'이라는 뜻이다.

이러한 접미사는 근대 이후에도 게르만계 사람들이 새롭게 지배권을 획득한 지역에 사용되었다. 예를 들면 뉴질랜드(새로운 제일란트 지방), 독일이 식민지로 개척한 아프리카의 토골란드(토고 호수 지방) 등이다. 유럽 세계의 확대와 함께 라틴계, 게르만계 유럽인의 지명이 전 세계로 퍼져나간 것이다.

지중해의 지명으로 남은
페니키아인의 대활약

현재의 레바논 지방을 거점으로 활약한 페니키아인은 지중해 주변 지역에 식민 도시를 구축하고 무역을 발달시켰으며, 시나이 문자(기원전 1800~기원전 1600년경의 표음 문자. 스물네 개의 기호와 여덟 개의 변체 문자로 이루어진 세계에서 가장 오래된 문자 – 옮긴이)를 개량하여 간략한 알파벳을 각지에 전파했다. 이 알파벳에서 현재 유럽 국가들이 사용하는 문자가 탄생했다.

또 범선을 능숙하게 다루었던 위대한 항해민 페니키아인의 활약은 많은 지명을 탄생시켰다. 이탈리아 반도와 튀니지 지방 사이에 있는 시칠리아섬은 예부터 농업이 번성한 지역이었는데, 기원전 5세기 페니키아인이 식민지로 삼은 때부터 '농민의 땅'이라는 뜻으로 '시칠리아'라 부르게 되었다. 그 어원은 원주민 말로 '농민'을 뜻하는 '시크리'에 있다고 한다. 참고로 튀니지는 주요 도시 튀니스의

수호신이던 페니키아의 신 '타니토프'가 변화된 것이다.

서지중해의 사르데냐섬은 멀리서 보면 '발자국' 모양을 하고 있다는 데서 페니키아어로 '발'을 뜻하는 '사르데냐'라는 이름이 붙여졌다고 한다. 참고로 사르데냐 주변에는 정어리가 많은데, 섬의 이름에서 정어리를 '사딘sardine'이라 부르게 되었다고 한다.

도시의 이름에서도 페니키아어를 엿볼 수 있다. 페니키아인이 서지중해의 거점을 위해 식민지로 삼은 북아프리카의 튀니스만 북쪽 연안에 구축한 카르타고('새로운 도시'라는 뜻), 이베리아 반도에 세운 바르셀로나('바르카가의 마을'이라는 뜻), 말라가('거주구'라는 뜻), 리스본('좋은 항구'라는 뜻) 등은 모두 페니키아어에서 유래했다.

페니키아인이 지중해 세계의 골격을 구축했다고 해도 결코 과언이 아니다.

그리스어 지명도
전 지중해로 확산되었다

기원전 5세기부터 그리스의 여러 폴리스는 인구 증가와 함께 파상적인 이주, 식민을 거듭하다 에게해, 흑해, 동지중해 주변에 많은 식민 도시를 세웠다. 철학자 플라톤이 "연못 주변에 모이는 개구리"라고 형용할 정도였다.

그 흔적은 지명에서도 엿볼 수 있다. 예를 들면 흑해와 이어지는 다르다넬스 해협(제우스의 아들 다르다노스가 세운 나라가 있는 해협), 마르마라해(대리석의 바다), 보스포루스 해협(수소의 여울), 보스포루스 해협에 면한 비잔티움(비자스라는 지방장관, 개척의 영웅 안테스에 유래. 현재의 이스탄불), 북아프리카를 가리키는 키레나이카(전설의 요정 키레네가 사는 땅), 리비아의 수도 트리폴리(페니키아인이 만든 세 도시의 총칭) 등을 들 수 있다.

서쪽 지역의 이탈리아 반도 남부에는 '마그나그라이키아(대그리

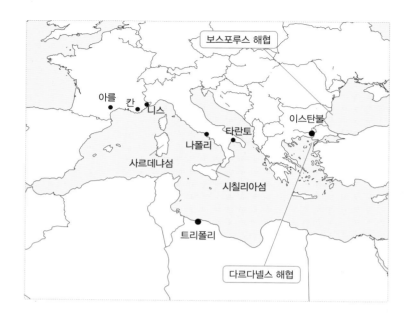

스)'라고 불리는 많은 식민 도시가 건설되었다.

나폴리만에 면한 풍광 뛰어난 항구 도시 나폴리('새로운'이라는 뜻의 nea와 '도시'라는 뜻을 가진 polis의 합성어), 이탈리아 해군의 최대 군항인 타란토(스파르타인이 식민지로 삼은 타라스), 시칠리아섬의 팔레르모('만능의 항구'라는 뜻), 메시나(그리스계 메세니아인이 이주해서 만든 멧세나) 등이 그 중심이었다. 항해의 지표로 삼았던 시칠리아섬의 에트나('불꽃'이라는 뜻) 화산도 그리스어 지명이다.

또 이탈리아 반도 너머에 있는 니스('승전의 땅'이라는 뜻으로 니카에아라 불림), 칸('갈대'라는 뜻의 칸나에서 유래), 아를('습지대'라는 뜻) 등도 그리스인이 만든 식민 도시이다. 이걸 보면 그리스인의 활동 범위가 얼마나 넓었는지를 알 수 있다.

거신 아틀라스는
바다에도, 전설에도 살아 있다

그리스인들은 세계의 끝인 지중해 서쪽 끝에서 거신 아틀라스가 하늘을 떠받치고 있었는데, 괴물 고르곤을 퇴치하고 돌아오는 페르세우스가 그에게 잠자리를 청했다 거절당하자 죽은 고르곤의 머리를 내보였기 때문에 아틀라스가 바위산으로 변했다고 생각했다. 그것이 북아프리카의 아틀라스 산맥이다.

당시 그 산맥 너머에 펼쳐진 바다는 '아틀라스 바다'라 불렸고, 그것이 나중에 영어의 '애틀랜틱 오션Atlantic Ocean(대서양)'으로 바뀌었다. '대서양'은 로마인이 이 바다를 '서쪽 대양'이라고 부른 데서 유래한다.

스승 소크라테스를 사형에 처한 도시국가 아테네에 절망한 그리스의 철학자 플라톤은 이집트인의 전설에서 힌트를 얻어 아틀란티스섬의 '실락원' 이야기를 완성했다. 이른바 아틀란티스 전승의 시

작이다.

대서양은 해신 포세이돈의 지배 영역이었는데 그 바다 한가운데 거대하고 풍요로운 섬이 떠 있었다. 섬의 아름다운 처녀와 결혼해 아들 하나를 얻은 포세이돈은 그 아이를 '아틀라스'라 이름 짓고 섬의 주인으로 삼았다. 그래서 그 거대한 섬을 '아틀란티스'라 부르게 되었다고 한다.

섬 전체에 관개수로를 설치해 녹색의 밭이 펼쳐지고 섬은 훌륭한 왕국이 되었는데, 이러한 번영을 이루자 사람들은 점점 신성을 상실하기 시작했다. 불손과 오만과 사치가 온 섬에 퍼지자 신의 제왕 제우스는 진노해서 대지진과 대홍수를 일으켰다. 아틀란티스는 하루 밤낮 사이에 바닷속으로 가라앉고 말았다.

대항해 시대의 유럽인은 이 전승을 믿고 대서양에 잠긴 거대한 섬 '아틀란티스'를 찾기 위해 노력했다. 카리브해에 있는 '앤틸리스 제도'라는 이름은 그 노력의 흔적이다.

📖 역사 메모

    사라진 대륙 아틀란티스에 대한 기록은 그리스 철학자 플라톤이 《크리티아스》와 《티마이오스》에서 자세히 설명하고 있다.

게르만족 대이동은
지금도 흔적을 남기고 있다

역사를 뒤흔들었던 대사건의 흔적은 어떤 형태로든 현재까지 전해지고 있다. 유럽의 게르만족 대이동도 그렇다.

375년 훈족에게 눌린 서고트족이 도나우강을 건너 로마 제국령에 침입한 이래 약 200년 동안 게르만족의 대이동이 계속되었다. 그러나 당시의 게르만족 인구는 로마계 주민의 약 3퍼센트에 불과해 대부분의 민족 이동은 거의 평화적으로 이루어졌다.

이 사건의 흔적으로 게르만 여러 민족의 이름에서 파생한 지명이 유럽에 여럿 남아 있다.

예를 들면 훈가리아(훈의 땅)라는 이름이 와전된 '헝가리', 고트인과 관계가 깊은 발트해의 '고틀란드(고트인의 나라)섬', 반달인의 '반달루시아'가 와전된 스페인 남부의 '안달루시아', 불간디아(불군트의 나라)가 변형된 프랑스 와인의 명산지 '부르고뉴', 프랑크인에서 파

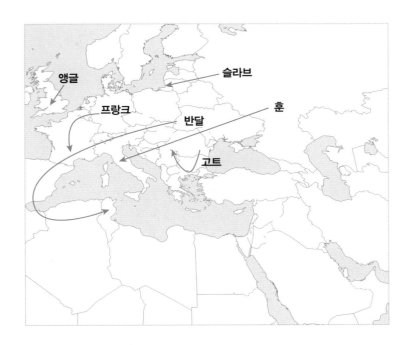

생된 '프랑스'와 독일의 '프랑크푸르트(프랑크의 도하 지점이라는 뜻)', 앵글인에서 파생한 '앵글란드'가 변형된 '잉글랜드' 등이다.

　나아가 프랑크인은 그들이 전쟁을 벌일 때 창 던지기(프랑카)를 주로 했기 때문에 붙여진 이름이라고 하며, 고딕 건축의 '고딕'은 '고트풍'이라는 뜻이다.

　7요일의 이름도 거의 게르만족이 섬긴 신들의 이름에서 유래한다. 오딘(Odin=Wodan)의 이름은 Wednesday(수요일)에, 그 아내이자 가정과 결혼을 다루는 신 프리그Frigg의 이름은 Friday(금요일)에, 군신軍神 티르Tyr의 이름은 Tuesday(화요일)에, 뇌신雷神 릴의 이름은 Thursday(목요일)에 그 흔적이 남아 있다.

'파리'라는 이름은
센강의 시테섬에서 탄생했다

19세기 이전 유럽의 도로는 질퍽거리는 흙탕길이라 대량의 물자나 사람들을 안전하고 싼 가격에 수송할 수가 없었다. 그래서 하천이 중요한 교통 수단으로 이용되었고 주요 도시는 하천, 바다, 호수 등 수상 교통의 요충지를 끼고 발달했다. 유럽의 주요 도시명은 어떤 형태로든 강과 관련되어 있는 경우가 많다.

예를 들어 '런던'이라는 이름은 로마 제국이 점령해 '런데니움'이라고 부른 데서 유래하는데, 그 지명은 원주민의 켈트어 'lond(용감한)'에서 비롯된 '런데누스'라는 부족의 이름에서 유래한다. 템스강 유역의 '런데누스가 지배하는 땅'이라는 뜻을 갖고 있다.

또 '파리'의 경우 켈트계 파리시족이 거주한 데서 유래했다. 율리우스 카이사르의 《갈리아 전기戰記》에는 같은 땅이 '파리시족의 늪지역'이라고 기록되어 있다. 4세기 이후 게르만족이 침입해 오자 파

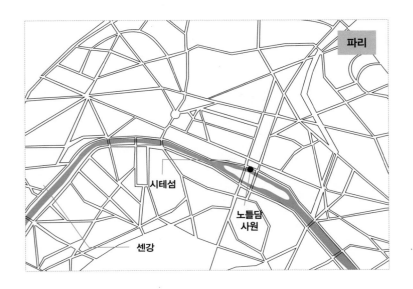

파리

시테섬

노틀담
사원

센강

리시족은 현재의 파리 중심에 위치한 센강의 시테섬에 모여 살게
되었는데, 이때부터 그 지역은 '키위타스 파리시얼(파리시족의 도시)'
이라고 부르게 되었다. 그것이 파리의 어원이다.

독일의 엘베강에 연한 '함부르크'는 카를 대제가 요새로 구축한
도시인데, 그 도시명은 '함ham(강 입구)'과 '부르크burg(요새 도시)'가
합성된 것이라는 설이 유력하다. 다시 말해 '강 입구의 요새'라는 뜻
이다.

13세기에 제방을 쌓고 습지를 매립해 만든 네덜란드의 도시 '암
스테르담'은 암스텔강과 '제방'을 뜻하는 '댐damm'이 합성된 것이다.

러시아와 바이킹의
매우 특별한 관계

유럽과 아시아에 걸쳐 있는 '러시아공화국'은 세계사의 큰 소용돌이 속에서 성립된 삼림과 모피의 나라이다. 그런데 이 나라가 성립된 데에는 사실 바이킹과 큰 관련이 있다. 이슬람 제국과 비잔틴 제국이 번영하던 9세기, 러시아의 운하는 대★교역로 역할을 했고 스웨덴계 바이킹이 활약하는 터전이 되었다. 북유럽과 러시아의 모피, 노예, 봉밀(꿀), 호박琥珀 등이 전성기 이슬람 세계에서 유행했기 때문이다.

눈이 많이 내리는 러시아에서는 모스크바 근교의 표고 수백 미터에 달하는 발다이 구릉(러시아 상트페테르부르크와 모스크바 중간에 있는 구릉으로 볼가강, 서西드비나강, 일멘 호수로 흘러드는 여러 하천의 분수령을 이룬다-옮긴이)에서 발원한 거대한 강물이 북유럽의 발트해, 중앙아시아의 카스피해, 그리고 흑해로 흘러든다.

카스피해로 흘러드는 강이 '어머니 볼가강', 흑해로 흘러드는 강이 '드네프르강'이다. 모피 무역이 막대한 부를 가져온다는 사실을 알았던 스웨덴계 바이킹은 큰 강의 수역水驛을 연수육로連水陸路(배를 끌어올려 옮기는 육로)로 이용하여 북유럽의 바다와 카스피해, 흑해를 잇는 대규모 무역을 펼쳤다. 그들이 무역을 위해 만든 노브고로드, 키예프 등의 여러 도시가 연합해 훗날 러시아를 건국한다.

러시아라는 이름은 '루스족'이라는 말에 라틴어의 지역 접미사 이아(-ia)를 붙인 것인데, '루스'는 모피를 운반하는 '뱃사공'이라는 뜻으로 스웨덴계 바이킹을 가리킨다.

그러나 1930년대에 독일에서 히틀러가 등장하면서 '아리아인의 우월'을 주장하고 나서자 그에 반발한 스탈린은 루스족이 러시아 건국의 토대를 쌓아 올렸다는 설을 부정했다. 그 때문인지 '루스'의 어원은 우크라이나에 있는 드네프르강의 지류인 러시강이며, 러시아가 '러시강 유역에 사는 부족'을 뜻한다는 식의 설도 등장했다.

루스족 = 뱃사공

러시아

오호츠크해의 오호츠크는
원래 '강'이었다

오호츠크해는 겨울철에 아무르강(헤이룽강)의 얼음이 시레토코知床 (오호츠크해 쪽으로 튀어나온 홋카이도의 반도 - 옮긴이) 반도에서 네무로根室(홋카이도 동해안의 해협 - 옮긴이) 해협에 이르는 광활한 해역으로 흘러드는 '유빙流氷의 바다'로 알려져 있다. 이 바다는 캄차카 반도와 시레토코 반도를 잇는 쿠릴 열도를 경계로 태평양과 구분된다.

오호츠크해는 수렵민과 어민에 의한 교류의 바다였는데 17세기 무렵 모피를 찾아나선 러시아인이 동시베리아로 진출해 이 땅에 중심항을 만들었다. 그리고 그 항구 이름이 바다 이름이 되었다.

오호츠크항은 바다로 흘러드는 강 주변에 만들어졌는데 퉁구스계 원주민은 그 땅을 그냥 단순히 '오카타(강)'라고 불렀다. 러시아인은 그 말을 '사냥터'를 뜻하는 러시아어 '오호타'로 읽고 러시아어의 지명 접미사 '스크(-sk)'를 붙여 '오호츠크(오호타강의 도시)'라고

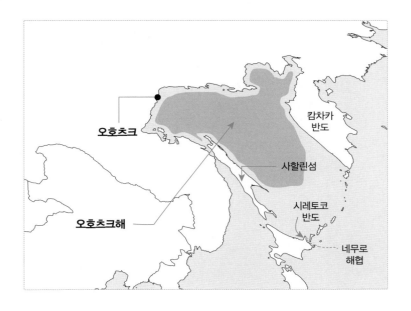

오호츠크

오호츠크해

캄차카 반도

사할린섬

시레토코 반도

네무로 해협

불렀다. 그와 더불어 항구 앞에 펼쳐진 바다도 오호츠크해로 불리게 되었다.

서유럽풍의 새로운 수도 상트페테르부르크를 건설하고 러시아 해군을 창설한 표트르 1세(이반 5세와 공동 재위 1682~1696, 단독 재위 1696~1725)는 죽기 직전 한 인물에게 아시아와 북아메리카(미국) 사이에 있는 넓은 바다를 탐험하고 동아시아 해역에 존재한다고 여겨진 금은도金銀島를 탐색하라고 명했다. 그 인물이 바로 덴마크 출신 해군 사관 베링이다.

그는 배를 만들기 위한 자재를 가지고 시베리아를 횡단해 오호츠크항에서 탐험선을 건조했다. 이후 베링은 캄차카 반도로 건너가 북아메리카 대륙에 이르는 바다를 탐험하고, 시베리아와 북아메리카

사이에 해협이 존재한다는 사실을 밝혔다. 이 바다와 해협을 훗날 그의 이름을 따서 베링해, 베링 해협이라고 부르게 되었다.

비슷하면서 전혀 다른
이란과 이라크의 국명

이란·이라크 전쟁(1980~1988)과 그에 이은 걸프전(1991)은 세계 사람들의 눈을 중동의 두 나라로 돌리게 했다. '이란'과 '이라크'는 나라 이름이 비슷하면서도 사정은 많이 다르다.

'이란'은 다민족으로 구성되어 있고, 일상생활에서 페르시아어(이란어)를 사용하는 페르시아인이 인구 약 6,200만 명 가운데 절반이 조금 넘는 정도에 불과하다.

16세기 초에 성립한 사파비 왕조(1502~1736)는 이슬람교의 시아파를 국교로 삼고, 오스만튀르크 제국 등 압도적인 우세를 자랑하는 수니파와 대항하면서 민족의 열세를 극복하고 왕조의 결속을 유지해 왔다.

19세기가 되면서 이란은 영국과 러시아의 침입으로 위기에 빠졌지만 제1차 세계대전 후인 1925년 레자 샤(1878~1944)가 팔레비

왕조(1925~1979)를 성립했다. 이때부터 일찍이 근대화를 이룬 인접국 터키를 본받아 과거 서아시아의 패자覇者였던 페르시아 민족의 긍지와 전통을 중시하는 나라를 만들기 시작했다. 1935년에는 국호를 '페르시아'에서 '이란(고귀한 아리아인이라는 뜻)'으로 개칭했는데, 여기에는 민족주의를 고양시키고자 하는 의도가 있었다.

그에 비해 인접국 '이라크'의 국명은 '이라크 아라비', 즉 '저지대 아라비아'에서 유래하며, 이는 '저지대, 농사 짓는 땅'이라는 뜻이다. 7세기의 대정복 운동으로 페르시아인의 사산 왕조를 쓰러뜨리고 정착한 아랍인이 티그리스강과 유프라테스강 유역을 이렇게 불렀다.

그 지역명은 오스만튀르크 제국의 지배하에 들어간 후에도 사용되었으며 1921년 독립을 쟁취하자 '이라크'를 국호로 채택했다.

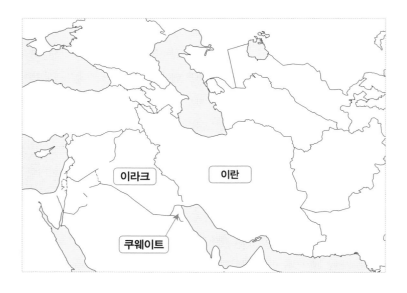

'파키스탄'이란
국명이 정해진 이유

1991년에 소비에트연방(구 소련)이 해체되어 열다섯 개의 공화국으로 분열했다(연방 해체 후 에스토니아·라트비아·리투아니아, 발트 3국을 제외한 열두 개 독립공화국이 1992년 1월 1일을 기해 독립국가연합을 형성함으로써 소련은 정식으로 해체되었다-옮긴이).

그때 중앙아시아의 이슬람 세계에 카자흐스탄, 우즈베키스탄, 투르크메니스탄, 타지키스탄 등 민족명과 '스탄(-stan)'을 조합한 국명을 가진 터키계 나라들이 새롭게 등장했다. '스탄, 이스탄(-istan)'은 그들이 쓰고 있는 페르시아어로 '지역', '지방', '나라'를 의미하는 말이다.

1867년 러시아에 정복당했던 카자흐('자유인, 모험가'라는 뜻), 우즈베크(티무르 제국을 멸망시킨 우즈베크인에서 유래), 투르크멘('터키인'이라는 뜻), 타지크('관冠, 모자'를 뜻함) 등의 네 민족은 각각 민족명을 따서 나라를 부활시켰다.

　영국과 러시아라는 강대국 사이에 끼여 오랜 세월 시달리다 1880년부터 40년 동안 영국의 지배하에 있던 아프가니스탄도 아프간인과 '스탄'이 합쳐져 '아프가니스탄(아프간인의 지역)'이라 불리게 되었다.

　한편 영국의 인도 식민지에서 제2차 세계대전 후 1947년에 분리·독립한 파키스탄은 그 이름을 짓게 된 배경이 조금 다르다.

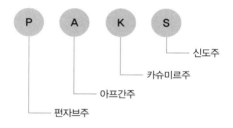

　파키스탄은 형용사 '파크park(신성한, 청정한)'와 '스탄'을 합친 것으로 '청정한 나라'라는 뜻이다. 그러나 그 이름은 청정을 중시하는 이슬람 신앙 때문이 아니라 이 나라의 주요 네 지방, 다시 말해 펀자브(p)·아프간(a)·카슈미르(k)·신도(s) 주의 머릿글자를 딴 것이다.

동남아시아는
예전에 인도 세계였다

'동남아시아'라는 말은 제2차 세계대전 중에 미군이 사용한 작전 용
어로서 사실은 매우 새로운 호칭이다. 동남아시아는 오랫동안 '인
도' 문명권과 '지나(중국)' 문명권의 영향을 받은 지역이라는 이유로
'인도지나'라고 불렸다.

말라카 해협을 중심으로 많은 섬들이 산재하고 있으며, 향신료
등 열대 특유의 산물이 풍성한 동남아시아는 유라시아의 동서를 잇
는 '바닷길'의 중심 해역이었고, 인도 상인·무슬림 상인·중국 상
인·유럽 상인 등이 잇따라 진출했다.

맨 처음 이 지역에 진출한 인도 상인들이 프놈(캄보디아의 전신),
참파(베트남 남부) 등의 나라를 세운 것으로 알려져 있다.

동남아시아 나라들의 문자는 중국 문명의 영향이 강한 베트남을
제외하고는 남인도에서 사용되던 그란타Grantha 문자를 바탕으로 하

고 있다. 다시 말해 한국어·일본어 등에 많은 한어漢語가 섞여 있듯이 동남아시아의 언어들에도 많은 인도어가 섞여 있다.

현재 인도 힌두교를 믿는 사람은 발리섬에 한정되어 있지만 예전에는 동남아시아의 대부분이 인도 세계였다. 그 흔적은 지명에서 찾아볼 수 있다. 예를 들어 '자바'는 '곡물', '수마트라'는 '바다', '자카르타'는 '승리의 요새', '미얀마'는 '강한 사람'이라는 뜻의 산스크리트어(고대 인도아리아어로서 인도 힌두교도들이 쓰는 문어)에서 유래했다.

📖 역사 메모

그란타 문자는 5세기경 인도 남부에서 생겨나 지금까지 쓰이는 글자 체계로, 모음 다섯 개를 포함해 서른다섯 개의 자모를 갖고 있으며 왼쪽에서 오른쪽으로 쓴다.

'조선', '일본'이라는 이름도
'중화'에서 발생했다

중국은 전통적으로 자신들을 세계의 중심中華으로 여겼다. 이러한 발상을 근거로 자신들의 땅 중국을 중심에 놓고 서쪽 지역을 '서역西域', 동쪽 바다를 '동해(현재의 동지나해)', 남쪽 바다를 '남해(현재의 남지나해)'로 불렀다.

참고로 신해혁명辛亥革命 이후 1912년에 건국한 중화민국이나 1949년에 건국한 중화인민공화국의 국명은 '세계의 중앙에 있는 문화가 번영한 나라'라는 의미로 전통적인 발상을 계승하고 있다.

그에 비해 영어의 차이나China는 라틴어의 시나Sina에서 왔는데, 중국 역사상 최초의 통일 제국 진秦 왕조의 이름을 그 토대로 하고 있다. 일찍이 일본에서 사용된 '지나支那'도 같은 어원이다.

'대만臺灣'은 원주민 시라야족이 외부에서 들어오는 자를 타이안Taian, 타이오안Taioan이라 부르며 환대했던 데서 유래하고, 훗날 한

자를 적용해 대만臺灣, 대인臺人 등으로 부르다 대만으로 정착했다.

일본은 일찍이 '왜倭(키가 작은 사람)'라는 멸칭蔑稱으로 불렸는데, 7세기 후반 '해가 뜨는 곳'이라는 의미로 '일본日本'이라 자칭하게 되었다. 702년 당唐나라에 파견된 일본의 견당사가 이 국명을 전함으로써 이후 중국에서도 일본이라는 국명을 사용하게 되었고, 720년에는 이를 사용한 역사서《일본서기日本書紀》가 쓰여졌다.

영어의 지팡Jipang은 마르코 폴로가 전한 '일본'의 복건어福建語식 발음 지펜Jipen에서 유래한다.

조선도 아침 해朝가 '상쾌하다鮮'는 뜻으로, 태양 숭배 신앙에 근거를 두고 있으며 중국 동쪽에 위치한다는 데서 비롯된 것이라고도 여겨진다.

영어의 코리아Korea는 10세기 전반에 건국된 '고려'에서 유래한다. 일테면 조선도 일본도 중국의 '동방'을 뜻하는 말에서 유래한 것이다.

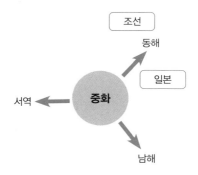

아프리카 대륙의 최남단이
'희망봉'인 이유

1488년 아프리카 내륙부에 존재한다고 알려진 강력한 '대기독교국 (프레스터 존의 나라)'을 찾으라는 명을 받은 포르투갈의 항해가 바르톨로뮤 디아스는 아프리카 서해안을 따라 오로지 남쪽으로 향했다.

디아스는 '헐떡이는 40도'로 불리는 편서풍 때문에 항상 거친 바다로 실려가곤 하다가 마침내 아프리카 대륙을 우회했음을 확신했다. 이 험난한 여행을 한 후 그는 항해의 골칫거리였던 이 갑岬에 '태풍의 곶'이라는 이름을 붙였다.

그러나 보고를 받은 포르투갈 국왕 주앙 2세는 이 지명이 적절치 않다며 새롭게 '희망의 곶(희망봉)'이라고 개칭했다. 당시 주앙 2세는 무슬림 상인으로 분장하고 지중해-홍해-아라비아해를 경유하여 인도의 서해안에 이른 코빌하의 보고를 받고 있었으며, 후추 등의 향신료가 많이 나는 인도로 진출할 계획을 갖고 있었다.

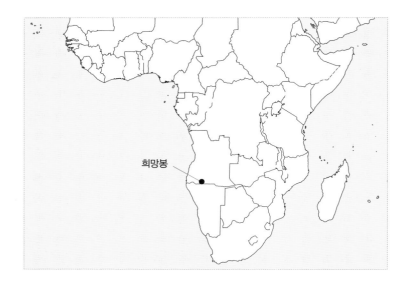

희망봉

　그런 입장에서 보면 '태풍의 곳'이라는 이름은 아무래도 어울리지가 않았다. 항해하기 곤란한 곳이라도 희망에 넘치는 신천지를 향한 입구라야 했던 것이다.

　희망봉 발견 10년 뒤인 1497년 4월, 탐사선 세 척과 보급선 한 척 등 네 척으로 구성된 탐사대가 조직되었고, 이 탐사대의 지휘관은 바스쿠 다가마였다. 그해 12월 25일, 약 170명의 승무원으로 이루어진 다가마의 선대船隊는 현재의 남아프리카공화국 동부 나타르주 해안을 멀리서 바라보며 그곳을 '크리스마스 해안(코스트 드 나타레)'이라고 불렀다. 나타레는 포르투갈어로 '크리스마스'라는 뜻이다.

　인도양을 무사히 횡단한 다가마의 선대는 리스본을 출범한 지 2년 만에 60여 명만이 살아남아 모국으로 돌아왔다. 실로 험난한 항해였지만 그는 인도 항로 발견이라는 대사업을 성취했다.

　뿐만 아니라 다가마의 선대가 가져온 인도산 후추는 선대 파견 비용의 약 예순 배나 되는 이익을 포르투갈 왕실에 가져다주었다. '희망봉'은 왕실에 막대한 부를 가져다줄 보물 창고로 향하는 입구임이 실증된 것이다.

'아마존'이라는 이름의 기원은
뜻밖에도 유목 민족

흑해의 북동 해안 우크라이나 지방 초원의 유목 민족 스키타이는 재갈과 고삐, 말 위에서 쏠 수 있는 단궁을 만드는 등 기마 기술의 기초를 쌓았다.

그들은 말의 아래턱 앞니와 어금니 사이에 큰 틈이 있음을 알고 거기에 골제(나중에는 청동제)의 '재갈'을 대고 그 재갈에다 '고삐'를 걸어 말을 자유자재로 다루었다. 그들이 개발한 기마술은 여러 강력한 기마 민족을 탄생시켰다. 재갈과 고삐의 스키타이 기마 문화가 없었다면 몽골 제국도 건설될 수 없었을 것이다. 말의 엉성한 치열이 세계사를 바꾸었다고 할 수 있다.

고대 그리스의 역사가 헤로도토스는 이질적인 스키타이 세계에 놀랐다(스키타이의 역사는 그들의 영토를 방문했던 헤로도토스의 기록에 대부분 의존하고 있다-옮긴이). 그는 스키타이의 일파인 사우로마타

3장 세계의 지명·국가명은 역사의 산물

아마존강

이 여성이 여전사의 나라 '아마존(그리스 신화에 나오는 여전사 부족-옮긴이)' 출신으로 남자와 똑같은 복장을 하고 말을 타며 전쟁에 나갔다고 기록했다.

유목 민족의 세계에서는 가축을 돌보는 여성의 사회적 지위가 높았다. 그래서 남존여비의 그리스 사회에 익숙해 있던 헤로도토스는 여전사의 나라를 상상했던 것이다.

헤로도토스에 의하면 아마존에서는 다른 나라의 남성과 관계해 남자아이가 태어나면 죽이고 여자아이만 키워 활 쏘기를 가르쳤다고 한다. 그 여전사들은 활 쏘기에 불편함이 없도록 오른쪽 유방(마조스)을 잘라냈는데, 여기서 '젖 없는 족속'이라는 뜻의 '아마조네스'라는 호칭이 생겼다고 한다.

나중에 스페인의 탐험가 프란시스코 데 오레야나가 브라질의 아마존강 유역을 탐험했는데, 여성이 전쟁에 가담하는 것을 보고 헤로도토스의 아마조네스 이야기를 연상하며 길이 6,300킬로미터에 달하는 그 강을 아마존이라고 명명했다. 생각지도 않은 국면에서 역사는 불똥을 맞기도 한다.

3장 세계의 지명·국가명은 역사의 산물

유럽인의 흔적이 짙게 남아 있는
라틴아메리카의 국명

16세기에 라틴아메리카로 대량 이주한 스페인인과 포르투갈인은 각지에 유럽풍 도시를 건설하고 다양한 시스템을 이식하는 등 신대륙을 유럽풍으로 바꾸어 놓았다.

1810~1820년대에 일찍이 유럽에서 이주한 개척민의 자손(크리오오)들은 스페인, 포르투갈로부터의 독립을 달성했지만 원주민인 인디오는 자신들의 나라를 만들지 못했다. 그런 상황은 라틴아메리카 나라들의 이름을 보면 이해할 수 있다.

예를 들어 '브라질'은 특산물인 붉은 염료의 원료가 되는 나무의 이름을 따서 명명했다. 포르투갈어로 '작열하는 숯'을 나타내는 브라사brasa에서 따온 이름인 것이다.

'아르헨티나'의 유래는 1516년 파라나강을 탐험하는 과정에서 은銀이 발견됨에 따라 에스파냐의 왕 카를로스 1세가 '라플라타

위 지도의 글자(그림 안)
콜롬비아
브라질
볼리비아
상파울루
아르헨티나
산티아고
부에노스아이레스

(은)'라고 이름 지은 데서 비롯되었다. 1816년 에스파냐에서 독립하
자 식민지 시대의 이미지를 일소하기 위해 '은'을 나타내는 같은 말
'아르헨티나'로 바꾸었다. '은의 나라'라는 뜻의 나라 이름이다.

'콜롬비아'는 미 대륙에 이르는 항로를 개척한 인물 콜럼버스에
라틴어 접미사 '이아'를 붙인 것으로 '콜럼버스의 나라'라는 뜻이다.

'볼리비아'는 1825년 이 나라를 세우는 데 일익을 담당한 크리오
리오인 시몬 볼리바르의 '볼리바르'에 라틴어 접미사 '이아'를 붙인
것으로 '볼리바르의 나라'라는 뜻이다.

도시명의 경우, 예수회가 세운 브라질의 상파울루는 '성 바울로', 아르헨티나의 '부에노스아이레스'는 순풍을 부르는 성모 마리아에 서 따온 '순풍Buenos Aires', 칠레의 수도 '산티아고'는 '성 야곱'이라는 뜻이다.

미국의 주 이름에 얼굴을 내미는
원주민 문화

지명은 오랜 문화의 모습을 나타내는 '화석'과 같은 것이다. 한자로 대신 표기하기는 하지만 홋카이도北海道의 지명 대부분이 아이누 말에서 유래한다는 것은 잘 알려진 사실이다.

세계 각지에서 흘러든 이민자들에 의해 세워진 미합중국도 예전에는 원주민의 땅이었고, 그 원주민의 문화에서 유래한 지명이 많이 남아 있다. 예를 들면 쉰 개의 주명州名 가운데 서른 개 가까이가 인디언의 문화에 유래한다. 그러나 미국의 주명 유래에는 여러 가지 설이 있음을 부언해 둔다.

예를 들면 아이오와, 아칸소, 앨라배마, 캔자스, 유타 등의 주명은 그 지역에 살던 주요 인디언의 부족명이다. 또 '애리조나(작은 샘이 솟는 곳)', '위스콘신(풀이 무성한 둑)', '오하이오(아름다운 강)', '켄터키(목초지)', '코네티컷(긴 강)', '네브래스카(넓고 평평한 물)', '매사추세

3장 세계의 지명·국가명은 역사의 산물

아이다호-연어를 먹는 사람들

오클라호마-붉은 피부를
가진 사람들

텍사스-친구

츠(큰 언덕의 등성이)', '미시시피(큰 강)', '미네소타(물안개가 피어오른
다)', '와이오밍(크고 평평한 땅)' 등은 땅의 모양, 지리적 특색 등을 나
타내는 원주민의 말에서 유래되었다.

그리고 '오클라호마'는 그 지역에 사는 촉토족의 말로 '붉은 피부
를 가진 사람들('사람들'이라는 뜻의 okla와 '붉은'이라는 뜻의 homa를
합성한 단어)'을 의미하며, '인간' 다시 말해 그들 자신을 가리키는 말
이다.

텍사스는 '친구'를 의미하는 원주민의 말이었는데, 그것이 부족명
을 가리킨다는 오해를 받다가 이윽고 주명이 되었다. 감자로 유명한
'아이다호'도 원래는 '연어를 먹는 사람들'이라는 의미로 그 땅의 부
족을 가리키다가 그대로 주명이 되었다.

한때 '샌드위치'라고 불린
하와이 제도

태평양의 거의 중앙에 위치한 화산 제도 '하와이'는 원주민의 폴리네시아어로 '신들이 사는 곳'이라는 뜻이다.

'미국 독립 선언'이 발표된 1776년 세 번째 태평양 항해에 나선 영국의 탐험가 제임스 쿡은 남태평양을 거쳐 이듬해 하와이섬에 도착했다. 쿡 선장은 이 섬에 '샌드위치'라는 이름을 붙였다. 그 이유는 당시 영국의 해군장관이 샌드위치 백작이었기 때문이다.

그런데 얇게 저민 빵 사이에 고기와 채소 따위를 끼운 가벼운 식사가 연상되는 샌드위치와 샌드위치 백작이 무슨 관계가 있는 것일까? 두 샌드위치 사이에는 밀접한 관계가 있다.

샌드위치 백작은 놀기를 좋아했다. 정치에는 별로 유능하지 못했어도 명문 귀족 출신이라는 이유로 상원의원, 체신장관, 해군장관 등을 지냈다.

샌드위치

하와이 제도

샌드위치 백작은 카드 도박을 매우 좋아해서 직무나 예절도 아랑 곳하지 않고 밤낮 게임을 즐기곤 했다. 게임에 너무나 열중한 나머지 식사하는 시간마저 아까워 토스트에 콜드비프를 끼운 음식을 손에 들고 도박에 몰두했다고 한다.

엄청난 '노름꾼'이었던 셈인데 식사 예절을 무시한 샌드위치 백작의 기발한 식사법이 오히려 인기를 모아 1765년경부터 '샌드위치' 라는 이름으로 이런 음식이 유행했다.

게다가 샌드위치 백작은 세 번의 항해에서 광활한 태평양의 윤곽을 밝혀낸 쿡 선장 덕분에 생각지도 않은 형태로나마 세계사에 이름을 남기게 되었다.

📖 **역사 메모**

하와이 제도는 1959년 알래스카에 이어 미국의 50번째 주가 되었다.

4장

세계사를
수놓은
문화와 문명

보라, 노랑, 파랑 가운데서
가장 '존귀한 색'은?

우리는 주변에 있는 '색'에 대해 독특한 이미지를 갖고 있다. 색은 각각의 문화, 문명의 개성과 결부되어 있는 경우가 많다. 각각의 문화나 문명이 색에 대해 독특한 이미지를 갖고 있는 것이다.

예를 들어 거의 사막이라 할 수 있는 건조한 대지를 흐르는 나일강 유역에서는 나일강의 홍수에 의해 초래되는 '검은 흙'이 생활의 원천이었고, 사막의 '붉은 모래'는 불모의 땅을 의미했다. 그래서 고대 이집트인은 검은색을 풍요로움의 상징으로 존중하고, 붉은색은 그다지 좋아하지 않았다고 한다.

그에 비해 모스크바의 '붉은 광장'으로 유명한 러시아는 '숲의 나라'이고 장작불을 연상케 하는 붉은색을 신성한 색으로 선호했다. 붉은 광장도 '신성한 광장'이라는 뜻이다. 고대 이집트와 러시아에서는 붉은색에 대한 이미지가 전혀 달랐던 것이다.

중국에서는 보라색과 노란색을 각각 '하늘'과 '대지'를 상징하는 색으로 숭배했다. 하늘은 원형이고 땅은 사각형이라는 것이 중국의 전통적인 생각이었다. 처음 중국을 통일한 진秦 황제가 주조한 '반량전半兩錢(중국 진·한의 청동 화폐. 원형 한가운데 네모난 구멍이 있는 엽전 모양이며 '半兩'이라는 글자가 새겨져 있다-옮긴이)' 이후 중국의 화폐가 원형 한가운데 네모난 구멍이 나 있는 것은 이러한 생각을 반영한 것이다. 만리장성도 한 변이 1만 리인 정사각형의 대지 북쪽 한 변에 세워진 장대한 성벽이라는 뜻이다.

하늘의 중심에 있는 것은 북극성이고, 그 근처에 천제天帝의 궁궐인 '자미궁紫微宮'이 있다고 여겼다. 고대 중국의 천문학에서는 이를 '자미원紫微垣'이라고 하는데, 현재의 작은곰자리를 말한다. 실제로

별이 보라색으로 보이는 경우는 없지만 미묘한 자색으로 보인다고 믿고 이러한 명칭을 붙였을 것이다. 그래서 보라색은 우주를 총괄하는 '천제의 색'으로 존중을 받았다.

또 황하 문명이 노란색의 대지인 황토 평원에서 발달했으므로 노란색은 대지를 상징하는 색이 되었다. 그 때문에 역대 왕조의 황제들이 입은 관복은 '명황색明黃色'이라 불리는 노란색이었다. 베이징의 고궁(자금성)들이 황색 지붕 기와로 덮여 있는 것도 그런 연유에서이다. 참고로 일본 천황의 관복인 황로염어포黃櫨染御袍는 어두운 노란색이다.

반면 고대 지중해 세계에서는 보라색을 황제의 색으로 정해 일반인의 사용을 제한했다. 케르메스kermes라는 곤충을 사용해 물들인 '비색緋色'은 희소 가치 때문에 귀한 색으로 여겨졌다. 그런데 '꼭두서니'라는 쉽게 구할 수 있는 식물 염료로 비색을 얻을 수 있게 되면서 '쪽藍'으로 물들인 파란색이 왕의 상징 색이 되었다.

영어의 '블루 블러드blue blood'는 귀족의 혈통, 귀족 출신, 명문을 나타내며 왕실의 도자기에는 '로얄 블루'라는 파란색을 이용했다.

그와 관련해 일찍이 대서양을 최대 평균 시속으로 건넌 배의 돛대에는 길고 큰 '블루 리본'을 내걸어 영예의 표시로 삼았다. 현재 일본의 영화상 가운데 하나인 블루리본상은 영국 기사騎士의 최고 훈위를 나타내는 가터 훈장의 리본 색깔이 '블루'인 데서 유래한 것이다.

평화의 상징은 비둘기와 올리브가 아닌 까마귀였다

유엔의 깃발에 올리브가 사용되고 있듯이 올리브와 비둘기는 '평화'의 상징이다. 그런데 왜 이 두 가지가 평화의 상징일까.

고대 사람들은 비둘기는 담낭을 갖고 있지 않다고 생각했다. 담즙에 미움이나 분노가 깃든다고 생각했기 때문에 비둘기를 증오 또는 분노와 무관한 평화로운 새라고 여겼던 것이다. 또 부리를 자주 부딪치며 애정을 표시하고, 다산을 하는 비둘기는 사랑의 여신으로도 여겨졌다.

다른 한편 올리브는 풍요와 생명의 상징이었다. 올리브 열매가 식용이나 등잔용 기름, 약, 비누의 원료 등으로 이용되었기 때문이다.

비둘기와 올리브를 '평화'라는 이미지와 결부시킨 것은 《구약성서》〈창세기〉에 나오는 '노아의 방주' 이야기이다. 인류가 저지른 죄에 화가 난 하나님이 큰비를 내려 지상에 대홍수를 일으켰다. 하지

The United Nations

만 신심이 깊은 노아 일족과 방주에 탄 생물만은 특별히 생각해 이윽고 하늘의 창을 닫고 비를 멎게 했다. 그러자 물이 빠지면서 차츰 땅이 드러나기 시작했다. 노아는 처음에는 까마귀를, 이어서 비둘기를 내보냈지만 둘 다 그냥 돌아왔다. 아직 물이 빠지지 않았던 것이다. 1주일 후 노아가 다시 비둘기를 내보냈더니 이번에는 저지대에서 자라는 올리브 잎을 물고 돌아왔다. 그걸 보고 노아는 지상의 물이 빠졌음을 알았다고 한다.

사실 이 이야기의 원형은 수메르인의 홍수 설화이다. 이 설화를 담고 있는《길가메시》서사시에는 큰 까마귀가 비둘기 역할을 하고 있다. 그러나 유대인은 죽은 고기를 먹는 까마귀를 '더러운 새'로 간주했기 때문에 하나님을 모시는 비둘기로 대체했다고 여겨진다.

미노타우로스의 전설에는
모델이 있다

에게해 최대의 섬은 크레타이다. 고대 이집트와의 상업 중심지였던 크레타섬을 둘러싼 그리스인의 전설은 그리스인이 활약하기 전 에게해의 모습을 보여준다.

그리스인의 신들의 제왕인 제우스는 크레타섬에서 탄생했다고 하며, 그 주위의 에게해를 지배한 포세이돈은 제우스의 동생이다. 하얀 수소로 변장한 제우스가 페니키아의 왕 아게노르의 딸이었던 에우로페를 유혹해 등에 태우고 동생 포세이돈이 지배하는 에게해를 건너 크레타섬으로 데리고 가서, 나중에 크레타 왕이 되는 미노스를 낳게 했다는 신화가 있다.

또 크레타섬에는 한번 들어가면 두 번 다시 밖으로 나오지 못하는 '라비린토스labyrinthos(미궁)'가 있었다. 이 미궁 안에는 수면인신獸面人身의 미노타우로스라는 괴물이 살고 있었는데, 크레타 사람들은

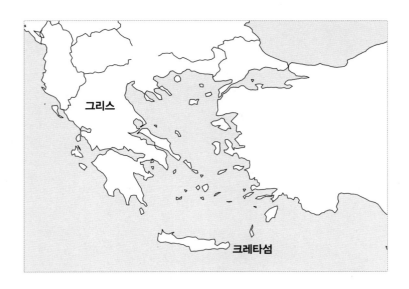

그리스

크레타섬

이 괴물에게 해마다 젊은 남녀를 산 제물로 바쳐야 했다. 신화에 따르면 아테네의 왕자 테세우스는 크레타섬을 지배하던 미노스 왕의 왕녀 아리아드네가 가르쳐 준 대로 실타래 끝을 입구에 매어놓고 미궁으로 들어가 미노타우로스를 퇴치한 다음 무사히 귀환했다.

20세기 들어 영국의 고고학자 아서 에번스(1851~1941)가 크레타섬의 크노소스에서 복잡한 지형을 이용해 지은, 미궁처럼 얽힌 대궁전을 발굴했고, 이로써 황당무계하기만 했던 이 전승이 일정한 사실을 담고 있는 것으로 밝혀졌다. 궁전의 일부는 4층이고 1층만 해도 100개 이상의 방이 있었다.

'미노타우로스' 역시 '미노스의 소'라는 뜻으로 당시 크레타섬에서 행해졌던 소에 대한 신앙을 배경으로 하고 있음이 밝혀졌다.

소크라테스를 사형시킨
아테네의 엉터리 재판 제도

그리스 세계를 대표하는 도기陶器의 도시 아테네는 여러 사람을 재판관으로 하는 일종의 배심원 제도를 가지고 있었다. 이 민중 재판소에서는 극장에 모인 여러 재판관으로 하여금 구멍이 뚫려 있는 도기 조각과 뚫려 있지 않은 도기 조각으로 찬반 투표를 하게 함으로써 그 투표수에 따라 판결을 내렸다.

그 때문에 유죄인지 아닌지 어설픈 결정을 할 수밖에 없었다. 예를 들면 원고가 사형을 주장하고 피고가 무죄를 주장하는 경우, 득표수의 많고 적음에 의해 '사형' 또는 '무죄' 판결이 내려졌다.

거리에서 청년들과 토론을 벌이곤 했던 소크라테스를 사형에 처한 어이없는 판결도 이렇게 이루어졌다. 그런데 고대 그리스의 이투표 방법이 유럽 사회로 계승되어 영국에서는 찬성일 경우 '하얀 공'으로, 반대일 경우 '검정 공'으로 투표하는 방법을 채택하고 있다.

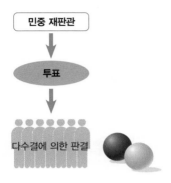

영어로 투표를 '밸럿ballot'이라고 하는데 그 어원 역시 투표에 사용된 볼ball에서 유래한다. 고대 아테네에서 이어져 온 투표 방법을 계승하고 있음을 알 수 있다.

일본 국회에서는 표결할 때 공을 이용하지 않고, 백색과 청색이 칠해진 길이 9센티미터, 폭 4센티미터의 나무판을 사용한다. 찬성은 '백표', 반대는 '청표'이다.

이러한 투표 제도는 아테네가 아니라 프랑스 혁명 후의 프랑스 의회에서 비롯된 것이며 백색은 '자유', 청색은 '평등'을 의미한다.

고대 그리스의 올림픽도
사실은 프로화되어 있었다

올림피아
(주신 제우스의 신전)

4년에 한 번 열리는 경기

프랑스의 교육자 쿠베르탱(1863~1937)은 스포츠를 통해, 민족을 초월한 청년의 국제 교류를 도모하고 세계 평화를 유지하고자 했다. 그래서 고대 그리스의 올림피아 경기를 부활시켜 1896년에 아테네에서 제1회 올림픽 대회를 개최했다.

4년마다 한 번씩 열린 고대 올림픽 경기는 기원전 776년부터 승리자에 대한 기록을 남겼다. 폴리스를 대표하는 경기자가 제우스의 신전이 있는 올림피아에 모여 각 폴리스의 명예를 걸고 경합을 벌였고 승자에게는 야생 올리브관을 수여했다.

그러나 실제로 각 폴리스는 부유한 시민의 기부금으로 우수한 경기자의 훈련을 돕고, 5종 경기(멀리뛰기·창던지기·원반던지기·달리기·레슬링 등으로 구성된 종합 경기-옮긴이), 레슬링, 권투, 승마, 전차

경기 등의 승리자에게는 세금을 면제하거나 연금 또는 상금을 수여
하기도 했다.

예를 들면 기원전 600년경 아테네의 정치가 솔론은 올림픽 경기
에 출전한 아테네의 승자에게 상금 500드라크마를 주었다. 이것은
병사가 2년간의 병역으로 벌 수 있는 금액에 상당했다.

게다가 고대 그리스에서는 일정이 겹치지 않도록 조정한 네 개의
'올림피아 경기'와 연간 약 300개의 작은 대회가 열렸으며, 선수는
각 대회를 전전하며 상금을 벌어들였다. 올림피아의 우승자를 부르
기 위해 보통 한 사람이 100년 동안 일해야 벌 수 있는 금액을 참가
비로 지불하는 경우도 있었다고 한다.

이렇게 되면 선수 육성도 하나의 사업이 될 수밖에 없다. 코치는
채찍을 휘두르며 선수를 양성하고, 때로는 담합을 통해서 승부를 결
정하는 경우도 있었다고 한다.

📖 역사 메모

고대 올림픽 참가자는 폴리스의 시민권이 있고 범법을 한 적이 없으며, 주
신 제우스에 대한 불신 행위가 없는 자에 한정되었다. 또 여자는 참가를 금
지했고, 기혼 여성은 관람하는 것조차 허용되지 않았다.

금과 은보다
비취가 더 귀중품이었던 중국

3세기 때 사람 진수陳壽(233~297)가 지은 《위지》의 〈왜인전〉에 따르면 왜나라는 초목이 무성한 황무지이며 앞장서 가는 사람의 모습이 보이지 않을 정도이고, 그 특산품에는 '청옥(비취)', 진주, 산에서 채취하는 '단丹(붉은 광맥)'이 있었다고 한다.

니가타현의 히메가와, 이토이가와 유역에서 산출되는 비취는 조몬繩文 문화기(기원전 1만 년 전후-옮긴이)에 주술적인 힘을 가진 장식품으로 가공되어 바다를 따라 일본 열도 북쪽의 넓은 지역으로 전해졌다.

최근에는 아오모리현의 산나이마루야마三內丸山 유적에서도 커다란 비취 장식품, 나아가 원석이 출토되고 있다. 산나이마루야마에서 비취를 가공해 홋카이도의 여러 촌락과의 교역에 이용했던 게 아닐까 여겨진다.

4장 세계사를 수놓은 문화와 문명

그리고 야요이彌生 문화기(약 2,000년 전의 일본 문화－옮긴이)에 이르러 청옥은 이즈모를 거쳐 시코쿠, 규슈 지방에까지 전해지기 시작했다. 아마도 그곳에서 하카타만까지 진출한 중국 상인의 손을 거쳐 바다를 건너갔을 것으로 여겨진다.

중국인이 좋아했던 '옥'은 중국 내에서는 거의 산출되지 않아 서역이나 미얀마 등지에서 들여올 수밖에 없는 귀중한 상품이었다. 따라서 중국 상인이 왜의 비취에 눈을 돌린 것은 당연하다고 할 수 있다. 아마도 비취 등의 귀중품은 대방군에서 랴오둥 반도를 거쳐 해안을 따라 산둥 반도에 이르러 중국 각지로 전해졌을 것이다.

예부터 중국인은 금이나 은은 별로 귀하게 여기지 않고, 마귀를 쫓거나 복을 불러오는 주술력이 있다고 믿은 '옥'을 귀하게 여겼다. 지금도 중국인은 아름다운 비취를 반지 등으로 만들어 끼는 걸 좋아한다. 홍콩이나 타이베이 등에는 큰 비취 시장이 있을 정도이다.

왜 이슬람교에는
라마단이 있을까

이슬람교는 7세기경 아라비아 반도에 있는 메카의 상인 마호메트에 의해 창시되었다. 그는 신자들에게 자신을 알라신에게 바쳐 알라신의 노예가 될 것을 요구했다.

아랍 세계는 '누구누구의 자손'이라는 혈연 의식으로 사회가 구성되어 있었는데, 622년에 본거지를 메카에서 메디나로 옮긴 후 마호메트는 '움마Ummah'라는 종교 공동체를 조직해 혈연 사회와 결별했다. 그 이후 이슬람교는 혈연을 초월한 '공동체'로 성장할 수 있었다.

630년에 메카를 정복한 마호메트는 "모든 계급은 소멸했다. 당신들은 아담의 자손으로 평등하다"고 선언했다. 다시 말해 '종교 공동체'가 유일한 의지처라고 천명한 것이다.

현재도 무슬림은 세계를 자신들의 '이슬람의 집'이냐, 아니면 이교도와 혼재하는 '전쟁의 집'이냐로 나누어 생각한다. 그런 사고방

라마단(단식월)

9월(이슬람력)
30일간 금식
(환자, 임산부, 유아 제외)

신월

새로운 달이 오면
성대한 축하 파티를 연다

식이 심화되면 '이슬람 원리주의'가 된다.

메카를 향한 하루 다섯 번의 예배, 성지 메카를 향한 순례, 희사喜
捨, 아라비아어로《코란》을 읽는 일 등은 부족과 민족을 초월해 이슬
람교도를 결속시키기 위한 방책이었다. 그중에서도 이슬람력 제9월
인 라마단(단식월)에는 큰 의미가 있다.

가난하고 굶주림에 허덕이는 신도의 고통을 함께 체험하고 공동
체의 결속을 강화하기 위해 라마단 30일 동안 일출부터 일몰까지
환자, 임산부, 유아 등을 제외한 이슬람교도들은 모든 음식을 금한
다. 이슬람교도들은 그것을 의무로 생각하고 있다. 라마단이 끝난
다음에는 성대한 축하 잔치가 벌어진다.

아름다운 눈썹을 일러 그들은 "라마단이 끝나고 모습을 드러내는
새로운 달과 같다"고 한다.

어딘가 모르게 비슷한
게르만족과 아이누의 자연관

일본의 홋카이도 지방에 살고 있는 소수 민족 아이누는 모든 생물에는 카무이(신)가 깃든다고 여겼으며, 신을 향한 신앙이야말로 인간에게 풍요로운 생활을 가져다준다고 생각했다.

인간과 자연(카무이) 사이에는 '주는 만큼 받는다'는 상호 교류의 관계가 있다고 생각한 것이다. 자연 자체에서 가치를 찾지 않고 인간의 '노동'이 가치를 창출한다는 근대 유럽의 '개발 만능주의'와 분명하게 구별된다.

또 그들은 사물에 '생명'이 깃들어 있다고 여겼다. 예를 들어 아이누에게는 쓰다가 낡은 앗시(나무껍질로 만든 옷)나 망가진 통나무배를 원래의 숲에 돌려주는 습관이 있었다.

뉴질랜드의 마오리족도 마찬가지로 모든 사물에는 생명이 있다고 믿었다. 그래서 '사물'을 다른 사람에게 주어도 그 '사물'은 준 사

4장 세계사를 수놓은 문화와 문명

채권자   채무자

람의 일부분으로서 원래 자리로 되돌아가고 싶어 하는 마음을 계속
갖고 있다고 생각했다.

　로마의 타키투스가 쓴 《게르마니아》 등의 기록에 따르면 게르만
족도 같은 자연관을 갖고 있었음을 알 수 있다.

　예를 들어 게르만 사회에서는 다른 사람에게 '물건'을 빌리는 경
우, 빌리는 사람은 빌려주는 사람에게 '비테'라는 '나뭇가지'나 '짚'
을 건네는 습관이 있었다. 이 나뭇가지에 빌려가는 사람의 모든 인
격이 들어 있어 빌려주는 사람에게 자기 자신을 맡기는 것과 같다
고 생각한 것이다.

　만약 빌려간 사람이 '빌린 것'을 돌려주지 못할 경우에는 비테 대
신 자기 자신을 빌려준 사람에게 바쳐야 했다. 차용증이나 도장 등
은 필요가 없었다. 비테로는 '항상 변하지 않는 것'을 상징하는 오크
(떡갈나무)가 가장 많이 사용되었다.

왕국 관료단에서
여성을 배제시킨 샤를마뉴 대제

서유럽의 게르만 사회를 통합하고 서로마 제국을 재건한 프랑크 왕국의 샤를마뉴 대제(재위 768~814, 카를 대제)는 지방의 유력자인 '그라프Graf(백작)'를 왕 직속 관료로 임명해 권력의 집권화를 추진하는 동시에 관료단에서 여성을 배제시켰다. 샤를마뉴 대제의 입장에서 이것은 용기가 필요한 대단한 결단이었다. 거기에는 이유가 있다.

프랑크 왕국에서는 원래 공유지와 사유지의 구별이 분명하지 않았고, 왕의 사생활과 공적 생활이 뚜렷하게 구분되지 않았기 때문에 가정생활이 나라의 정치에까지 연장되어 왕비에게 강력한 권한이 주어졌다.

샤를마뉴 대제는 재무대신의 지위와 왕국령의 관리권을 왕비들에게 분배하고 있었으며, 왕비들은 국왕을 대신해 나라의 금고를 관

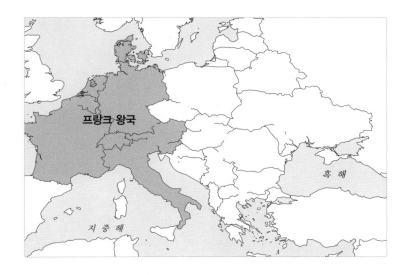

프랑크 왕국

흑 해

지 중 해

리하고 국왕의 직속 기사들에게 봉급을 지불했다. 마치 엄처시하嚴
妻侍下 같은 분위기였다.

당시 사회는 왕실뿐 아니라 모든 계층에서 여성이 남성과 대등하
게 부동산에 대한 소유권이나 상속권을 갖고 있었고, 자식은 아버지
의 성을 따라도 되고 어머니의 성을 따라도 무방했다. 또 여성이 미
성년 어린이의 재산을 관리할 수도 있었다.

8세기에서 12세기 동안 서유럽에서는 프랑스, 스페인, 독일 토지
의 약 5분의 1이 여성 소유였다고 한다.

교회에서도 수사와 수녀가 동등한 지식을 배울 수 있었고, 여성
대수도원장이 광활한 영지와 수천 명의 주민을 지배하는 경우도 있
었다.

이렇게 사회적 지위가 높았던 여성을 왕국 관료단에서 배제시키

겠다고 공언했으니, 샤를마뉴 대제의 결단은 분명 상당한 파문을 불러일으켰을 것이다.

카드의 그림은
신분제를 상징한다

원래 트럼프(카드)는 '타로'를 간략하게 만든 것으로, 여관 같은 곳에서 도박 게임에 사용되었다. 14세기 후반경에 이미 다이아몬드, 스페이드, 하트, 클로버라는 그림 이름이 등장했다고 한다.

카드 도안은 당시의 신분 제도를 상징하고 있다. 다이아몬드는 상인의 '돈', 스페이드는 기사의 '검', 하트는 성직자의 '성배聖杯', 클로버는 농민의 '나무막대'를 의미했다. 또 조커는 '거리의 재주꾼'을 나타내며, 재주꾼들이 때와 장소에 따라 다양한 모습으로 변장하므로 특별한 역할을 할 수 있는 카드로 이용되었다.

원래 카드는 직접 손으로 그려서 만들었는데 16세기 들어 목판 인쇄로 양산되기 시작하면서 서민의 오락이 되었다. 18세기에 접어들면서 런던에서는 '팔로'라는 도박 카드가 대유행했고 여성도 카드에 열광했다. 당시 '팔로 부인'이라는 말까지 등장할 정도로 도박 카드가 유행했다. 오늘날 홍콩의 부인들이 마작에 열광하는 것과 비슷했을지 모른다.

프랑스 혁명기에도 당연히 카드 놀이가 유행했지만 킹·퀸·잭 등의 그림을 없애고 따로 '혁명 카드'를 만들어 사용했다.

그들이 중시한 '평등' 정신을 나타내기 위해 모든 카드를 '그림 카드'로 대체한 것이다. 대신 카드에는 루소, 한니발, 솔론, 브루투스 등의 인물상이 그려졌다. 그러나 혁명 카드는 설교색이 농후해 재미가 떨어졌으므로 얼마 되지 않아 원래 카드로 돌아갔다.

이처럼 시대와 함께 그림이 바뀐 카드가 현재와 같이 쉰세 장짜리로 정착한 것은 19세기 후반의 일이다.

이탈리아 도시를 부흥시킨
제4차 십자군 원정

교황 인노켄티우스 3세(재위 1198~1216)는 신성 로마 제국 황제 오
토 4세와 영국 왕 존을 파문하는 등 엄청난 권세를 자랑했다. 그 시
기의 최대 과제는 제1차 십자군에 의해 건설된 예루살렘 왕국
(1099~1187)을 재건하는 것이었다.

1187년 이집트에 함락당한 예루살렘 왕국을 재건하기 위해 두
번의 원정이 이루어졌지만 모두 어이없이 실패했다.

그래서 교황 인노켄티우스는 이집트 원정을 목표로 제4차 십자
군 원정을 제창했다. 교황의 호소에 프랑스의 영주들이 응했지만 그
들은 군자금이 상당히 부족했다.

베네치아 상인에게 2만 4,500명의 병력을 수송하고 9개월분의
식량을 확보하기 위해 11만 9,000마르크를 떠맡기는 계약을 했지
만, 3분의 1 남짓한 자금밖에 조달되지 않았다.

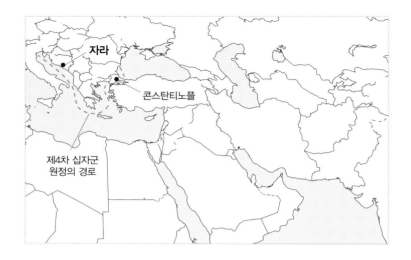

그래서 십자군은 베네치아 상인의 요구를 받아들여 엉뚱하게도 같은 기독교 세계의 일원인 아드리아해 연안의 항구 도시 자라Zara를 공격했다.

이 전투에서 많은 기독교도가 살해되었는데, 이 소식을 들은 교황은 크게 노해 자신의 호소에 응한 베네치아의 십자군 병사들을 파문했다.

목적을 상실하고 떠돌이 집단으로 변질된 병사들은 보상금을 받을 목적으로 비잔틴 제국의 황제 자리를 둘러싼 권력 투쟁에 참가했다. 그러나 약속한 보수를 받지 못하자 1204년 콘스탄티노플을 함락시켜 '라틴 제국(콘스탄티노플을 점령한 후 플랑드르 백작 보두앵 1세가 제위에 오름으로써 이루어진 국가. 이 제국은 1204~1261년 동안 존속했다-옮긴이)'이라는 나라를 세웠다.

그 결과 베네치아는 실질적으로 비잔틴 제국의 상업권을 계승해

　　　　　　　　　4장 세계사를 수놓은 문화와 문명

동지중해를 자신들의 상업권에 편입하게 되었다. 결국 제4차 십자군이 이탈리아 여러 도시로 하여금 동지중해로 진출하는 토대를 만들었던 것이다.

프랑스의 상징은
닭에서 독수리로, 다시 닭으로

밤의 어둠을 뚫고 새벽의 도래를 알리는 닭은 페르시아에서도 그리스, 로마에서도 신을 섬기는 신성한 새로 대접받았다. 고대 중국에서도 마찬가지로 닭은 어두움을 몰아내고 태양을 불러내는 새라고 보았다.

기독교에서도 닭은 '현명함'의 상징이다. 그래서 교회의 종루 끝에는 닭 모양의 장식이 자리 잡고 있다. 닭이 미망迷妄 속에 있는 사람들의 영혼을 구제하는 역할을 맡고 있다고 생각했기 때문이다.

**프랑스 축구팀의 상징
닭 문양**

그러나 닭이 좋은 이미지만 있는 것은 아니다. 반대로 닭을 '마녀'와 연관지어 생각하는 경우도 있었다. 악마가 닭의 모습을 하고 '마녀 집회(사바트)'에 참가한다는 전

4장 세계사를 수놓은 문화와 문명

승이 그것이다.

17~18세기가 되면서 프랑스의 상징으로 닭이 등장하는데, 그것
은 라틴어의 갈루스gallus에 '닭'과 '갈리아'라는 의미가 있기 때문이
다. 그래서 갈리아(즉 프랑스)의 상징으로 닭이 뽑혔던 것이다.

프랑스 혁명 시기에도 국가의 상징으로 '닭'이 사용되었는데, 그
후 나폴레옹이 집권하면서 자신의 취향에 따라 '독수리'가 그 권위
를 대신했다. 좀더 나중에, 즉 1830년 7월 혁명으로 닭이 프랑스 국
가의 상징으로 부활했지만 이어서 나폴레옹의 조카 나폴레옹 3세가
다시 독수리로 바꾸었다.

그러나 공화제가 부활하자 또다시 '닭'이 프랑스의 상징이 되었다.

영국 왕실의 문장에 감추어진
뼈아픈 역사

'장미'는 아시아의 '연꽃'과 마찬가지로 유럽에서 가장 사랑받는 꽃이며 '재생', '순수한 사랑의 선물' 등의 상징으로 여겨져 왔다.

아름다운 장미에는 가시가 있다고 하지만 그러한 장미를 치켜든 기사들의 30년에 걸친 치열한 전쟁이 중세 영국에서 되풀이되었고, 이러한 내란을 거쳐 현재의 영국이 모습을 드러냈다.

일찍이 유럽 대륙에 광활한 영토를 갖고 있던 영국은 프랑스와의 '백년 전쟁(1339~1453)'에 패하면서 보유하고 있던 대륙 영토 가운데 도버 해협 건너 칼레를 제외한 모든 땅을 잃고 완전한 섬나라가 되었다.

전후에 포상도 받지 못한 채 대륙에서 물러난 많은 영국 병사들은 불만에 휩싸였다. 불만이 쌓일 대로 쌓여 붉은 장미 문장의 랭커스터가家와 흰 장미 문장의 요크가家 사이에 왕위를 둘러싼 내전이

장미 전쟁

화해의 표시

튜더 로즈
(현재의 영국 왕실 문장)

벌어졌다. 양가의 문장이 모두 장미였다는 점에서 이 전쟁을 '장미 전쟁(1455~1485)'이라고도 한다.

30년 동안 이어진 내전으로 귀족들은 세력이 약화되었고, 결국 랭커스터 측 튜더가家의 헨리 7세가 요크 측 에드워드 4세의 딸과 결혼함으로써 양가는 화해하고 전쟁을 끝냈다. 정략 결혼에 의해 내전이 종결된 것이다.

새로이 잉글랜드 지배권을 장악한 튜더 왕조는 화해의 표시로 요크가의 문장인 꽃잎 다섯 개의 백장미 주위에 랭커스터가의 붉은 장미를 합친 새로운 문장을 사용하게 되었다.

그것이 '튜더 로즈'라 불리는 통일 잉글랜드 왕조의 상징이며, 현재의 영국 왕실 문장이기도 하다.

비너스는 왜
조가비 위에 서 있는가

이탈리아 르네상스를 대표하는 그림 가운데 보티첼리(1444?~
1510)가 그린 〈비너스의 탄생〉이 있다. 이 작품에는 진주조개 위에
알몸의 비너스가 그려져 있다. 오리엔트에서 비너스는 바다 거품에
서 탄생한 '미의 여신'으로서 에로스(큐피드)의 어머니이기도 하다.
유럽인들은 비너스의 아름답고 매끈한 피부색이 희고 매끈한 진주
에서 유래한다고 생각했던 모양이다. 이렇게 르네상스 시기 이탈리
아인의 미의식에는 바다가 깊이 관련되어 있다.

  16~18세기 중국에서 유럽으로 대량 수출되어 귀족들의 사랑을
받은 '자기磁器'도 깊은 바다 밑에 있는 하얀 진주조개의 이미지와
겹쳐져 인기를 얻었다. 그것은 영어로 자기를 '포셸린porcelain'이라
부르는 것에서도 알 수 있다. '포셸린 셸porcelain shell'이 '자패紫貝'를
가리키듯이 자기의 어원은 '조개'이다.

보티첼리 작 〈비너스의 탄생〉

이탈리아 남부의 나폴리에서 생산된 공예품 가운데 조가비를 재료로 양각한 장신구로, 여성의 아름다운 피부를 표현한 '카메오'가 있다. 나폴리라는 도시 이름은 그리스어 '네아폴리스(새로운 도시)'에서 비롯된 것인데 남이탈리아로 이주한 고대 그리스인이 만든 계획 도시였다. 그렇게 생각하면 '바다의 백성'인 그리스 사람들의 미의식이 '카메오'의 아름다움으로 계승되고 있는 건지도 모른다.

📖 역사 메모

조르조 바사리의 《미술가 열전》에 의하면 메디치 가문의 코시모 대공 별장에 보티첼리의 그림이 두 점 있는데, 하나는 〈비너스의 탄생〉이고 또 하나는 〈봄〉이었다고 한다.

목성의 위성은 한때
'메디치의 별'이라고 불렸다

'르네상스'의 후원자로 유명한 가문은 모직물 산업과 금융업으로 번영을 누린 도시 피렌체의 금융업자 메디치가家이다.

한때 교황청의 재산 관리를 맡아 유럽 각지에 열여섯 개의 은행을 가졌던 메디치가는 피렌체의 도시 살림을 사유화하고, 두 명의 교황과 두 명의 프랑스 왕비를 배출하는 등 권세를 마음껏 누렸다.

더구나 메디치가는 풍부한 경제력을 무기로 예술가를 모아들여 고대의 공예품과 고전 문헌을 수집하는 등 화려한 생활을 즐겼다.

메디치가의 문장은 여섯 개의 둥근 알약이다. 그것이 의미하는 바는 당시 부의 상징이던 '후추'라고도 하고, 환전상이 사용하는 저울의 추라고도 한다. 또 피를 빨아내기 위해 사용하는 둥근 유리구슬이라고도 하는데, 이는 메디치의 선조 가운데 민간요법자가 있었기 때문이다.

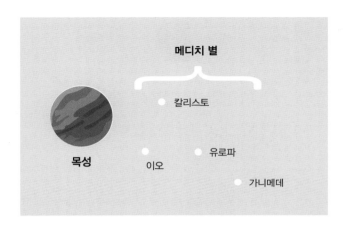

메디치 별

칼리스토

목성

이오   유로파

가니메데

　메디치가가 지원한 예술가로는 보티첼리, 레오나르도 다빈치, 미켈란젤로 등이 유명하다. 배율 스무 배의 수제 망원경을 사용해 목성 주위를 도는 네 개의 위성을 발견함으로써 '지동설'을 부동의 이론으로 만든 갈릴레오도 메디치가가 지원하는 피사 대학의 수학 강사였다. 그는 연금 1,000스쿠드를 받는 등 메디치가의 경제적인 지원을 받고 있었다.

　그 때문에 갈릴레오는 자신의 망원경으로 발견한 목성 주위의 네 위성을 후원자인 메디치가의 당주 코시모 2세에게 헌정해 '메디치의 별'이라고 명명했다(현재의 이오, 유로파, 가니메데, 칼리스토).

　이 네 개의 목성 위성이 '모든 별은 지구 주위를 돌고 있다'는 천동설에 큰 타격을 주어 인류의 우주관에 혁명적인 대전환을 가져왔던 것이다.

피아노 건반 색깔은
메디치가의 영화를 나타낸다

현재 통용되고 있는 피아노 건반의 원형 역시 메디치가에서 탄생했다. 18세기 초 쇠퇴기에 접어든 메디치가의 악기 수리공 바르톨로메오 크리스토포리(1655~1731)가 피아노를 발명했던 것이다.

피아노의 전신인 쳄발로라는 악기는 건반을 누르면 손톱이 현을 퉁겨 소리를 내는 구조로 되어 있어 음의 강약을 표현하기 힘들었다. 크리스토포리는 연구를 거듭해 해머가 현을 두드려 소리를 내고 연주가가 자유로이 음의 강약을 바꿀 수 있는 악기를 만들었는데 그것이 피아노였다.

그는 새로운 악기 이름을 '강약을 부여할 수 있는 쳄발로(클라비쳄발로 코르 피아노 에 포르테)'라고 지었는데 그 이름이 너무 길어 '피아노 포르테'라는 약칭으로 통용되다가 이윽고 '피아노'로 정착되었다.

크리스토포리는 메디치가의 명성에 부끄럽지 않도록 가능한 한 값비싼 재료를 사용해 악기를 만들었다. 건반은 견고하고 호화로운 상아를 재료로 썼고, 나중에 추가된 반음을 내는 검은 건반 역시 값비싼 흑단을 사용했다. '백'과 '흑'이라는 피아노 건반의 기원에도 메디치가의 영화榮華가 숨어 있는 것이다.

그런데 이탈리아에서는 크리스토포리의 피아노가 그다지 주목을 받지 못했다. 나중에 독일과 영국에서 개량되어 1890년경 현재와 같은 피아노가 만들어졌다고 한다.

부귀영화를 자랑하던 메디치가는 1743년 가문을 계승한 마지막 여성(안나 마리아 루이사)이 75세로 숨을 거두면서 300여 년에 걸친 역사에 종지부를 찍었다.

궁전, 별장, 예술품 등의 막대한 재산은 루이사의 유언에 따라 메디치가의 막대한 유산을 시민의 재산으로 피렌체에 그대로 남겨둔다는 조건으로 로트링겐가家가 물려받았다.

📖 **역사 메모**

안나 마리아 루이사는 메디치가의 모든 예술품들을 토스카나 대공국과 피렌체에 기증했다. 군주의 예배당에 있는 그녀의 묘비에는 '메디치 가문의 마지막 인물'이라고 새겨져 있다.

마녀 사냥은 사실
인텔리가 선동했다

'마녀'란 악마에게 영혼을 팔고 악마로부터 얻은 마력으로 인간 사회에 위해를 가하는 사람을 말한다. 유럽의 마녀 신앙은 기독교 이전의 원시 종교 시대부터 있었는데, 미신으로 가득 찬 중세에는 인간의 지식으로 이해할 수 없는 재앙을 모두 '마녀의 소행'으로 해석했다.

1346년부터 1350년에 걸쳐 크리미아 지방에서 이탈리아를 경유해 유럽에 유행한 흑사병(페스트)은 무려 유럽 인구의 4분의 1(영국에서는 거의 절반)이나 되는 생명을 앗아갔고, 유럽 사회를 크게 동요시켰다. 이러한 사건도 마녀의 소행으로 여겨지는 바람에 마녀로 몰린 많은 사람들이 화형에 처해졌다.

그러나 역사적으로 보면 히스테리와 무지 때문에 벌어진 '마녀 사냥'이나 '마녀 재판'의 전성기는 르네상스와 종교개혁의 시대였다. 다시 말해 16~17세기가 마녀 사냥의 전성기였다. 이 시기에만 대략 30만~50만 명에 이르는 사람들이 '마녀'로 낙인 찍혀 화형당했다.

중세에 성행했던 마녀 사냥의 양상들

가톨릭에서는 종교재판(이단 심문)을 통해 많은 이단자를 마녀로 몰아 처형했는데, 사실은 프로테스탄트 측도 마찬가지였다.

많은 지식을 쌓은 인문주의자나 종교개혁자 등 인텔리가 마녀 사냥을 당연한 행위로 지지했던 것이다. 그들은 자신들의 행동을 정의라고 여기며 전면적으로 긍정하는 한편, 이에 반하는 세력을 '사악한 자'로 여겨 말살하는 것을 지지했다.

종교개혁의 발단이 된 독일의 마르틴 루터조차도 "마녀가 하는 짓은 악마가 하는 짓이므로 동정을 보내서는 안 된다. 마녀는 죽여야 한다"고 말했다. 이질적인 존재를 인정하려 하지 않는 마음이 큰 비극을 초래한 것이다.

활판 인쇄기의 발명으로
종교개혁이 격화되었다

필요에 쫓길 때 인간은 주변에서 새로운 발상을 얻거나 주위에 있는 도구를 개량해 새로운 용도의 도구를 만들어 낸다.

르네상스 시기의 유럽에서 도시가 성장하고, 이슬람 세계에서 '종이'의 전파로 인해 책에 대한 수요가 높아지자 종래의 필사본을 대신해 대량으로 책을 만들 필요가 생겼다.

그런 가운데 독일의 마인츠에서 출생한 구텐베르크(1399?~1468)는 중국에서 비롯된 '활자'와 인쇄용 '유성 잉크' 그리고 종이를 연결해 책을 인쇄할 수 없을까 고민했다. 구텐베르크가 눈을 돌린 것은 독일에서 와인을 만들 때 포도를 짜기 위해 일상적으로 사용하는 프레스, 즉 '포도 착즙기'였다.

구텐베르크는 이 기계를 토대로 활판 인쇄기를 발명했다. 그가 최초로 인쇄한 것은 라틴어로 된 《42행 성서》로 약 200부였다.

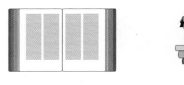

구텐베르그(활판 인쇄) ⟶ 책에 대한 수요 증가

　인쇄 기술의 발전으로 인해 민중이 성서를 손에 넣을 수 있는 기회가 많아졌고 "교회에 의지하지 않고 직접 성서를 읽는 게 진짜 신앙의 길"이라는 루터나 칼뱅의 주장도 힘을 얻기 시작했다.

　루터가 독일어로 번역한 성서도 활판 인쇄로 찍혀 프로테스탄트의 영향력 확대에 큰 도움을 주었다. 결국 활판 인쇄가 종교개혁·종교전쟁을 격화시켰다고 할 수 있다.

　그러나 구텐베르크가 인쇄한 성서 가운데 현재 전하는 것은 고작 마흔일곱 부에 불과하다.

📖 역사 메모

　활판 인쇄는 교리 연구에 따른 인쇄물의 증가 외에도 기존의 권위적·형식적 질서에 반한 실천적·경험적 교육 분야 서적의 확대를 가져왔으며, 이후 합리적·과학적 사고에 기반을 둔 계몽주의 시대의 출판에 영향을 미쳤다.

파리를 능가할 정도였던
아즈텍 제국의 수도

멕시코 고원의 '아즈텍 제국'은 16세기에 스페인의 정복자 코르테스에 의해 멸망당했다. 그런데 이 나라는 잉카 제국에 버금가는 대국으로서 힘없는 국가가 결코 아니었다. 인구만 해도 약 2,500만 명으로 프랑스를 훨씬 능가했다.

파리를 능가하는 인구를 자랑하던 수도 테노치티틀란(테노치트리는 '선인장'이라는 뜻)은 텍스코코 호수의 인공 섬 위에 세워졌는데, 자치가 인정되는 대신 1년에 한 번에서 네 번 현물로 세금을 국고에 납부했다.

아즈텍 제국에서는 화폐를 사용하지 않았으므로 지방에서도 현물로 세금과 공물을 대신해, 수도에는 항상 엄청난 물자가 쌓였다.

왕은 신들에게 제사를 지내며 자연의 순환을 지켰다. '태양신', '물과 비의 신'을 모신 테노치티틀란의 신전에 봉사하는 두 명의 신

아즈텍 제국

테노치티틀란

관을 필두로 각지의 대신전에서 봉사하는 신관, 지방의 종교 행사를 담당하는 신관 등이 있었다.

이런 식으로 신관의 피라미드가 형성되어 자연과 사회의 순조로운 순환과 유지에 종사했다.

수도 테노치티틀란에서 각 지역으로 연결된 도로는 제국의 생명선이었다. 일정한 간격으로 마련된 역참驛站을 이용해 파발꾼이 정보나 물자를 수도로 운반했다. 멕시코만에서 잡히는 신선한 생선이 매일 고지에 있는 테노치티틀란의 왕에게 보내졌다고 하니, 수송 시스템이 순조롭게 가동되었다는 뜻이다.

제국의 상인들은 도로망을 이용해 막대한 물자를 수도의 큰 시장으로 수송했다. 매일 2만~2만 5,000명, 5일마다 4만~6만 명이 모여드는 시장은 매우 번화했다고 코르테스는 기록하고 있다.

잉카 제국에도
불모 제도가 있었다

고대 아메리카 문명을 대표하는 '잉카 제국'의 이미지는 의외로 매우 애매하다. 수도 쿠스코에서 잉카 제국을 조명해 보자.

잉카 제국의 쿠스코는 수도로 간주되었을 뿐 아니라 태양신 신앙의 총본산, 다시 말해 태양신이자 왕인 잉카가 사는 성도聖都, 즉 우주의 중심으로 여겨졌다. 쿠스코의 중심은 당연히 거대한 태양 신전이었다.

나중에 쿠스코를 방문한 스페인인 아코스타(1539~1600: 아메리카 대륙에 파견되어 신대륙의 초기 생활상을 기록한 예수회 선교사-옮긴이)의 기록에 따르면 12월에 벌어진 카파크 라이미라는 대축제 때에는 성스러운 도시의 본래 주민 이외에는 모두 밖으로 쫓겨났고, 제례 때에는 아크리아(태양신에게 봉사하는 처녀)가 만든 옥수수 완자가 잉카 전역의 성지와 각지의 쿠라카(수장)에게 분배되었다고 기록

쿠스코

잉카 제국

했다.

　나아가 잉카 제국 사람들은 쿠스코의 태양 신전에는 모든 방향을
향해 '세케'라 불리는 상상 속의 직선이 뻗어 있다고 생각했다. 그들
은 각각의 '세케'를 따라 와카(예배소)를 짓고, 쿠스코의 주민인 신성
한 '여러 가족'이 와카의 관리를 담당했다.

　쿠스코 시내는 네 구역으로 나뉘어 있었고, 수도에서의 노역에
종사하기 위해 모여든 인디오는 각각의 출신자가 거주하는 지역에
서 생활했다.

　지방의 수장은 일종의 볼모처럼 정기적으로 쿠스코에 머물렀다.
그 때문에 지방의 수장들은 쿠스코 안에 일정한 주거를 갖고 있었
다고 한다.

　잉카 일족을 비롯한 쿠스코의 원래 주민은 제국의 지배층으로 지

　　　　　　　　　　　4장 세계사를 수놓은 문화와 문명

방의 수장들과 함께 통치를 담당했다. 쿠스코는 잉카 제국 말로 '중심'이라는 뜻이다.

거대 제국은
안데스의 하이웨이가 만들어 냈다

잉카 제국을 지탱한 것은 우수한 토목 기술로 만든 대규모 도로망이었다. '왕의 길'이라 불리는 두 개의 간선도로가 제국의 남북을 관통하고 무수한 지선支線이 제국을 하나로 묶어주었다.

이 도로의 총길이는 240~320킬로미터에 이르는 것으로 추정되는데, 약 4.8킬로미터 간격으로 돌기둥을 세웠고 노면은 판자 모양의 사암으로 포장했다.

'왕의 길'은 일반 시민의 사용이 허용되지 않았고 공적인 목적으로 이용되었다. 그야말로 제국의 '대동맥'이었던 것이다. 이러한 잉카 제국의 도로망은 아즈텍 제국의 도로와는 판이하게 다르다.

안데스 산맥의 산악 지대와 해안 지대를 잇는 도로변에는 하루 여정 간격으로 '탐프'라는 숙박소가 마련되어 있었다. 탐프에는 숙박 시설 외에 대량의 식량, 의복, 무기 등이 저장되어 있었고, 그중

          4장 세계사를 수놓은 문화와 문명

에는 성채, 병영 등의 군사 시설을 갖추고 있는 것도 있었다. 탐프를 유지하기 위한 공무에는 강제로 징발된 백성이 교대로 종사했다.

'차스키'라 불리는 파발꾼은 도로와 탐프를 이용해 일상적으로 여러 가지 정보를 수도로 전달할 수 있었고, 잉카(왕)의 지령을 제국의 구석구석까지 전했다. 비상시에는 이 도로를 이용해 군대가 지방의 소요 등을 진압하기 위해 출동했다.

잉카 제국에는 문자가 없었지만 매년 인구 조사를 실시했고, 우수한 십진법을 이용하여 제국의 실태를 파악했다.

수도 쿠스코의 키푸quipu(結繩文字, 숫자나 역사적 사건 등을 새끼나 가죽끈을 매어 그 매듭의 수효나 간격에 따라 나타낸 일종의 문자─옮긴이) 보관소에는 '키푸 카마요크'라 불리는 키푸 전문가가 만든 막대한 국가 통계가 보관되어 있었다.

키푸 보관소에는 인구나 가축의 수, 공납품의 수량, 군대의 수, 강제 노동에 종사하는 사람의 수, 국가의 창고에 드나들었던 물자의 양 등의 막대한 기록이 보관되어 있었다고 한다.

📖 역사 메모

잉카 제국의 유적과 도로망에서 알 수 있듯이 그들은 지진에도 끄덕하지 않을 정도의 뛰어난 석조 기술을 가지고 있었다.

교류와 교섭이
역사를 더욱
풍요롭게 만들었다

금과 은의 교환 비율이
정해진 이유

고대 이집트에서는 나일강의 사금, 에티오피아에서 채취한 금이 '영원한 생명'을 상징하는 귀중한 금속이었다. 기원전 시기까지 세계 금 생산량(약 7,600톤)의 약 절반이 바로 이 지역에서 산출되었다고 한다.

그 때문에 이집트에서 파라오(왕)는 금으로 된 몸을 갖고, 태양신 라Ra는 금으로 된 송아지 모습으로 태어나 두 척의 금으로 된 배를 갈아타며 낮과 밤의 하늘을 건넌다고 여겼다. 그런 이유 때문인지 왕의 능묘가 온통 황금으로 가득 채워지기도 했다. 1922년에 발굴한 투탕카멘왕의 묘에서는 110킬로그램이나 되는 대량의 금이 발견되었다.

그에 비해 메소포타미아에서는 주로 서아시아, 튀르크산 은이 화폐로 이용되었다. 《함무라비 법전》89조는 은을 빌린 경우의 최대

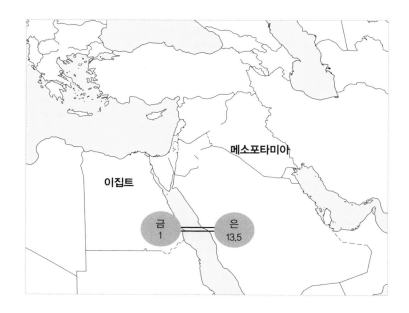

이자를 2할로 정했다.

이윽고 이집트와 메소포타미아 사이의 교역이 왕성해지면서 이집트의 '금'과 메소포타미아의 '은'에 대한 교환 비율을 결정할 필요가 생겼다. 함무라비왕 시대의 금과 은의 교환 비율은 1대 6이었는데, 각각의 산지가 많이 떨어져 있고 유통량도 불확실했기 때문에 정확하게 두 금속의 교환 비율을 정하는 것은 불가능했다.

그래서 바빌로니아의 신관神官은 금을 태양에, 은을 달에 비유해 편의적으로 교환 비율을 정하는 방법을 고안해 냈다. 이른바 '1태양년 동안에 달이 13.5번 찼다가 기울기 때문에 금과 은의 교환 비율을 1대 13.5'로 정한 것이다. 신통하게도 이 설이 설득력을 갖게 되어 서아시아의 금과 은의 교환 비율은 1대 13.5가 되었다.

가장 중요한 가치의 기준이 되는 금과 은의 교환 비율은 이런 곡
절 끝에 정해졌다.

삼보와 339도는
고대 인도 문화의 영향 가운데 하나

우리의 의식 밑바닥에는 장대한 문명 교류의 역사가 감추어져 있다. 예를 들어 일본인의 '수數'에 대한 관념이 고대 인도 문명의 큰 영향을 받은 것이라면 어떨까.

《불전佛典》을 통해 인도인의 가치가 무의식적으로 일본 문화에 파고든 것이다. 인도에서는 3이라는 숫자를 '길한 숫자'로 여겨 그다음 숫자인 4를 기준으로 8, 12, 16, 28, 36 등의 수로 사물을 정리하는 관습이 있는데 그러한 사고방식은 현재 일본 사회에서도 살아 숨쉬고 있다.

전자의 예로는 '삼보三寶(불교에서 佛·法·僧을 일컫는다 – 옮긴이)', '339도(혼례 예식에서 신랑 신부가 하나의 잔으로 술을 세 번씩 마시고 세 개의 잔으로 합계 아홉 번 마시는 일 – 옮긴이)' 등이 있으며, 후자의 예로는 '8괘卦', '16나한羅漢', '36가선歌仙(일본의 대표적인 歌人 서른여

고대 인도 문명의 전파

일본

불교
인도

섯 명을 말한다-옮긴이)' 등이 있다.

그 밖에도 불교를 통해 고대 인도의 신들이 일본인의 일상 생활에 녹아들기도 했다.

예를 들면 인도에서 예술의 여신으로 추앙받는 '변재천弁財天'은 '사라스바티'의 음역인데, 사라스바티는 《리그베다》에 등장하는 인도의 오래된 신일뿐더러, 사라스바티강을 신격화한 하천의 신이다. 사라스바티는 다른 어떤 하천보다도 풍요로움을 자랑하는 강이다. 변재천을 재보財寶의 신으로도 여기는 건 그 때문이다.

죽은 사람의 죄를 심판하는 염라대왕은 《리그베다》에 '야마'라는 이름으로 등장하는 사자死者로서 모든 죽은 사람을 다스리는 왕이다. 그런데 이 신이 중국에 전해지면서 무시무시한 형상을 한 '사후 세계'의 재판관이라는 이미지로 바뀌었다.

또 '위타천韋陀天'이라는 신이 있는데 이 역시 '스칸다'라는 인도 신의 이름을 음역한 것이다. 스칸다는 《마하바라타》와 《라마야나》라는 두 편의 대서사시에 등장한다.

실크로드는
서에서 동으로 뻗어나갔다

'실크로드'란 알다시피 중앙아시아의 사막 곳곳에 산재하는 오아시스 도시를 따라 유라시아의 동서를 잇는 대교역로이다. 실크로드라는 말은 독일의 지리학자 리히트호펜(1833~1905)이 1877년에 쓴 《중국China》에서 최초로 사용한 말이다.

말할 것도 없이 '비단'은 중국의 주요 특산품인데, 대량의 비단이 낙타 등에 실려 실크로드를 따라 동에서 서로 운반되었다. 그래서 리히트호펜은 '서역'으로 통하는 대상로隊商路를 '자이덴슈트라센Seidenstraßen(비단길)'이라고 명명했다.

이후 그의 제자인 스웨덴의 탐험가 스벤 헤딘이 실크로드라는 이름을 세계적인 것으로 만들어 중앙아시아, 이란 고원을 가로질러 이라크, 시리아에서 로마에 이르는 교역로 전체를 '실크로드'라 부르게 되었다.

실크로드 연구는 중국을 기점으로 '동에서 서로' 진행되었는데, 실제로 실크로드는 '서에서 동으로' 펼쳐졌다. 이 길을 주로 왕래한 것은 '소그디아나(소그드 지방, 서투르키스탄)'의 소그드 상인이었다. 그들이 세운 사마르칸트, 부하라 등의 도시를 기점으로 실크로드는 '서쪽에서 동쪽을 향해' 뻗어나갔던 것이다.

사실 중국 상인이 실크로드의 존재를 알게 된 것은 전한前漢의 무제武帝가 흉노에 의해 서역에서 쫓겨난 대월지大月氏와 동맹을 맺기 위해 장건張騫(?~기원전 114)을 서역에 파견한 이후의 일이다.

이 실크로드를 통해 중국에 전해진 식물은 오이, 시금치, 포도, 멜론, 완두콩, 호두, 마늘 등 다양하다.

지중해에서 아프리카를 거쳐
실크로드로 여행한 석류

석류는 서양에서 주로 청량 음료수의 재료로 쓰인다. 원산지는 이
란, 인도 서북부이지만 원산지를 기점으로 동서의 넓은 지역으로 전
파되었다.

예루살렘에 야훼 신전을 조성하고 외국과의 왕성한 무역으로 막
대한 부를 축적한 히브리 왕 솔로몬은 석류 과수원을 갖고 있었다
고 한다.

《성경》에서도 석류는 포도, 무화과, 올리브, 대추야자 등에 이어
자주 나온다.

팔레스타인을 거쳐 '바다의 민족' 페니키아인에게 전해진 석류는
이어서 지중해 연안으로 퍼져나갔다. 페니키아인은 기원전 9세기경
아프리카 북부에 카르타고라는 식민지를 건설하고 서지중해에서
패권을 확립했다.

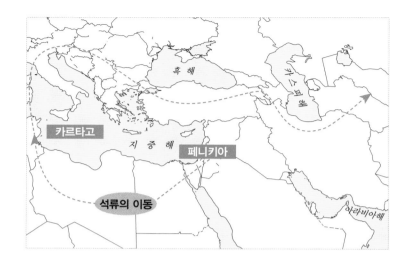

그러나 기원전 3세기 이후 지중해 세계의 패권을 둘러싸고 로마와 페니키아의 식민지 카르타고는 3회에 걸쳐 포에니 전쟁(기원전 264~기원전 146)을 치렀고, 그 결과 카르타고가 패망하여 로마에 흡수되었다.

이 카르타고에서 로마에 석류가 전해진 듯하다. 석류의 학명인 '푸니카 그라나툼Punica Granatum'의 푸니카는 라틴어의 '푸니쿠스'에서 유래하며 카르타고인을 뜻한다고 한다. 덧붙여 스페인의 그라나다는 아라비아어로 석류 씨라는 뜻이다.

서아시아 세계에서도 석류는 귀하게 여겨졌다. 이슬람교의 창시자 마호메트는 석류가 인간에게서 질투심과 증오의 마음을 없애준다고 주장했다. 이 석류는 실크로드를 통해 중국에 전해졌는데, 기원전 2세기경 전한 시대 때는 '약류若榴'라는 이름으로 불렀다.

그런데 이 과일이 파르티아安息國에서 생산된다는 사실이 나중에 밝혀지자 '안安' 자를 앞에 붙여 '안석류安石榴'라고도 불렀다.

📖 역사 메모

동양에서도 석류는 오래전부터 포도, 무화과와 더불어 중요한 식물로 여겨졌는데, 한국에는 고려 초기에 중국에서 들어온 것으로 추정된다.

알렉산드로스의 무모함이
역사를 바꾸었다

그리스 세계와 페르시아 세계를 통합한 '헬레니즘' 시대는 한 청년의 야망에서 그 포문을 열었다.

그리스의 철학자 아리스토텔레스를 가정교사로 두었던 신흥 마케도니아의 왕자 알렉산드로스(재위 기원전 336~기원전 323)는 암살당한 아버지의 뒤를 이어 20세에 마케도니아 왕이 되었다. 그는 그리스 여러 도시에서 일어난 반란을 진압하고, 기원전 334년에 약 3만 명의 보병, 5,000명의 기병으로 이루어진 마케도니아·그리스 연합군을 조직해 페르시아 제국을 향해 원정을 떠났다.

그러나 군대의 식량은 열흘분밖에 없었고, 군대의 배후에는 무산無産 계급의 시민, 상인 등이 따라붙는 처지라 도저히 페르시아 제국을 제압할 상황이 아니었다. 그런데 페르시아 제국은 예상 외로 힘을 잃고 있었다. 알렉산드로스의 군대는 해방군으로서 이집트에

5장 교류와 교섭이 역사를 더욱 풍요롭게 만들었다

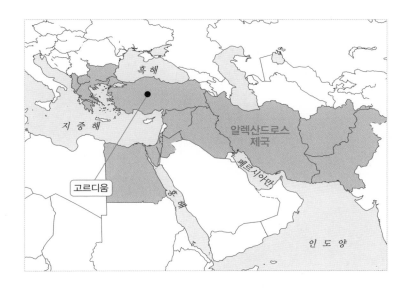

서 대환영을 받고, 결국 기원전 330년에 페르시아 제국을 쓰러뜨렸다. 젊은 알렉산드로스 대왕의 무모함이 아무도 예측하지 못했던 역사의 국면을 바꿔놓은 것이다.

알렉산드로스 대왕의 이러한 성격을 잘 말해주는 것이 '고르디우스의 매듭' 이야기이다.

기원전 333년경 알렉산드로스군은 현재 터키의 앙카라 부근 프리기아의 수도 고르디움에 들어갔다. 그 도시에는 '고르디우스의 수레'가 신전의 기둥에 묶여 있었는데, 그 매듭이 어찌나 복잡한지 "이 매듭을 푼 사람은 누구든 전 아시아의 지배자가 되리라"는 이야기가 있을 정도였다.

허영심에 사로잡힌 알렉산드로스는 어떻게든 매듭을 풀어보려 했지만 풀리지 않자 결국 짜증을 내며 칼로 매듭을 잘라버렸다.

이때부터 규칙을 무시하거나 힘으로 문제를 해결하려는 것을 "고르디우스의 매듭을 끊는다"고 말하게 되었다. 일테면 알렉산드로스의 무모한 행위에서 유래된 말인 것이다.

트로이 전쟁에 종지부를 찍은 '트로이의 목마'

트로이인이 지배하는 트로이항은 에게해에서 흑해에 이르는 해협의 입구에 있었다(현재는 바다를 매립해 육지가 되었음). 그 때문에 이 항구는 곡물 등의 물산이 풍부한 흑해 해역으로의 진출을 노리고 있던 그리스인에게는 군침이 도는 먹잇감이었다. 그리스인은 10년에 걸친 전쟁(트로이 전쟁)에서 가까스로 트로이를 함락한다. 이 전쟁의 마지막 열흘간을 다룬 작품이 호메로스의《일리아스》이다.

　요새에 들어가 완강하게 저항하는 트로이인들 때문에 애를 먹고 있던 그리스인은 트로이성으로 들어가기 위해 한 가지 꾀를 생각해냈다. 나무로 거대한 목마를 만들어 여신 아테네의 도움으로 다져진 정예 부대를 속이 빈 목마 안에 감추어둔 다음, 트로이인의 요새 앞에 세워두고 철수한 체했다.

　목마를 어떻게 처리할지 몰라 골머리를 앓던 트로이 병사가 '목

마'를 성채 안으로 들여놓자 야음을 틈타 그리스 병사들이 목마의
배에서 빠져나왔다. 그리스 성채의 문을 열어젖히는 바람에 그리스
군의 공격을 받게 된 트로이는 이내 붉은 화염에 휩싸인 채 멸망하
고 말았다.

이 전쟁에서 가장 용감하고 뛰어난 전사는 '아킬레스건腱'의 어원
으로 유명한 그리스의 영웅 아킬레우스였다. 아킬레우스가 트로이
최고의 용사 헥토르를 살해함으로써 전쟁은 종말을 고했다.

트로이 전쟁이 역사적 사실이었음은 독일의 상인이자 고고학자
인 슐리만의 유적 발굴에 의해 밝혀졌다.

이후 그리스인은 흑해를 '폰토스 에욱세이노스Pontos Euxeinos(이방
인에게 우호적인 바다)'라고 불렀는데, 이 지역이 오스만 제국의 지배

를 받게 된 뒤에는 고대 페르시아어인 '아하샤에나Akhshaena(검은 바다)'라고 부르게 되었다.

이것이 그대로 현재의 명칭이 된 셈이다. 페르시아인에게는 남부의 밝고 온난한 바다에 비해 어두운 이미지를 가진 바다였기 때문에 이런 이름을 붙인 듯하다.

일본어에 큰 영향을 끼친
한자어

한대漢代에는 인근의 유목 민족과 실크로드를 통해 많은 문물이 유입되었다.

예를 들어 실크로드를 경유해서 들어온 것은 '포도', '목숙(클로버)' 등이고, 유목 민족을 통해서는 '바지(즈봉)', '연지臙脂(검붉은색)' 등 색을 나타내는 말이 전해졌다.

그리고 서방에서 전파된 물산을 의역하는 경우에 '호胡(오랑캐)'라는 접두사를 붙이는 경우가 많았다. 예를 들어 '호마胡麻(깨)', '호도胡桃(호두)', '호두胡豆(완두콩)', '호과胡瓜(오이)', '호초胡椒(후추)', '호葫(마늘)' 등이 그렇다. '사자獅子'나 '성성猩猩(유인원과의 큰 원숭이-옮긴이)' 등의 동물 이름도 서방에서 전해진 것이다.

'오호五胡'로 총칭되는 유목민이 화북 평원을 점거한 5호16국 시대(304~439) 그리고 남북조 시대(439~589) 때는 유목민에 의해

5장 교류와 교섭이 역사를 더욱 풍요롭게 만들었다

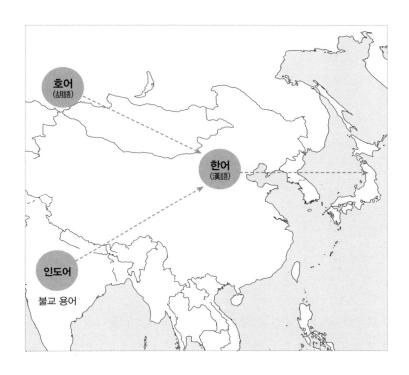

호어
(胡語)

한어
(漢語)

인도어

불교 용어

서방 문명이 대량으로 중국에 전해졌는데, 그 중심이 된 것은 인도의 불교였다.

실크로드의 주요 도시이기도 한 쿠차 승려 쿠마라지바鳩摩羅什에 의해 체계적인《불전》이 한역되고, 많은 인도 언어가 한어에 첨가되었다.

쿠마라지바가 한역한《불전》은 35부 294권에 달했다. 이《불전》의 한어 번역을 통해 막대한 양의 인도어가 중국으로 흘러들었고, 그것이 일본에까지 전해진 것으로 이해할 수 있다.

유목민의 황하 점령이
중국과 일본에 끼친 영향

소설 《삼국지》로 유명한 삼국 시대(220~280)가 끝나고 약 반세기 후에 중국 내의 혼란을 틈타 흉노 등 다섯 부족의 유목민五胡(중국의 북부와 서부에 살던 흉노·갈·선비·저·강의 다섯 이민족을 말한다―옮긴이)이 황하 중류 지역을 점령하는 대사건이 일어났다.

그 결과 어떤 변화가 일어났는가? 유목민에게 쫓겨 장난江南, 랴오둥遼東 반도, 한반도를 향한 대규모 난민의 흐름이 생겨났고, 일본 열도에도 새로운 문화를 가진 사람들이 파상적으로 밀려들었다.

그로 인해 서일본의 농경화가 급속히 진전되었다. 대륙에서 이동해 온 기마 민족이 야마토大和 정권을 세웠다는 에가미 나미오江上波夫의 가설 '기마 민족 도래설'도 이 시대의 대변동을 배경으로 구상된 것이다.

그런데 '유목 문화胡俗'가 밀려 들어온 결과 중국의 '의식주'가 크

5장 교류와 교섭이 역사를 더욱 풍요롭게 만들었다

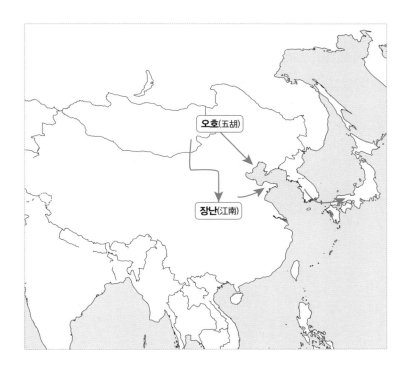

게 변화한 것에 주목할 필요가 있다. '의복'의 경우 기마 복장이 들어와 통소매에 길이가 무릎까지 오는 긴 상의, 바지, 허리띠 등이 유행했다.

'음식'의 경우 수력으로 움직이는 방앗간을 사용하기 시작했고, 밀가루의 이용이 늘어나 만두, 국수류 등이 보급되었다. 또 치즈酪나 요구르트乳腐도 유행했는데, 나중에는 콩을 이용하여 치즈를 흉내 낸 두부를 만들기도 했다.

'주거'의 경우에는 의자胡牀가 들어와 그때까지 바닥에 깔개를 놓고 앉던 생활 양식이 서서히 변하기 시작했다. 그리고 불교가 대규모로 유입된 것도 이 시기였다.

이처럼 대규모로 유목 문화가 유입되면서 중국 문명의 국제화가 진전되었고, '한漢 문화'는 '호한胡漢 문화'로 변천했다.

로마 공중 목욕탕은
이슬람에서 함맘으로 그리고 터키탕으로

군사 정복을 통해 형성된 로마 제국은 무력으로 징발하는 지중해 세계의 곡물에 의존하고 있었다. 그리고 시민들은 이렇다 할 일자리가 없는데도 이상할 정도로 휴일이 많았다. 제국 초기인 1세기 중엽에는 연 159일, 나중에는 200일이 넘는 날이 휴일이었다.

그래서 역대 황제들은 인기 획득 정책의 일환으로 시민들이 종일 지낼 수 있는 레저용 대중 목욕탕을 만들었다. 대욕장大浴場은 증기로 땀을 내는 방, 고온탕, 미온탕, 냉수욕탕으로 이루어졌고 도서관과 체육 시설, 상점 등도 부설되어 있었다.

현재 로마에 유적으로 남아 있는 것은 카라칼라 황제(재위 211~217)가 만든 대욕장으로 1,600명이나 수용할 수 있는 어마어마하게 큰 시설이다. 하지만 디오클레티아누스 황제(재위 284~305)가 만든 대욕장은 그 세 배인 5,000명을 수용할 수 있는 규모였다고 한다.

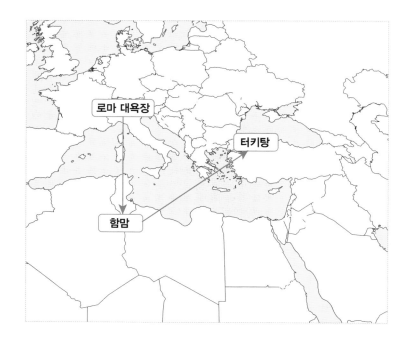

　7세기의 이슬람 '대정복 운동'으로 인해 예전의 로마 제국 영토가 점령당하자 로마의 대욕장은 '로마 목욕탕(함맘 루미)'이라는 이름으로 이슬람 사회에 파고들었다.

　그 후 아라비아어로 '함맘'이라 불리게 된 공중 목욕탕은 모스크(이슬람교의 예배당), 바자(시장), 학교와 함께 가장 중요한 공공 시설이 되었다.

　어느 도시에나 함맘이 만들어지고, 그 수가 도시의 규모를 가늠하는 기준이 되었을 정도다. 목욕탕 안에서는 '만인이 평등하다'고 여기며 사람들은 잠시의 즐거움에 빠졌다.

　19세기에 접어들어 유럽에서는 오스만 제국의 함맘이 동방 세계의 방탕을 상징하는 것으로 여겨져 '터키탕'이라고 불렀다. 프랑스의 화가 앵그르가 그린 육감적인 〈터키탕〉 그림이 유명한데, 그 이미지는 실제 함맘과는 동떨어진 것이었다.

이슬람 상인이 만들어 낸
동아프리카의 스와힐리어

동아프리카의 탄자니아, 케냐 등에서 공용어로 사용하는 스와힐리어의 '스와힐리'는 '해안'이라는 의미의 아라비아어에서 유래한 것이다. 여기서도 알 수 있듯이 이슬람 상인은 아프리카 동해안에 많은 거류지를 만들어 교역을 하고 있었다. 그들이 '상거래'를 원활하게 진행하기 위해 현지어와 아라비아어를 뒤섞은 스와힐리어를 만들어 냈던 것이다.

이슬람교도는 많은 부를 보장하는 아프리카 동해안을 '잔지Zanji의 나라'라 불렀다. 10세기의 이슬람 역사학자이자 지리학자였던 알 마수디는 "잔지의 나라가 황금으로 넘친다"며 "잔지는 끊임없이 코끼리를 사냥하거나 상아를 채집함에도 불구하고 자신들이 상아를 이용하는 일은 전혀 없다. 그들은 금과 은 대신 쇠를 몸에 두른다"고 기록했다.

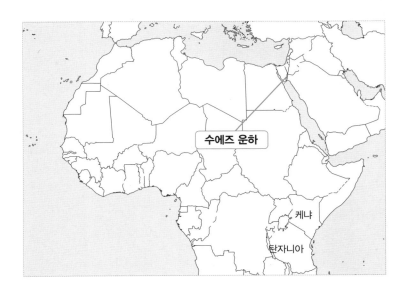

수에즈 운하

케냐

탄자니아

그렇다면 상아나 금을 거의 공짜나 다름없는 가격으로 구입할 수 있었다는 얘기다. 이 땅의 주력 상품은 상아와 황금 그리고 '잔지'라 불리는 흑인 노예였다.

이슬람 제국 압바스 왕조 때에는 많은 노동력을 동원해 남이라크의 습지대를 대규모로 개발했다. 인도에서 종자를 들여온 쌀, 사탕수수 외에도 보리, 아마 등이 대량으로 생산되었는데 여기에 사용된 노동력은 수십만 명의 잔지였다.

그 후에도 노동력을 사들이기 위해 이슬람 상인의 동아프리카 노예 무역은 계속되었다.

1869년 수에즈 운하가 개통되고 유럽인이 동아프리카로 진출하면서 영국의 선교사이자 탐험가인 리빙스턴(1813~1873)은 자신이

동아프리카의 오지로 들어간 것은 이슬람 상인의 노예 무역을 금지
시키기 위해서였다고 술회했다.

사하라 사막 너머에 펼쳐진
황금의 아프리카 대지

사하라 사막은 동서 5,600킬로미터, 남북 1,700킬로미터의 넓이를 가진 세계 최대의 사막으로 아프리카 대륙의 약 3분의 1을 차지한다. 이 사막의 남쪽에 인접해 있는 세네갈강과 니제르강 상류 지역은 예부터 "금이 당근처럼 모래 속에서 솟아난다"는 말이 나돌 정도로 대량의 금이 산출되는 것으로 알려져 있었다.

그 때문에 사하라 사막 북쪽에 사는 이슬람 상인은 낙타를 이용한 상대商隊를 조직해 사막에서 파낸 커다란 유리판 같은 암염과 지중해 상인으로부터 사들인 사치품 등을 판매한 돈으로 황금을 사들이는 대규모 무역을 하고 있었다.

최초로 사하라 종단 무역의 거점이 되었던 곳은 모로코이고, 무역을 도맡아 한 사람은 아라비아어 방언을 쓰는 모르인(무어인)이었다. 모르인은 활발한 경제 활동으로 유럽인과도 강한 유대를 갖고

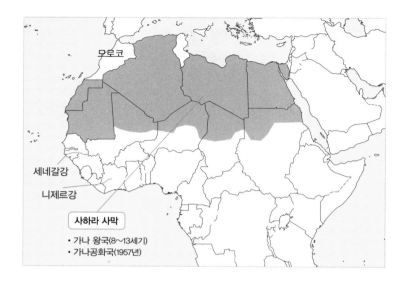

모로코

세네갈강

니제르강

사하라 사막

• 가나 왕국(8~13세기)
• 가나공화국(1957년)

있었다.

유럽인이 이슬람교도를 '모우로'나 '무어'라고 부른 것은 모르인의 '모르'에서 비롯된 것이다.

한편 사하라 사막 남쪽의 금 산지에서는 대규모 금 무역을 관리하는 왕이 출현해 8세기경부터 13세기에 걸쳐 '가나 왕국'이라는 흑인 왕국이 번영했다. 가나 왕국의 영화는 19세기 이후 아프리카가 유럽의 식민지가 된 후에도 아프리카인의 긍지로 계속 살아 있었다.

1957년 회의인민당會議人民黨을 이끈 은크루마(1909~1972)의 지도하에 카카오 생산으로 유명한 영국의 식민지 골드코스트(황금 해안)가 독립했다. 당시 초대 대통령이 된 은크루마는 가나 왕국의 이름을 따서 '가나공화국'이라는 국명을 채택했다.

아라비아 어원의 영어가 말하는
이슬람 문명의 선진성

이슬람교도는 "모든 것은 알라가 만들어 선물한 것"이라고 생각했다. 이슬람교도가 자신들이 정복한 여러 지역의 문명을 존중해 주요 도시에 '지혜의 관館'을 만드는 등 통합에 힘쓴 까닭도 여기에 있다. 일테면 세계 최고 수준의 국제적인 문명이 구축되었던 것이다.

11세기 이후 서유럽 세계는 십자군 원정, 이베리아 반도의 '레콩키스타Reconquista(스페인의 기독교도가 이슬람교도에 대해 일으킨 영토 회복 운동 – 옮긴이)' 등을 통해 이슬람교도와 전쟁을 벌였다. 그러나 한편에서는 이슬람 문명을 배웠다. 거기에 '세계'가 있었기 때문이다.

이베리아 반도에서는 아라비아어 학습열이 고조되었고, 이탈리아에서도 '12세기의 르네상스'라 불리는 이슬람 문명의 대규모 도입이 이루어졌다. 그때부터 유럽의 근대 과학이 싹트기 시작했다.

영어화된 아라비아어는 매우 많은데, admiral(제독), caravan(상

대), 훗날 '잡지'라는 의미를 갖게 된 magazine(창고) 등은 교역과 관련된 단어이다. 또 부기簿記 시스템과 신용 거래도 이슬람 세계에서 유럽으로 들어왔다. check(수표)의 어원도 아라비아어이다. 일용품 중 cotton(면), sugar(설탕), syrup(시럽), coffee(커피), pajamas(파자마), sofa(소파) 등도 아라비아어이다.

또 이슬람 문명에서는 인위적으로 귀금속을 만들어 내는 연금술이 융성했는데, 그로부터 화학이 발달했다. 화학과 관련된 '알칼리', '알코올' 등의 단어, 의학과 관련된 '가제gaze' 등의 단어도 아라비아어가 어원이다. 'chemistry(화학)'라는 말의 어원도 'alchemy(al은 접두어, 연금술)'이다.

📖 역사 메모

아라비아어는 그와 인접한 언어들, 즉 페르시아어·터키어·우르두어·말레이어·스와힐리어·하우사어 등 여러 언어에 많은 영향을 끼쳤다.

5장 교류와 교섭이 역사를 더욱 풍요롭게 만들었다

신드바드의 모험과 항해는
실제 이야기였을까

8세기 후반 페르시아만의 이슬람 상인은 '다우'라는 범선을 이용해 중국과의 정기 항로를 열었다. 동서의 바다가 하나로 이어진 것이다.

'다우'란 야자의 섬유질로 만든 노끈으로 선박 제조용 널빤지船板를 이어 꿰매고, 나무 못으로 배의 골격 부분을 박아 붙이고, 선판의 이음매에 물고기 기름이나 타르를 발라 침수를 막고, 역풍에서도 배를 전진시킬 수 있는 삼각돛을 가진 배로서 오늘날에도 인도양과 벵골만 등의 해역에서 사용되고 있다.

전성기 때는 인구 약 150만 명을 헤아리던 압바스 왕조의 수도 바그다드 외항 바스라, 페르시아만에 면한 항구 시라프(현재의 아바단 부근)가 중국(당나라)으로 가는 무역항이 되었다.

시라프에서 중국의 광저우에 이르는 항해는 계절풍의 방향이 변하는 말라카 해협에서 바람을 기다리는 날짜까지 포함해 편도 1년, 왕복 2년의 대항해였다. 400~500명의 선원과 상인이 탈 수 있는 대형 다우선이 만들어지자 교역 규모도 확대되었다.

《아라비안나이트》에 수록된 〈신드바드의 모험〉은 이 시대에 미지의 바다로 배를 타고 나가 큰 부를 획득한 바다 상인의 모험담을 엮은 것으로 실론섬과 벵골만이 등장한다.

중국의 광저우에는 이슬람교도의 수장이 재판권을 행사하는 자치적인 외국인 거류지 '번방蕃坊'이 설치되었고 모스크도 건설되었다.

아부 자이드가 쓴《시나 인도 이야기》에는 당나라 말기에 소금 밀매 상인 황소黃巢가 이끄는 농민 반란군이 광저우를 함락했을 때 이슬람교도와 유대교도 등 12만 명이 살해당했다고 기록되어 있다. 이로써 다수의 이슬람 상인이 광저우에 거주했음을 알 수 있다.

일본이 황금이 풍부한
'와쿠와쿠'로 변화한 이유

'다우선'에 의해 남아시아에서 중국에 이르는 교역이 발달함에 따라
이슬람 상인의 동아시아에 대한 이해도 깊어갔다.

9세기경 '알 지바르' 지역의 '우편과 숙박역의 우두머리'였던 이
븐후르다드베는 《제諸도로와 제국諸國의 서》라는 책에 "중국에는
300개의 대도시가 있고, 연안 전체를 항해하는 데 2개월이 필요하
다"고 기록했다. 이어서 "신(지나)에서 더 나아간 곳이 어떤 땅인지
는 알 수 없지만 칸츠揚州 맞은편에 높은 산맥이 있어 금을 생산하
는 시라Sila와 역시 금을 생산하는 와쿠와쿠Waq Waq가 있다"고 쓰여
있다.

참고로 창장長江 하류의 '양저우揚州'는 당대唐代에 가장 번영한
상업 도시였고, 많은 이슬람 상인과 페르시아 상인이 거주하고 있었
다. 760년에 내란이 일어나 양저우가 공격당했을 때 수천 명의 이

슬람 상인과 페르시아 상인이 살해되었다고 《신당서新唐書》에 기록되어 있다.

이븐후르다드베는 양저우에서 더 나아간 곳에 있는 '와쿠와쿠의 나라'에 대해 "신의 동쪽에 와쿠와쿠의 땅이 있다. 이 땅에는 황금이 풍부해 주민들이 기르는 개의 사슬이나 원숭이 목줄을 황금으로 만들고 황금(실)으로 짠 옷을 갖고 와서 팔 정도이다. 또 와쿠와쿠에서는 양질의 흑단을 구할 수 있다"고 기록했다. 그것이 서방 세계의 '일본'에 관한 최초의 기술이다.

시라Sila가 한반도의 신라라면 와쿠와쿠는 광둥어의 wok~wok가 와전된 것으로 '왜국', 즉 일본을 가리키는 것으로 여겨진다. 황금이 풍부한 와쿠와쿠는 황금의 섬 '지팡구Zipangu' 전설로 이어진다.

📖 **역사 메모**

8~9세기에 이슬람 상인들이 개척한 해상 교역권을 흔히 '다우 교역권'이라고 부른다. 이 명칭은 당시 이슬람 상인들이 이용한 선박을 '다우선'이라 부른 데서 연유한다.

5장 교류와 교섭이 역사를 더욱 풍요롭게 만들었다

쿠빌라이 칸이 파견한
사절단에 포함된 이슬람교도

1274년 몽골과 고려 연합군에 의한 최초의 일본 원정(분에이의 役)
은 실패했다. 그리고 1276년 쿠빌라이 칸은 고려를 경유해 가마쿠
라로 사절단을 파견했다.

　당시 집권하고 있던 호조 도키무네北條時宗(1251~1284: 가마쿠라
섭정 중기의 일본 무장－옮긴이)는 사절단과의 면담을 거부하고, 류노
구치에서 사절단을 처형해 그들의 머리를 유이가하마에 내걸었는
데, 그중에 계의관計議官 직책을 가진 사토루진撒都魯丁이라는 인물
이 있었다. 그 사토루진에 대해서는 '회회국인回回國人'이라고 기록
되어 있어 이슬람교도임을 알 수 있다.

　사실 이 인물은 사도르 아딘이라는 서아시아, 혹은 중앙아시아
출신의 이슬람교도였다. 그리고 이러한 인물이 사절단에 포함된 것
은 그다지 특별한 일은 아니다. 원元 제국의 외교, 정치, 경제 모든

분야를 지배한 민족은 '색목인色目人'이라 불리는 이슬람교도를 중심으로 하는 외국인 세력이었기 때문이다.

예를 들면 쿠빌라이 칸의 재무장관으로서 20년 동안 놀라운 수완을 발휘해 원 제국의 재정적 기반을 확립한 아흐마드는 이슬람 상인이었다. 《동방견문록》의 저자로 유명한 이탈리아 상인 마르코 폴로도 한때 쿠빌라이 칸의 신하로 일한 적이 있다.

쿠빌라이 칸은 이처럼 많은 외국인을 교묘하게 이용해 중국을 지배했다. 또 동시에 원 제국의 여러 가지 사업을 이슬람 상인에게 맡기고, 민간의 활력을 이용해 제국 통치를 원활하게 하려 했다.

그러한 역할을 맡은 것은 '오르토크(터키어로 '중개', '조합'을 의미하며, 중국에서는 '알선'을 뜻함)'라고 불리던 상인들이 공동 출자한 영리단체였다. 쿠빌라이 칸은 이슬람 상인에게 특권을 부여하면서 '오르토크'를 교묘하게 지배 기구 안에 편입시켰던 것이다.

14세기에 도자기 2만 점을 실은 채 침몰한 배

1323년 무렵, 원 제국의 항구 경원慶元(현재의 저장성 닝보)을 출발한 한 척의 상선이 해류에 밀려 표류하다 한반도 서남부의 신안 앞바다에서 침몰했다.

배에서 발견된 목간에 의하면 전체 길이 28미터, 최대 폭 약 10미터인 이 선박은 1319년에 소실된 교토의 임제종臨濟宗 총본산 도후쿠지東福寺를 재건할 비용을 얻기 위해 말사末寺인 하카타의 쇼텐지承天寺 주지와 하카타에 거주하는 중국 상인이 조직한 무역선으로서 중국인, 고려인, 일본인 등으로 이루어진 선원과 상인이 타고 있었다고 한다.

이 배는 2만 691점에 이르는 중국 도자기, 800만 개(약 28톤)에 달하는 중국 동전, 자단紫檀, 후추 등을 싣고 일본으로 향하던 길이었다.

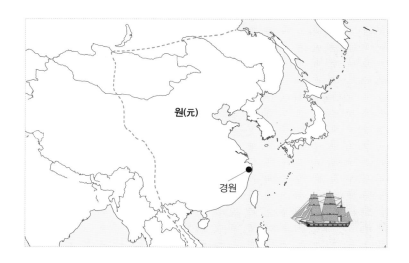

원(元)

경원

13세기에는 일본과 원 제국의 다툼이 격화되어 교역이 끊겼을 것이라고 상상하기 쉽지만 그것은 대단한 오류이다.

대도大都(현재의 베이징)를 도읍으로 삼은 원 제국은 유라시아의 육지와 바다의 교역로를 하나로 연결하여 세계 규모의 교역을 발달시켰다.

따라서 원 제국과 일본과의 무역도 송대를 훨씬 능가하는 활기를 띠고 있었다. 1976년에 발견된 '신안 침몰선'이 그 유력한 증거이다. 동지나해를 중심으로 하는 아시아 해상 교역의 활기가 어땠는지 새삼 느낄 수 있는 대목이기도 하다.

그러므로 원 제국이 쇠망하자 대도에 대량의 물자를 수송하던 동지나해, 황해의 해상 교역에 대혼란이 일어났음을 쉽게 상상할 수 있다.

그러한 혼란이 아마도 '왜구倭寇'의 활동을 초래했을 것이라는 추측도 가능하다.

📖 **역사 메모**

신안 침몰선에서는 다량의 송·원대 유물이 수습되었다. 침몰선의 규모는 길이 28.4미터, 너비 6.6미터이며, 유물 중에는 중국의 연호 '지치至治 3년'이 표기된 목패木牌도 있었다. 따라서 이 배는 1323년에 침몰되었을 가능성이 매우 높다.

페스트의 대유행으로
갑자기 쇠퇴한 유럽과 이집트

2001년 9월에 일어난 뉴욕의 세계무역센터 빌딩 테러를 거론할 필요도 없이 역사는 갑작스럽게 일어난 뜻밖의 사건에 의해 예상조차 못한 국면으로 접어드는 경우가 많다. 한 예로 14세기에 전 유럽을 휩쓴 페스트(흑사병)를 꼽을 수 있을 것이다.

쥐나 쥐벼룩을 매개로 전염되는 페스트는 원래 중국 윈난雲南 지방의 풍토병이었는데, 유라시아를 지배한 몽골 제국의 경로를 따라 흑해 연안까지 침투했다.

1347년에 페스트는 초원을 따라 흑해 북해안의 크리미아 반도에 전염되었다. 킵차크한국의 우즈베크 칸은 1347년 이탈리아 상인의 거점 카파를 포위 공격할 당시 자신의 병영 안에서 페스트가 유행하자 투척기를 사용해 시체를 카파 시내에 던져 넣었다. 그 때문에 카파시는 페스트로 오염되기 시작했으며, 이어서 상선商船에 의해

이집트, 이탈리아 반도, 나아가 유럽으로 전파되었다.

1347~1349년, 이집트에서는 페스트가 대규모로 퍼져 전체 인구 중 3분의 1이 사망했다. 이로써 당시 맘루크 왕조는 엄청난 타격을 받았다. 그 후 페스트는 북아프리카의 이슬람 세계에서도 크게 유행했다.

서유럽에서는 1347년 이후 페스트가 유행하기 시작해 인구가 밀집한 도시를 중심으로 큰 피해를 입었다. 피렌체 인구는 1338년 11만 명에서 1351년 4만 5,000명으로 감소했다고 한다.

페스트는 도시뿐 아니라 쥐가 서식하기 쉬운 촌락의 물레방앗간을 중심으로 주변 농촌 지대에까지 확산되었다.

당시 페스트의 대유행으로 유럽의 인구는 절반으로 줄었고, 그 인구를 회복한 것은 16세기가 되고 나서였다.

콜럼버스는 왜 아메리카를
아시아로 착각했을까

콜럼버스는 유럽에서 서쪽으로 60일 정도 항해하면 지팡구섬(일본)이 있는 아시아 해역에 도달할 수 있다고 생각했다. 그 이유는 그가 지팡구와 유럽을 가르는 바다의 크기를 실제 크기의 4분의 1 정도로 잘못 계산한 데 있었다.

그 이유는 콜럼버스가 애독하던 피에르 아이(1350~1420)의 《세계의 형상》(1410) 때문이었다. 이 책에는 9세기의 아랍 학자가 지구 둘레를 2만 400밀리어라고 계산했다는 기록이 있는데, 그 단위를 잘못 해석한 것이다.

콜럼버스는 '밀리어'라는 단위를 이탈리아인이 통상 사용하는 1477.3미터라고 판단했다. 하지만 그 아랍 학자는 1973.5미터로 계산하는 '아랍 밀리어'를 사용했다.

아랍 학자의 계산에 의하면 지구의 둘레는 약 4만 260킬로미터

로 실제 거리와 거의 일치한다. 하지만 콜럼버스의 계산은 약 3만 140킬로미터로 실제 거리의 4분의 3에 불과했다.

그러나 콜럼버스는 자신의 생각에 절대적인 자신감을 갖고 있었고, 4회에 걸쳐 탐험한 지역이 아메리카 대륙이라는 것은 상상조차 하지 못했다. 지금도 아메리카 대륙의 원주민을 '인도인(인디언, 인디오)'이라고 부르는데 콜럼버스의 이러한 오해에서 비롯된 것이다.

키타이의 바다라고 착각한
카리브 바다

몽골 고원의 거란契丹(키타이인. 4세기 이래 동몽골을 중심으로 활약한 유목 민족-옮긴이)의 지도자 중에 야율아보기耶律阿保機라는 인물이 있다. 그다지 귀에 익지 않은 이름일지 모르지만 사실 칭기즈 칸에 필적하는 초원의 영웅이다.

그는 906년에 거란의 수장으로서 텡그리 카칸天可汗(세계의 왕)의 지위에 올랐으며, 911년에는 중국풍 황제로서 즉위식을 올리고, 유목 세계와 농업 세계의 지도자로서 몽골 고원, 동북 지방 그리고 화북의 일대를 지배하는 대제국 '요遼'의 기반을 구축했다.

훗날 요 제국의 뒤를 이은 몽골 제국이 아시아에서 유럽에 걸친 대제국을 건설하면서 '키타이'라는 이름이 유라시아의 넓은 지역에 퍼져 투르크, 이란, 러시아 등지에서는 중국 북부를 '카타이Khatai'라고 부르게 되었다.

옛 영어의 '캐세이Cathay'도 같은 호칭이며, 그것이 캐세이 항공이라는 이름으로 지금도 이어지고 있다.

마르코 폴로도 《동방견문록》에서 '키타이'라는 지역명을 사용했는데, 《동방견문록》을 숙독한 콜럼버스 역시 중국의 북쪽 절반은 '키타이'라고 믿고 있었다. 황금의 섬 '지팡구'를 찾아 항해를 계속하던 콜럼버스는 쿠바를 '키타이'의 일부로 착각하고 몽골 제국의 다이칸과 교섭하기 위해 부하를 쿠바섬에 파견했지만 목적을 이루지는 못했다.

콜럼버스는 현재의 아이티와 도미니카가 있는 히스파니올라섬을 황금의 섬 '지팡구'로 확신했을 뿐만 아니라 그 주변의 평화로운 바다에 '카리브'라는 야만적인 부족이 있다는 이야기를 듣고는 그들을 '키타이'라고 오인했다. 콜럼버스의 머릿속에서 '카리브해'는 끝까지 '키타이의 바다(중국의 바다)'였던 것이다.

전설의 힘으로
아즈텍은 정복되었다

1518년, 550명의 병사와 100명의 선원, 열네 문의 대포, 열여섯 마리의 말을 거느리고 쿠바를 출발한 스페인인 코르테스(1485~1547)는 1519년에서 1522년 사이에 인구 2,000만이 넘는 아즈텍 제국을 정복했다. 그는 어떻게 이토록 거대한 제국을 얼마 안 되는 병사로 정복할 수 있었을까.

코르테스는 타바스코라는 땅에서 아즈텍어를 할 줄 아는 젊은 여성 말린체를 노예로 구입해 훗날 애인으로 삼았다. 그녀로부터 얻은 정보에 의하면 아즈텍 제국에는 예전에 추방된 하얀 피부를 가진 신神 케찰코아틀이 바다의 세계에서 돌아온다는 전설이 있었다. 코르테스는 바로 이 케찰코아틀로 둔갑해 아즈텍 제국 사람들을 놀라게 한 것이다. 마침 1519년은 케찰코아틀이 돌아온다고 예정했던 해였다.

아즈텍 제국에는 태양이 차츰 생기를 잃다가 이윽고 사라진다는 전설이 있었다. 그래서 태양에 활력을 부여할 목적으로 수도의 태양 신전에 많은 젊은이들의 생피를 바치는 풍습이 있었다. 그 때문에 '인간 사냥'이 왕성하게 이루어져 아즈텍 제국은 주변 부족들로부터 강한 반감을 사고 있었다.

코르테스는 그것을 교묘히 이용해 수천 명의 주변 부족을 자기 편으로 만들어 놓고 아즈텍 왕 몬테수마를 붙잡아 처형했다.

아즈텍인은 소금 호수인 텍스코코에 사방 4킬로미터의 인공 섬을 만들었는데 그곳에 약 10만 호의 집들이 모여 살았다. 코르테스는 아즈텍의 수도인 이 테노치티틀란을 파괴하고 호수를 매립했다.

텍스코코 호수를 메워 건설된 것이 현재의 멕시코시티이다.

유럽, 중국뿐 아니라 일본에도
영향을 미친 신대륙의 은

아즈텍 제국과 잉카 제국을 정복한 후 스페인인은 원주민 인디오들에게 강제 노역을 시켜 당시 페루의 포토시 은산銀山과 멕시코의 여러 은산에서 막대한 양의 은을 파냈다. 이 대량의 은 산출로 은값 폭락 현상이 초래되었다.

이 과정에서 최초로 값싼 은을 손에 넣은 유럽인은 그때까지의 은 거래 가격차를 이용해 큰 부를 축적할 수 있었다.

스페인인이 손에 넣은 은은 종래의 은보다 3분의 1 정도로 값이 쌌다. 그들은 이 막대한 양의 은을 거대한 은선銀船에 싣고 유럽으로 운반했다. 대량의 은이 아메리카 대륙에서 흘러드는 바람에 은값은 폭락했고 이로써 유럽 경제가 활성화되었다. 이것을 '가격 혁명'이라고 부른다. 간단히 말하면 초기에 원가 1,000원으로 사들인 은을 3,000원의 가치가 있는 것으로 사용할 수 있었던 것이다.

또 멕시코의 은은 아시아의 은에 비해서도 매우 값이 쌌다. 스페인인은 이를 아시아에도 갖고 들어와 대량의 물자를 마음대로 사들일 수 있었다.

국력을 신장시킨 스페인은 1562년에 루손섬에 있는 마닐라를 이슬람교도 지배자로부터 빼앗아 약 250년 동안 멕시코의 아카풀코와 필리핀의 마닐라를 잇는 정기 무역을 계속할 수 있었다.

광활한 태평양을 왕래하는 무역은 매우 험난한 항해였지만 그로 인해 얻어지는 거대한 이익은 항해의 역경과 위험을 극복하기에 충분했다. 항해에 사용된 배가 '갈레온선'이었다는 데서 이 무역을 '갈레온 무역'이라고 한다.

갈레온 무역에서는 식민지 멕시코의 장관인 부왕이 배와 승무원을 맡아서 관리하고, 필요한 경비도 부왕이 관리하는 왕실 금고에서 지출되었다.

명明 제국이 해금海禁 정책을 견지하고 있었기 때문에 처음 얼마 동안 갈레온 무역은 푸젠福建 지방 상인과의 사이에서만 이루어졌다. 하지만 멕시코 은과 중국 은의 가격 차가 워낙 커서 그것만으로도 막대한 이익을 창출할 수 있었다. 게다가 나중에는 멕시코의 은뿐만 아니라 페루의 포토시 은산에서 채굴한 은도 들어오게 되었다.

갈레온 무역은 은의 생산량이 압도적으로 많은 페루의 상인들이 실질적으로 좌지우지했다. 이 무역에서 싸게 구입한 견직물 등의 중국 제품은 대서양을 경유해 스페인 본국으로 들어갔다.

한편 명 제국은 멕시코에서 대량 유입된 은으로 인해 경제 시스템이 급변했다. 은은 무게 단위로 거래되었는데 동전과 함께 주요 통화 수단으로 자리 잡게 되었다. 동전이 정형화된 화폐인 데 비해 은은 정해진 형태가 없고 고가인 데다 운반하기도 쉬워 정부의 세금도 은으로 징수하기 시작했다.

중국은 은을 녹여서 덩어리로 만들었는데 그 모양이 말발굽과 비슷하여 '말발굽 은'이라고 불렀다. 일설에 의하면 중국 '교자餃子'의 독특한 모양은 '말발굽 은'의 모양을 본뜬 것이라고 한다. 현실적인 이익을 무엇보다 중시하는 중국인의 발상을 생각하면 충분히 가능한 이야기다.

그런데 1596년 마닐라에서 멕시코로 향하던 갈레온선 산펠리페호가 일본 도사土左의 우라도浦戶에 표류하는 사건이 일어났다.

도요토미 히데요시豊臣秀吉는 마시타 나가모리增田長盛를 파견해 산펠리페호의 선적 화물을 몰수하고 배를 수리한 다음 마닐라로 돌려보냈는데, 그때 승무원 하나가 스페인이 선교사를 영토 정복의 앞잡이로 삼고 있다고 말했다. 그 말을 듣고 화가 난 히데요시는 긴키 지방에서 포교 활동을 하고 있던 프란치스코회 선교사와 신도 스물여섯 명을 잡아들인 후 나가사키로 연행해 처형했다. 그것이 '26성인의 순교'이다. 일본의 기독교 탄압도 알고 보면 갈레온 무역에서 파생된 것이다.

📖 역사 메모

갈레온선은 선수가 새의 부리처럼 툭 튀어나와 있고, 서너 개의 돛대와 한두 줄의 대포가 장착된 전함이었으나 이를 스페인과 포르투갈이 대형 갈레온 상선으로 만들어 이용함으로써 해외 무역에서 많은 이익을 남겼다.

호칭의 변천으로 알 수 있는
옥수수의 전파 경로

우리에게 친숙한 옥수수는 콜럼버스가 1492년 신대륙에서 스페인으로 가지고 왔다. 옥수수는 800배의 수확률을 가진 곡물로 쌀의 100배와 비교해도 수확률이 매우 높은 작물임에 틀림없다. 현재는 식용으로뿐 아니라 가축 사료로도 전 세계에서 수천 품종이 재배되고, 'Corn is King'이라는 말을 들을 정도로 귀중한 식량이 되었다.

옥수수는 원산지가 열대 아메리카이며, 곡물의 대용품인 '빈자貧者의 밀'로서 가난한 사람들의 생활을 지탱시켰다. 16세기에 스페인에서 따뜻한 북이탈리아와 남프랑스로 전해졌고, 지중해를 따라 발칸 반도, 튀르크, 북아프리카로 확산되었다. 뿐만 아니라 스페인 북쪽의 독일과 영국에도 전파되었다.

옥수수의 호칭 변화를 보면 스페인에서 어떤 경로로 옥수수가 전 세계에 전해졌는가를 알 수 있어서 매우 흥미롭다.

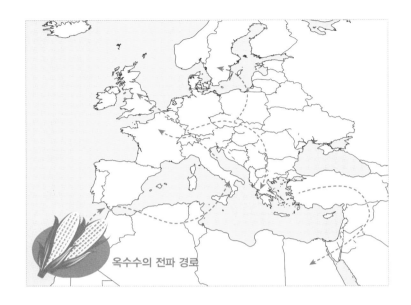

옥수수의 전파 경로

　남프랑스에서는 '스페인 밀', 튀르크에서는 '기독교도의 밀', 이탈리아·독일·네덜란드에서는 '튀르크 밀'로 불렸다. 옥수수는 포르투갈인의 손에 의해 희망봉을 경유해 유럽에서 아시아로 전해졌다.

　중국에는 명대明代(16세기경)에 전해졌는데 스페인인이 필리핀을 경유해 들여온 고구마와 달리 쉽게 확산되지 않다가 18세기가 되어서야 겨우 보급이 이루어졌다. 중국에서는 옥수수의 모양 때문에 '포미包米' 또는 '옥미玉米'라고 불렸다.

　그렇다면 일본에는 언제쯤 들어왔을까? 일본의 나가사키에 옥수수가 들어온 것은 1579년이었다. 옥수수는 콜럼버스가 신대륙을 발견한 이래 약 100년 동안 세계를 일주하다 일본에까지 들어왔다는 계산이 나온다.

지팡구로 여겼던
카리브해의 섬들

카리브해에 떠 있는 섬들은 원래 원주민 인디오의 사회였다. 그러나 황금에 눈이 먼 스페인인에 의해 원주민 사회가 괴멸된 후, 설탕 생산을 위해 네덜란드, 영국, 프랑스 사람들이 아프리카에서 실어온 대량의 노예로 인해 카리브해의 섬들은 오늘날 흑인 사회로 변모했다.

1492년 카리브해역에 당도한 콜럼버스는 풍부한 황금 장식품을 갖고 있는 섬 주민들을 보았다. 오지에 황금이 풍부한 '시바오'라는 땅이 있다고 들었기 때문에 콜럼버스는 히스파니올라섬을 황금의 섬 '지팡구'라고 오인했다. '시바오'는 듣기에 따라서는 '시팡구-지팡구'가 된다.

여기서 섬 주민의 비극이 시작되었다. 이듬해 콜럼버스가 이끌고 온 1,500명의 스페인 사람들이 이주하기 시작한다. 이주민에 의한

쿠바섬

히스파니올라섬

카리브해

자메이카섬

학대와 천연두의 유행으로 히스파니올라섬의 원주민은 거의 1세기 만에 전멸했다. 다른 카리브해의 원주민 사회도 마찬가지로 곤경에 처했다.

17세기가 되자 스페인의 패권은 흔들리고 네덜란드를 선두로 후발 국가들이 카리브해역에 진출했다. 17세기 중엽에 영국이 자메이카섬을, 프랑스가 히스파니올라섬 서부(현재의 아이티)를 점령했다.

이 시기에 네덜란드인이 브라질에서 영국령 바베이도스로 수많은 흑인 노예의 노동력을 이용한 설탕 생산법을 들여와 카리브해역에 '설탕 혁명'이 일어났다. 흑인 노예를 이용한 설탕 플랜테이션이 급속하게 확산되었던 것이다. 노예 제도가 폐지되기까지 자메이카섬, 히스파니올라섬, 쿠바섬에는 약 420만 명이나 되는 흑인 노예가 실려왔다.

이렇게 하여 칼립소와 살사 등 아프리카, 아메리카, 유럽의 문화를 혼합한 카리브의 독특한 문화가 형성된 것이다.

홍차 선박의 바닥 짐으로
유럽에 실려간 찻잔과 포트

홍차를 마시는 습관이 유럽 전역에 확산됨에 따라 유일한 홍차 수출국인 중국과의 교역량이 급격하게 증가했다. 18세기가 되자 영국의 동인도회사가 대중국 홍차 무역을 거의 독점하게 되었다.

그런데 홍차는 습기에 약하기 때문에 선박 바닥에 직접 선적할 수가 없었다. 그래서 바닥 짐 역할을 위해 도자기를 같이 싣고 유럽으로 운반하게 되었다. 도자기의 비율은 홍차의 6퍼센트 정도였다고 한다. 18세기에는 연평균 4,000톤의 홍차가 수입되었다고 하니까, 도자기 수입은 대략 240톤 가량이었을 거라는 계산이 나온다.

영국에서는 티타임에 자기로 만든 티 포트와 찻잔을 사용하는데, 그것은 홍차 선박의 바닥 짐 형태로 들어온 중국의 도자기 수입품을 사용함으로써 시작된 관습이다. 그런데 중국은 티 포트를 사용하지도 않고, 찻잔에도 손잡이가 달려 있지 않다. 이러한 도자기는 영국인을 위한 특별 주문품이었다.

18세기의 영국인은 포트에 뜨거운 물을 부어 단시간에 차를 우려 내고, 설탕을 잘 녹이기 위해 뜨거운 홍차를 찻잔에 따라 마셨다. 그래서 손잡이가 있는 찻잔이 필요했던 것이다.

18세기 말까지 중국에서 수입된 찻잔은 유럽제 도기보다 가격이 싼 데다 중국 취향이 유행한 것도 작용해 중산층에 널리 보급되었다. 17세기 말부터 18세기 말까지 100년 동안 영국인 1인당 약 다섯 개의 찻잔을 구입했을 것이라는 재미있는 계산도 있다.

18세기 초에 독일 드레스덴 근처 마이센에서 자기를 만들기 시작함으로써 서서히 유럽제 티 포트와 찻잔이 보급되기 시작했다.

📖 **역사 메모**

동양 사람들은 차의 빛깔이 붉다고 하여 홍차紅茶라고 하지만 영어로는 찻잎이 검다고 하여 블랙 티黑茶라고 한다. 중국의 음료인 차가 유럽으로 들어간 것은 1610년 네덜란드의 동인도회사에 의해서였다.

6장

변화하면서 성장하는 세계

네덜란드와 플라멩코는
관계가 있다

대항해 시대를 구축한 포르투갈, 스페인에 이어 바다 세계에서 대두
하기 시작한 나라는 '상인의 나라' 네덜란드였다.

1581년에 스페인으로부터 독립한 플랑드르 지방은 네덜란드 연
방공화국(공화국의 중심이 된 홀란트주가 압도적으로 유력했기 때문에 일
본에서는 홀란트가 와전되어 '오란다'라고 불렸다)을 성립했다. 그런데
네덜란드는 상인들이 주도권을 잡고 있는 특이한 나라였다.

인생을 거친 바다를 항해하는 것처럼 시련을 극복하는 과정이라
고 여긴 네덜란드 사람들은 활발한 조선업을 배경으로 많은 무장
상선을 세계의 바다에 띄우면서 순식간에 바다의 패권을 장악했다.

강적으로 떠오른 네덜란드인의 방식, 즉 '네덜란드(플랑드르 지방)
풍'을 스페인 사람들은 '플라멩코Flamenco'라고 불렀다.

원래 플라멩코는 '붉은 얼굴의 플랑드르 사람풍'을 뜻하는 형용사

북 해

프리슬란트

홀란트

위트레흐트

제일란트

**네덜란드의
주요 주**

였다. 그것이 나중에 스페인 남부의 안달루시아 지방에서 '화려한', '잘난 체 점잔 빼는'이라는 뜻으로 사용되다가, 19세기 후반 집시들의 춤을 '사람의 마음을 동요시키는 도발적인 춤'이라는 뜻으로 '플라멩코'라 부르게 되었다. 고지식하고 합리적인 상인 기질로 가득 찬 네덜란드풍이 플라멩코 댄스로 화려한 '변신'을 한 것이다.

17세기에 성업했던 청어잡이를 배경으로 선박의 생산 공정을 표준화시킨 네덜란드에서는 배를 만드는 비용이 영국보다 40~50퍼센트나 낮았다. 실제로 네덜란드의 연간 조선 능력은 2,000척에 달했다. 17세기의 네덜란드 선박 보유수는 영국, 스페인, 포르투갈의 선박수를 합친 것보다 많았다.

네덜란드 경제를 동요시킨
매혹의 꽃 튤립

인간이란 풍요로운 시절이 오면 '돈 쓸 데'를 찾아 헤매기 마련인 모양이다. 경제의 전성기를 맞고 있던 17세기의 네덜란드도 거품 경제의 붕괴로 대타격을 입었는데, 뜻밖에도 투기 대상이 된 것은 '네덜란드의 국화'인 튤립의 구근球根이었다.

17세기 초반 프랑스에서 네덜란드로 전해진 튤립은 지중해 연안이 원산지인데, 화려한 아름다움, 이국적인 취향, 종류의 다양함 등으로 네덜란드 부자들의 마음을 사로잡았다.

튤립의 어원은 터키어로 '투르반', 즉 터번(두건)인데, 네덜란드인에게는 신비로운 느낌을 주었나 보다.

튤립은 변종이 잘 생기기 때문에 운 좋게 특이한 꽃을 피우는 튤립 구근을 만나면 목돈을 벌 수 있었다. 그래서 튤립 구근이 투기의 대상이 되었던 것이다. 사람들은 지갑을 털어 튤립 구근을 사들이면

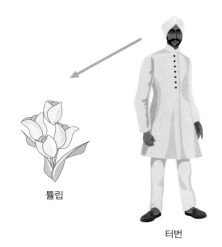

튤립

터번

터키어로 투르반

서 목돈을 거머쥘 꿈에 취했다. 실제로 '총독'이라는 이름의 구근은 2,500길더라는 꽤나 비싼 값에 팔렸다. 당시 렘브란트의 명화 〈야경夜警〉의 보장금이 1,600길더였다고 하니, 튤립 구근에 기대했던 엄청난 투기 효과를 추측할 수 있다.

그러나 사람들이 구근의 가치에 의구심을 갖게 되면서 거품은 순식간에 걷히고, 일부 억세게 운 좋은 사람들을 제외한 나머지는 큰 손해를 감수해야 했다.

📖 **역사 메모**
17세기 네덜란드의 '튤립 투기 사건'을 일러 '튤립 마니아'라고 부른다.

6장 변화하면서 성장하는 세계

불과 24달러로
인디언에게서 사들인 월가

2001년, 자폭 테러로 무참하게 폐허가 된 뉴욕 세계무역센터 빌딩 주변에는 세계의 '돈' 3분의 2가 모여 다시 전 세계로 투자되는 세계 금융 센터 월가가 있다. 이 월가를 포함한 맨해튼섬의 가격이 불과 24달러였다면 믿을 수 있겠는가?

사실 이 지역에 처음 진출한 것은 네덜란드인이었다. 1626년에 피터 미뉴엣이라는 인물이 불과 24달러어치의 상품으로 어수룩한 원주민 인디언으로부터 맨해튼섬을 사들였다. 네덜란드 사람은 요새와 약 200명의 주민이 사는 서른 채의 허술한 거류지를 만들어 그곳을 '뉴암스테르담'이라고 불렀다.

1650년경이 되자 네덜란드 이민자들은 인디언을 몰아내기 위해 자신들의 거주지에 울타리(월)를 둘러치고 월을 따라 뻗은 좁은 길에서 장사를 하며 그곳을 '월가'라고 불렀다.

허드슨강

맨해튼섬

자유의 여신상

월가

1664년 영국이 이 땅을 네덜란드로부터 빼앗아 식민지 관리관인 요크공의 칭호를 따서 '뉴요크'라는 명칭으로 바꾼 것이 현재의 도시명 '뉴욕'이 되었다. 1800년 무렵 뉴욕은 인구 6만 명을 헤아릴 만큼 번성했다.

19세기 후반 이후 뉴욕은 1년 내내 얼지 않는 허드슨강과 대륙 횡단 철도가 집중된 교통의 요충지로서 성장을 거듭했다.

1850년 50만 명을 헤아리던 인구는 불과 20년 후 100만 명으로 두 배가 되었고, 1898년에는 시의 경계가 확장됨으로써 인구 약 700만 명을 헤아리기에 이르렀다.

18세기의 영국 거품 경제는
고작 10년 만에 끝났다

영어 '머니money'의 어원은 로마의 여신 주노 마네타에 있다고 한다 (주노는 그리스 신화의 헤라에 해당하는 여신이다). 그 까닭은 로마의 카피토리움 언덕에 세워진 주노 신전에서 화폐 주조가 이루어졌기 때문이다. 주노는 여성 편력이 심한 남편 주피터(그리스 신화의 제우스에 해당한다)를 질투하여 남편의 아이를 박해했다. 여기서 '마네타'는 '경고하는 여자'라는 의미를 갖게 되었다. 그래서 머니(돈)는 우리에게 늘 경고를 발하고 있는 건지도 모른다.

루이 14세의 세력 확대에 저항한 '에스파냐 계승 전쟁(1701～ 1714, 에스파냐의 왕위 계승을 둘러싸고 프랑스·에스파냐와 영국·오스트리아·네덜란드 사이에 벌어진 국제 전쟁 – 옮긴이)'의 전시 부채 이자 지불에 시달리던 영국은 1711년에 남해(남미의 동서 해안)와 북아메리카 대륙 각지를 왕래하며 무역하는 '남해주식회사South Sea Company'를

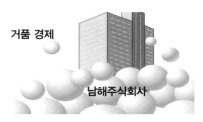

거품 경제

남해주식회사

18세기 영국

설립한 다음, 연 6퍼센트의 이자를 보증하는 주식을 채권자에게 1,000만 파운드에 매도했다. 정부가 이 전쟁으로 에스파냐로부터 획득한 아메리카 식민지에서의 노예 무역 독점권을 남해주식회사에 부여하자 회사의 100파운드짜리 주식은 순식간에 1,000파운드로 급등했다. 투자 붐이 일어났던 것이다.

투기를 부추기는 미심쩍은 회사가 잇따라 설립되었고, 사람들은 투기에 혈안이 되었다. 많은 사람들이 주식으로 부를 거머쥐었다. '당분간 발견될 대사업을 운영하는 회사'라는 등의 의심스러운 명칭을 가진 회사까지 등장했다.

이러한 거품 경제도 1720년에 남해주식회사가 특권을 지키기 위한 법률을 제정하면서 무너져 유령회사는 잇따라 문을 닫고, 남해주식회사의 주식 역시 3개월 만에 1,050파운드에서 125파운드로 급락했다. 영국 경제가 발전하는 과정에서 생긴 혼란이었다.

📖 역사 메모

영국의 '남해 포말 사건'을 계기로 은행, 주주를 비롯한 주요 투자자들을 보호하기 위해 공인회계사라는 직업과 회계법인이 생겨났다.

6장 변화하면서 성장하는 세계

UK는 연합왕국,
세계에 영국이라는 나라는 없다?

'이기리스(일본에서 영국을 일컫는 말-옮긴이)'는 포르투갈어 '잉글레스Ingles'를 일본어식으로 표현한 것이다.

정식 국명은 '대★ 브리튼 북아일랜드 연합왕국'으로 한없이 길어지기 때문에 'UK' 즉 '유나이티드 킹덤(연합왕국)'이라는 약칭을 사용하고 있다. 'UK'는 앵글로색슨계의 잉글랜드에 켈트계의 웨일스, 북쪽의 스코틀랜드, 바다를 끼고 있는 아일랜드(현재는 북아일랜드만을 가리킨다)가 합쳐서 생긴 나라이다.

월드컵 축구에 4개국이 각기 내셔널 팀을 출전시키는 것만 봐도 그것을 이해할 수 있다. 국토 면적은 그렇게 넓지 않지만 다양성을 가진 복잡한 나라인 것이다.

영국 국기로 처음 제정된 '유니언 플래그union flag'는 잉글랜드의 흰 바탕에 붉은 십자(수호성인 세인트 조지의 상징)와 스코틀랜드의

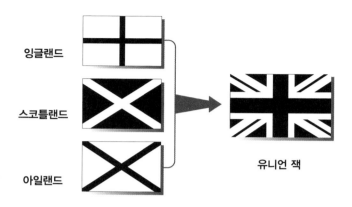

잉글랜드

스코틀랜드

아일랜드

유니언 잭

파란 바탕에 흰색 검십자劍十字(수호성인 세인트 앤드루의 상징)를 합친 것에, 1803년 아일랜드를 병합한 후 아일랜드의 흰 바탕에 붉은 검십자(수호성인 세인트 패트릭의 상징)를 디자인에 넣었다. 그것이 현재의 영국 국기 '유니언 잭Union Jack'이 된 것이다. '잭'이란 배의 선수에 있는 깃봉에 내거는 국적을 표시하는 선수기船首旗를 말한다.

현재도 스코틀랜드는 사법·교회 제도에서 독자성을 갖고, 웨일스에서는 민족어인 카므리어가 영어와 나란히 공용어의 지위를 갖고 있다. 웨일스의 주권은 '프린스 오브 웨일스'라는 황태자의 칭호로 남아 있다.

6장 변화하면서 성장하는 세계

세계 최대의 보험 회사는
커피 하우스에서 탄생했다

17세기 영국에서는 커피를 마시는 습관이 확산되면서 서민들의 사교·정보 교환의 장으로서 '커피 하우스'가 우후죽순처럼 생겨났다. 일설에 의하면 17세기 후반에는 런던의 커피 하우스만 해도 3,000군데를 헤아렸다고 한다. 손님들은 그곳에서 신문을 읽거나 정보를 교환하고, 때로는 논의를 하는 장소로도 이용했다.

　이러한 시류를 타고 요샛말로 하면 '탈脫 샐러리맨'에 성공한 에드워드 로이드는 1680년대 말 커피 하우스를 개점했다. 로이드는 1692년 과감하게 항구에서 가까운 번화가 롬바드로 가게를 옮기고, '로이즈 커피 하우스Lloyd's Coffee House'라는 간판을 내걸었다. 가게는 다행히 입지 조건이 좋았기 때문에 선박이나 배의 화물 보험을 다루는 사람들의 아지트가 되었다. 당시까지는 전문 보험 회사가 아직 존재하지 않았고, 돈을 벌려는 금융업자나 무역 상인이 개인적으로 배와 선적 화물에 대한 보험을 담당하고 있었다.

그러나 그 일은 위험 부담이 커서 선주 입장에서 보면 보험을 받아줄 금융업자 같은 대상을 찾기가 어려웠다. 그런 가운데 로이드의 커피 하우스가 선주와 업자 간의 만남의 장소가 되었던 것이다.

기회를 포착하는 데 민감했던 로이드는 보험 거래 장소를 제공하는 일로 장사를 해보겠다는 생각에서 1696년 정확한 선박 정보를 알려주는《로이즈 뉴스》를 주 3회 발행했다. 이듬해에 이 신문은 폐간되었지만 로이드 커피 하우스의 명성은 단숨에 높아졌고, 선주와 보험을 받아주는 업자들의 업무 장소로서 번영을 누렸다.

이윽고 로이드의 보험 업무는 커피 하우스에서 떨어져 나와 보험 회사 형태로 자리를 잡았다. 이렇게 탄생한 로이즈 보험은 오늘날까지 세계 최대의 보험 회사로 남아 있다.

'담배를 피우면 사형', 이러면 금연을 할까

'혐연권嫌煙權'이라는 권리 주장이 퍼지는 등 담배에 대한 대접이 곱지 않은 시대이다. 여러 장소에서 다양한 형태로 담배를 즐기는 습관은 지금으로부터 약 300년 전에 전 세계로 확산되었다.

그 발단은 1492년의 콜럼버스 항해에 있었다. 중국의 일부분이 아닐까 여기면서 쿠바섬을 탐험한 콜럼버스 일행은 특수한 잎사귀를 말아 불을 붙여 피우는 원주민들의 기묘한 풍습과 우연히 맞닥뜨리게 되었다. 그런데 흉내를 내서 한번 피워보니 의외로 기분이 좋았다.

이렇게 해서 콜럼버스 일행은 담뱃잎과 그 흡연법을 유럽으로 갖고 돌아갔다. 비로소 문명인들에게 알려진 담배는 전 세계에 여러 경로를 거쳐 퍼져나갔다.

'타바코', 즉 담배라는 말은 원래 카리브해역에 사는 인디오의 흡연 도구를 가리키는 말인데, 스페인 사람들은 '담뱃잎'이나 '식물'을 타바코라고 오해했다. 이러한 오해가 현재까지도 이어져 담뱃잎을 타바코라고 부른다.

담배가 프랑스에 소개된 것은 1560년경으로 포르투갈 주재 대사인 잔 니코가 메디치가 출신 왕비인 카트린 드 메디시스에게 진통제로 헌상한 것이 계기가 되었다.

그 때문에 담배는 프랑스에서 니코를 기념하는 '니코틴'이라는 별명으로 보급되었다. 오늘날 담배의 성분 니코틴은 폐암을 일으키는 주범으로서 평판이 매우 고약해졌지만, 당시 프랑스에서는 담배 자체를 '니코틴'이라고 불렀다.

영국에서는 엘리자베스 1세 시대 때 여왕의 총애를 받던 워터 로리(1552~1618)가 아메리카의 버지니아 식민지에서 재배한 버지니아 담배를 갖고 들어오는 바람에 유행하기 시작했다.

그런데 1595년에 어떤 약학자가 담배가 몸에 해롭다는 논문을 발표함으로써 흡연에 경종을 울렸다. 엘리자베스 1세의 뒤를 이은 제임스 1세(재위 1603~1625)는 담배를 몹시 싫어했다.

1604년에 제임스 1세는 〈담배에 대한 도전〉이라는 문장을 써서 금연령을 내렸지만 담배를 즐기는 서민들의 흡연을 막을 수는 없었다. 그러나 제임스 1세는 포기하지 않고 담배에 높은 수입세를 부과해 어떻게든 흡연을 억제하려고 했다.

흡연자에 대해 심한 탄압을 가한 인물도 있다. 담배를 지극히 싫어했던 것으로 알려진 오스만 제국의 무라트 4세는 1635년에 "흡연자는 사형에 처한다"는 포고령을 내고 1년 동안 1만 명 이상의 흡

6장 변화하면서 성장하는 세계

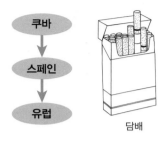

쿠바 → 스페인 → 유럽

담배

연자를 사형장으로 보냈다.

　반면에 프로이센의 프리드리히 대왕의 아버지 프리드리히 빌헬름 1세(재위 1714~1740)는 대단한 담배 애호가였다. 군사 대국 프로이센의 기반을 구축한 그는 밤 9시까지 신하와 함께 끊임없이 담배를 피워대면서 회의를 했다. 때로 회의는 심야까지 계속되었다.

　그런데 유명한 빌헬름 1세의 '담배 회의'는 정작 독일·프랑스·네덜란드의 신문을 번역해 낭독하는 게 고작이었다고 한다.

　유럽에 담배를 최초로 전해준 사람은 스페인 사람이지만 그것을 아프리카·아라비아·인도·동남아시아·중국·일본 등에 전한 것은 아프리카 남단을 돌다가 아시아에 이르는 항해로를 개척한 포르투갈인이었다.

싸고 좋은 캘리코를 만들겠다는 열의가
산업혁명으로

포르투갈인이 '칼리카트 천'이라고 부른 데서 '캘리코(유럽은 17세기 이후 인도에서 각종 면직물을 수입했는데 이것을 보통 캘리코라고 한다-옮긴이)'라 불리게 된 인도산 면포의 가격은 유럽산 모직물의 3분의 1밖에 되지 않은 값싼 천이었다. 게다가 평판이 좋아 1670～1680년대에는 영국 동인도회사가 인도에서 가지고 들어온 캘리코가 영국 내에 '캘리코 열풍', '인도 열풍'이라 불리는 붐을 일으켰다.

그런데 이 신제품은 영국의 전통 산업인 모직물업자의 생활을 위협하는 결과를 낳았다. 동인도회사 측과 캘리코 수입 반대파는 커피하우스 등에서 '캘리코 논쟁'을 전개했다. 양측의 입장을 대변하는 팸플릿이 100종류 이상 만들어질 정도로 논쟁은 치열했다.

수입 반대파는 1700년에 '캘리코 수입 금지법', 1720년에 '캘리코 사용 금지법' 등을 통과시켜 동인도회사에 대항했지만 '쪽빛 캘

인도산 면포 수출항

칼리카트 천 → **캘리코**

리코'만은 사용 금지 품목에서 제외하는 등 허술하기 짝이 없었다. 따라서 캘리코 수입은 여전히 계속 증가했다.

캘리코의 품질이 좋은 평가를 받고 대서양 무역에서도 주력 상품의 자리를 차지하게 되자 영국의 업자들은 어떻게든 국내에서 면제품을 제조하려고 했다. 그러나 인도의 임금은 영국의 3분의 1 혹은 4분의 1 정도에 불과한 데다 기술적으로도 뛰어났다.

영국의 직물업자는 우여곡절 끝에 원료인 면화를 서인도 제도에서 재배하게 하고 생산 공정에 대한 연구를 거듭함으로써 싼 가격으로 '캘리코' 복제 상품을 만들어 내는 데 성공했다.

그러한 면직물 제조 과정이 수많은 기술 혁명을 불러오고, 새로운 에너지원으로서 증기기관의 개량을 촉구해 '산업혁명'으로 이어졌다.

영국에서 증기자동차는
너무 느려서 팔리지 않았다

1804년 트레비식(1771~1833)이 소형 증기기관을 이용한 궤도식 증기기관차 개발에 성공했다. 그러자 기다렸다는 듯이 철도가 급격하게 발달해 눈 깜짝할 사이에 고속 네트워크가 전 세계로 뻗어나가기 시작했다. 역마차 속도가 시속 약 15킬로미터 정도였던 데 비해 철도는 1840년 무렵 시속 약 60킬로미터에 달했으니 그럴 만도 하다.

그 시기에 당연히 증기자동차도 개발되었다. 1801년 와트의 조수인 머독(1754~1839)과 트레비식에 의해 실용적인 증기자동차가 만들어졌고, 1820년대에는 장거리 버스 운행도 시작되었다.

그러나 자동차의 급성장으로 인해 일자리를 잃을까 봐 두려워한 마차 조합과 자동차에서 배출되는 그을음, 연기에 반대하는 주민들이 증기자동차 사용을 강하게 반대했다. 1865년 영국에서는 자동차

6장 변화하면서 성장하는 세계

초기의 기관차

앞에서 빨간 깃발을 든 사람이 달려가며 자동차가 오는 것을 알려야 하는 '적기법赤旗法'이 제정되어 증기자동차의 속도가 오히려 마차보다 느리게 되었다.

그 결과 증기자동차는 농업용, 작업용 트랙터로만 이용되었을 뿐 도시에서는 그 모습을 감추었다.

그런데 소년이 달려가면서 마차가 오는 것을 주위에 알리는 행위는 적기법 제정 이전부터 실시되었던 듯하다. 18세기 영국에서는 러닝 풋맨, 즉 주인의 마차 앞에서 달리며 마차가 지나간다고 알려주는 소년들의 달리기 경주가 열리기도 했다.

19세기 말 영국에서는 이 달리기 경주와 크로스컨트리가 만나 육상경기가 되었다. 증기자동차의 보급을 방해한 습관과 육상 경기의 기원은 이처럼 얄궂은 관계가 있다.

📖 역사 메모

영국의 적기법은 시내에서는 시속 3.2킬로미터, 교외에서는 6.4킬로미터로 속도를 극히 제한하고, 증기자동차 앞에서 붉은 깃발을 든 기수가 차를 안내하도록 규정했다. 게다가 증기자동차는 4륜 마차의 열 배나 되는 도로 통행세를 내야 했다.

앙리 4세와 빵집 주인의
죄드폼 시합

"1789년 6월 20일, 국왕에게 의장議場 사용을 금지시킨 국민의회 (제3신분 의원)는 베르사유 궁전의 '구희장球戲場'에 모여 헌법이 제정되기까지는 의회를 해산하지 않겠다고 맹세했다(구희장의 맹세). 그에 대해 국왕은 군대를 베르사유에 집중시켰다. 쿠데타의 위기가 촉박해지는 가운데 시민에 의한 바스티유 감옥 습격이 일어나 프랑스 혁명이 발발했다."

프랑스 혁명은 평민인 제3신분 의원과 시민에 의해 촉발되었다. 이 이야기에 나오는 '구희장'은 테니스의 전신인 '죄드폼Jeu de paume' 이라는 스포츠를 하기 위한 체육관을 말한다. 죄드폼은 자루가 짧은 라켓을 사용해 서로 공을 치고 받는 스포츠이다.

'낭트 칙령(1598)'을 선포하여 신교도에게 구교도와 같은 권리를 부여하고, 30년 이상 계속된 위그노 전쟁(1562~1598)을 종결시킨

죄드폼(테니스의 전신)

프랑스의 앙리 4세(재위 1589~1610)는 죄드폼 애호가로서도 역사에 이름을 남기고 있다.

앙리 4세가 한 빵집 주인과 죄드폼 시합을 해서 크게 패한 뒤 매우 분해하며 "빵값을 인하하는 법령을 내겠다"고 으름장을 놓고 다시 한 번 시합할 것을 강요했다는 이야기는 유명하다. 이후에도 프랑스의 역대 국왕은 죄드폼에 매우 열심이었고 많은 시설을 만들었다.

처음에 죄드폼 경기는 옥외에서 하는 스포츠였는데 비가 올 때마다 시합이 중단되자 14세기 초에는 실내 시설이 등장하게 되었다. 이후 경기장은 우아한 부인들이 모이는 사교장이 되기도 했다. 프랑스 혁명 때의 코트도 실내였다.

16세기 말 파리에는 250개의 죄드폼 경기장이 있었고, 파리의 인구가 30만 명이던 시대에 7,000명이 그곳에서 일했다. 죄드폼은 나중에 영국으로 전해져 현재의 테니스가 되었다.

프랑스 혁명도 새로운 역과 시계는
만들지 못했다

프랑스 혁명은 '이성'에 근거해 사회의 새로운 틀을 마련하려는 문화 혁명이었다. 혁명 정부는 넓이가 제각각이던 전통적인 지방을 같은 넓이의 현縣으로 바꾸고 방언을 폐지하고 표준어로 통일했다.

또 새로운 공간 측정의 기준이 필요하다고 생각해 길이를 미터, 무게를 그램(킬로그램), 체적을 리터로 하는 십진법 체계를 1795년에 제정했다. 이 새로운 단위는 1799년에 정식으로 실천에 옮겨져 분권적이었던 '나라'의 정치·경제·문화를 통일시키는 데 크게 공헌했다.

'공간'뿐 아니라 '시간'에 관해서도 마찬가지였다. 길버트 롬무를 중심으로 가톨릭의 영향이 강한 전통적인 '역(그레고리력)'을 대신해 프랑스 '공화력(혁명력)'이 1793년에 공포되었다. 국민공회가 공화제를 선언한 1792년 9월 22일을 원년으로 시작한 역이었다. 그러

다 보니 공교롭게도 1년의 시작은 추분이 되었다.

1년은 30일로 이루어진 12개월(월명은 자연의 변화), 열흘마다 '순旬'으로 나뉘어지고 휴일은 열흘에 한 번으로 정했다. 다시 말해 7일 단위의 일주일을 폐지한 것이다. 나머지 5일이나 6일(윤년)은 연말에 덧붙여졌다.

십진법을 토대로 시간을 계산하는 법도 전면적으로 개정되어 하루는 10시간, 한 시간은 100분, 1분은 100초가 되었다.

그러나 오랜 습관을 전면적으로 뒤집는 새로운 시간의 틀에 사람들은 도무지 적응할 수가 없었다. 프랑스 공화력과 새로운 시계법은 1806년 황제가 된 나폴레옹 보나파르트에 의해 사라지고 익히 써 왔던 그레고리력으로 환원되었다.

📖 **역사 메모**

오늘날 거의 모든 나라에서 사용하는 세계 공통의 그레고리력은 로마 교황 그레고리우스 13세가 제정한 태양력이다.

여성에게는 의외로 보수적이었던
프랑스 혁명

프랑스 혁명기에는 식량 위기가 생활을 위협했는데, 이러한 사회적 배경을 바탕으로 여성의 활약이 두드러졌다.

1789년 7월 14일의 바스티유 감옥 습격 후에도 빵값의 폭등이 가라앉지 않자 10월에 주부, 생선 가게 여자, 세탁녀, 여배우, 가수 등 여성이 중심이 된 약 4,000명의 시민이 베르사유 궁전으로 몰려가 루이 16세 일가를 파리로 연행했다.

이때까지만 해도 여성이 의회에 진출한다는 건 당치도 않는 일이라고 생각했다. 그런데 혁명이 고조될수록 중산층 가운데 정치 클럽을 결성해 남자들과 대등하게 발언하려는 여성들이 나타나기 시작했다.

예를 들어 올랭프 드 구주(1748~1793)라는 여성은 '여성의 권리 선언'을 발표하고 "여성이 사형대에 오를 권리가 있는 이상 연단에

여성의 권리 선언

"여성이 사형대에 오를 권리가 있는 이상
연단에 오를 권리도 가져야 한다."

오를 권리도 가져야 한다"고 주장했다. 그러나 그녀의 주장은 이른
바 급진파인 자코뱅당의 남자들을 격노시켰다.

혁명 정부를 조직한 국민공회는 여성의 정치 참여, 정치 결사를
부정하고 과격파 여성 올랭프 드 구주를 사형에 처해버렸다.

장 자크 루소가 남자와 여자는 사회와 가정으로 활동 범위를 나
누어야 한다고 주장했듯이 당시의 프랑스 사회는 어디까지나 남성
중심 사회였기 때문에 여성의 정치 참여는 인정되지 않았다.

여성에게 선거권이 주어진 것은 여성이 군수 공장에서 일함으로
써 나라를 지탱하던 제1차 세계대전 이후의 일이다. 그런 의미에서
20세기를 '여성의 세기'라고 부르는 것은 근거가 있는 얘기다.

벨기에 독립에
도화선이 된 오페라

음악은 때로 시대를 바꾸는 힘을 갖는다. 실제로 하나의 오페라를 계기로 국가가 탄생하는 사건이 1830년에 일어나기도 했다.

1815년 빈 조약으로 네덜란드에 합병된 벨기에는 게르만계이면서 프로테스탄트가 많은 네덜란드에 비해 라틴계 가톨릭이 많았기 때문에 네덜란드인의 지배에 매우 불만이 컸다.

1830년 파리에서 민중이 봉기해 부르봉 왕조를 무너뜨리는 '7월 혁명'이 일어났다. 때마침 벨기에 도시 브뤼셀의 라 모네 극장에서는 스페인의 압제를 딛고 일어선 나폴리 민중을 소재로 한 오베르의 가극 〈포르티치의 벙어리 여인〉이 공연되고 있었다.

8월 25일 공연 때 제4막에서 주연이 나와 "성스러운 애국자여, 복수를! 자유여, 나의 보물, 지켜 싸우라"라고 노래하자 흥분한 관중은 그에 화답이라도 하듯 무리를 지어 가두로 몰려나가게 되었고,

어수선한 분위기 속에서 독립의 기운이 급속하게 고조되었다.

다음 날 아침 브뤼셀의 하층민이 봉기해 네덜란드군과 치열하고 힘든 전쟁을 시작했다. 특히 9월 23일부터 나흘 동안은 격렬한 시가전이 펼쳐졌다. 시민 측이 기적적으로 승리를 거두자 낌새를 살피고 있던 상층민도 독립 움직임에 합류해 10월에는 네덜란드로부터의 독립을 선언하기에 이르렀다.

프랑스가 벨기에의 독립을 지지하자, 유럽에서 확산되고 있는 혁명의 움직임을 수습하기 위해 각국은 런던 회의를 통해 벨기에의 독립을 승인했다. 이렇게 오페라가 하나의 새로운 나라를 탄생시켰다.

📖 역사 메모

런던 회의는 1830년 8월~1831년 11월에 벨기에의 독립을 둘러싸고 영국·프랑스·러시아·오스트리아·프로이센 사이에 벌어진 회의를 말한다.

세계사를 크게 바꾼
아일랜드의 감자 대흉작

얼마 전 광우병이 사람들의 주목을 받았지만 19세기에도 이에 못지 않을 정도로 심각한 타격을 사회에 안겨준 작물의 병해가 있었다.

19세기 중엽, 아일랜드가 신대륙에서 건너온 감자를 널리 재배함으로써 사람들의 생활은 감자에 의해 유지되었다. 왜 감자로 생활이 유지되었는가.

그 이유는 17세기 중엽 크롬웰(1599~1658)에 의한 '아일랜드 정복' 이후 아일랜드의 농민 대부분이 잉글랜드 지주의 지배를 받게 되면서 연평균 약 100만 톤의 밀이 해외로 빠져나갔기 때문이다. 그래서 아일랜드인은 자신들이 생산한 밀을 먹지 못하고 밭 옆에 심은 감자에 의존하지 않을 수 없었다. 아일랜드인의 절반이 식량의 4분의 3을 감자에 의존했던 것이다.

1845년 감자가 말라 죽는 질병이 미국에서 유럽으로 전염되었

미국　　　　　　　　　　　　영국

아일랜드

감자 대흉작

다. 작물이 질병에 걸리자 1~2주 만에 광활한 감자밭이 전멸했다. 이후 수년간 약 100만 명의 아일랜드인이 기아와 발진티푸스 등으로 사망했고, 150만 명이나 되는 사람들은 난민이 되어 고향을 버리고 영국이나 미국 등으로 이주했다.

난민이 된 아일랜드인은 값싼 노동력으로 영국의 산업혁명을 지탱하거나, 혹은 미국으로 유입되었다. 케네디 전 대통령 일가의 조상도 이 시기에 미국으로 이주한 사람들 가운데 하나였다.

이러한 '감자 농민'의 대거 이주가 되풀이되어 제1차 세계대전까지 무려 550만 명이나 되는 사람들이 아일랜드를 떠났다.

이탈리아의 관중이 외친
'베르디 만세'의 진실은

베르디(Verdi)

↓

이탈리아 국왕
비토리오 에마누엘레
(Vittorio Emanuele Re D'Italia)

개성 있는 도시가 경합하고 있던 이탈리아에서는 자립성이 강한 도시나 지방이 오히려 걸림돌이 되어 국가의 통일이 결정적으로 늦어졌다. 그런 가운데 19세기 중엽에 이탈리아 통일의 축이 된 것은 사르데냐 왕국의 비토리오 에마누엘레 1세였다.

그 당시 이탈리아를 대표하는 작곡가는 베르디였다. 1842년 베르디의 오페라 〈나부코〉가 밀라노 스칼라 극장에서 초연되었다. 그 가극은 《구약성서》의 바빌론 유수를 소재로 조국을 빼앗긴 유대인의 슬픔을 묘사한 것이었다.

오스트리아의 롬바르디아 지방 지배에 대해 깊은 불만을 품고 있던 밀라노의 관객들은 고향을 그리워하는 유대인이 "가거라 꿈이여,

황금 날개를 타고"라고 합창하는 장면에서 강한 충격을 받았다. 베르디의 가극은 호평을 받았고, 이탈리아인의 심정을 대변하는 작곡가로 이름을 떨치기 시작했다.

나중에 영국으로 유학을 간 진보주의자 카보우르는 사르데냐 왕국의 수상이 된 후 프랑스 나폴레옹 3세의 야심을 교묘하게 이용해 통일 운동을 급격히 진행시킨다.

그런 가운데 사르데냐 국왕에 의한 이탈리아 통일을 바라는 사람들은 베르디의 오페라가 공연될 때마다 큰 소리로 '베르디 만세'를 외쳤다. 작곡가 베르디Verdi의 철자가 이탈리아 국왕 비토리오 에마누엘레Vittorio Emanuele Re D'Italia의 머릿글자와 같았기 때문이다.

비토리오 에마누엘레의 이름이 아니라 베르디의 이름을 외치는 것이므로 그것을 단속할 수도 없었다. 이렇게 사람들의 마음을 하나로 만든 사르데냐는 1861년 드디어 이탈리아 통일을 이루어 냈다.

미국 국가의 멜로디는
영국의 연가

미국의 국기는 '미국 독립 선언'이 나온 1776년 워싱턴가家의 문장을 토대로 디자인한 파란 바탕에 독립 당시의 13식민지(주)를 나타내는 열세 개의 하얀 별을 원형으로 배치한 것이었다. 그러나 서부 개척으로 주의 수가 급격하게 늘어나면서 국기의 디자인이 변해갔다.

1818년에는 주가 스무 개를 헤아리게 되었고 계속 증가하는 주의 수를 표현할 수 있는 국기의 디자인이 필요했다. 그래서 사무엘 C. 레이드의 제안으로 독립 당시의 13주를 적과 백의 가로줄 띠로 표시하고 왼쪽 윗공간의 하얀색 별로 현재 주의 수를 나타내는 미국 국기의 원형이 만들어졌다.

미국이 경제적으로 본국인 영국으로부터 독립하게 된 계기는 영미 전쟁(1812~1814)이었다. 나폴레옹 전쟁 중에 영국의 식민지 캐나다를 탈취하기 위한 목표로 시작된 이 전쟁은 영국군의 공격으로

6장 변화하면서 성장하는 세계

1814년의 성조기

워싱턴의 대통령 관저가 불에 탈 만큼 치열했다.

참고로, 타버린 대통령 관저에 응급 조치로 하얀 페인트를 칠했는데 그 이후 대통령 관저를 '화이트 하우스'라 부르게 되었다.

대국 영국과의 험난한 전투를 치르면서 미국인으로서의 의식이 고양되었다. 1814년 영국군에 의해 볼티모어의 맥헨리 요새가 맹공격을 받았을 때 젊은 변호사 프란시스 스콧 키는 밤새 포격을 받은 요새에 성조기가 다시 펄럭이는 것을 보고 감격해 〈성조기〉라는 시를 지었다.

그의 시가 신문에 발표되어 호평을 받으면서 육·해군의 군가가 되었다가, 1931년에는 국가가 되었다. 장엄한 느낌의 곡이지만 그 멜로디는 원래 술과 사랑을 찬미한 〈천국의 아나크레온〉이라는 영국의 연가였다.

알래스카를 통째로
미국에 팔아 넘긴 러시아

덴마크 출신 러시아 해군 베링은 러시아 표트르 대제(재위 1682~1725)의 명령을 받고 시베리아와 아메리카 대륙을 잇는 해역을 조사하기 위해 나섰다. 그는 양 대륙을 잇는 해협(나중에 베링 해협이라 명명)을 탐험한 후 캄차카 반도로 귀항하려고 했지만 항구를 눈앞에 두고 심한 폭풍우를 만나 코만도르스키예섬에서 겨울을 지내게 되었다. 베링은 혹독한 추위를 피하기 위해 구덩이를 파고 생활했지만 유감스럽게도 겨울을 넘기지 못하고 세상을 떠났다.

그러나 이 탐험을 통해 '부드러운 황금'이라고까지 불리던 최고급 모피를 가진 해달이 베링해에 수백만 마리씩 무리를 지어 서식하고 있음이 밝혀졌다. 시베리아 숲에 숨어 사는 검은 담비보다도 고급스러운 모피를 대량으로 얻을 수 있게 된 것이다. 욕심에 사로잡힌 모피업자들은 맹렬한 기세로 해달을 쫓았다.

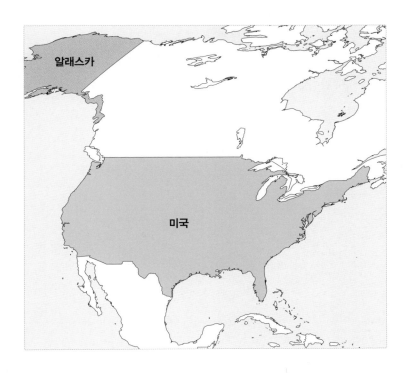

그러나 19세기 중반 무렵 약 30만 마리에 달했던 해달은 거의 모
두 포획되어 절멸 직전에 이르렀고, 알래스카는 갈수록 경제적 가치
를 잃어갔다. 러시아는 해달이 없어지자 불필요하게 된 알래스카를
미국에 매각하려고 했다.

1859년부터 시작된 알래스카 매각 교섭은 미국의 남북 전쟁 때
문에 일시적으로 중단되었다가 1867년에 재개되어 720만 달러
(1,450만 루블)라는 헐값에 미국으로 넘어갔다.

그러나 미국 국민들은 알래스카를 북극곰밖에 살지 않는 '북극권
의 동물원'으로만 보고 있었기 때문에 알래스카를 사들인 국무장관

윌리엄 수어드를 맹렬히 비난했다.

그러다가 19세기 말에 대량의 금이 알래스카에서 산출되면서 골드 러시가 일어났고, 러시아는 알래스카 매각을 크게 후회했다.

왜 미국 남부는
남북 전쟁을 일으켰을까

100만 명 가까운 사상자를 낸 미국의 내전 '남북 전쟁(1861~1865)'은 일반적으로 노예 제도를 없애고 400만 명의 흑인 노예를 해방시킨 인도적 전쟁이라고 설명하는 경우가 많다.

그러나 링컨은 노예제 폐지론자가 아니라 노예주 확대 저지론자였다. 1863년에 발표한 '노예 해방 선언'도 영국의 남부 지원을 견제하고 남부 노예의 궐기를 촉구하기 위해서였다는 것은 잘 알려져 있다. 그런데도 왜 남부는 전쟁을 일으킨 걸까?

남부 아틀랜타 출신인 여류 소설가 마거릿 미첼의 《바람과 함께 사라지다》에서, 주인공들은 전쟁 후에도 자신들의 주장에 대한 정당성을 확신하고 반흑인비밀결사 'KKK'에 가담한다. 남부 사람들은 왜 자기들의 입장에 그토록 확신을 가질 수 있었던 것일까?

당시 미국 남부는 영국의 면직 공업을 지탱해주는 '면화 왕국'이

남부의 상징 서던 크로스

었고, 생산된 면화의 80퍼센트가 영국으로 수출되고 있었다. 남부 여러 주는 북부보다도 영국과의 결속이 강해 자신들의 풍요에 우월감을 느끼고 있었다.

실제로 당시 남부에서 쉰 명 이상의 노예를 가진 가정은 전체의 0.1퍼센트였으며 한 명의 노예라도 가진 가정은 절반에 불과했지만 부의 원천인 '면화'와 흑인 노예는 불가분의 관계였다. 남북 전쟁은 이런 분위기에서 기인한 것이다.

그런데 남부는 산출된 면화의 98퍼센트가 강이나 연해 항로를 통해 해외로 운반되었기 때문에 철도 건설이 북부에 비해 크게 뒤떨어져 있었고, 전쟁을 계속하기 위한 공업 제품을 만드는 공장도 적었기 때문에 결국 전쟁에 패배했다.

유럽에서 수입하는 공업 제품에 의존하고 있던 남부인의 긍지는 결국 허상이었던 것이다.

📖 **역사 메모**

남북 전쟁의 근본 원인은 신흥 상공업에 기반을 둔 북부의 산업 자본과 노예제에 기반을 둔 남부의 농업 자본 간의 대립이었다.

'철마'가 미국에 가져다준
빅 비즈니스

19세기 미국의 문명을 나타내는 상징은 황야를 질주하는 증기기관
차였다. 미국 사람들은 그것을 '아이언 호스Iron Horse', 즉 '철마鐵馬'
라고 불렀다.

철도 건설은 1830년대에 동부에서 시작되었지만 본격화된 것은
남북 전쟁 후였다. 전쟁 중이던 1862년에 링컨은 서부를 끌어들이
기 위해 '홈스테드법(1862년에 발표한 미국의 자영 농지법 – 옮긴이)'을
제정했다. 이 법은 5년 동안 서부 개척에 종사하면 무상으로 160에
이커(약 65만 제곱미터)의 토지를 주겠다는 것이었다. 서부에 가면
꿈같이 광활한 땅을 공짜로 얻을 수 있다……. 꿈에 부푼 엄청난 이
민자들이 '아메리칸 드림'을 안고 서부로, 서부로 밀려들었다.

서부 개척의 동맥이 된 것이 철도 건설이었다. 정부는 철도 회사
에 부설한 철도 양쪽의 일정한 토지를 주고 1마일(약 1.6킬로미터)

철도를 깔면 4만 8,000달러의 보조금을 주겠다는 정책을 채택했다.

그 결과 1863년 동쪽 네브래스카주 오마하 그리고 서쪽 캘리포니아의 두 방향에서 건설하기 시작한 미국의 대륙 횡단 철도가 1869년에 연결되었다. 그 후 1880년까지 네 개의 대륙 횡단 철도가 완성되었고, 10년 동안 철도의 총 연장은 15만 킬로미터에서 26만여 킬로미터에 달했다.

서부에는 엄청난 이민자가 만든 거대 시장이 생겼고, 이로 인해 미국 공업은 급성장을 이룩해 세계 1위가 되었다. 그리고 모건 재벌 등 거대 철도 회사를 모델로 하는, 그때까지 유럽에서는 볼 수 없던 '빅 비즈니스'가 등장했다. 이처럼 미국의 거대 기업 모델은 '서부'에서 탄생한 것이다.

위스키의 브랜드명 '커티삭'에도
역사가 있다

1842년 아편 전쟁에서 승리한 영국은 대량의 아편을 공공연히 중국에 보급하고 대신 어마어마한 양의 홍차를 수입했다. 중국의 홍차 운반에 쓰이던 목조 선박을 '티 클리퍼'라고 했다. 매년 햇홍차가 나오는 시기가 되면 영국으로 맨 처음 들여간 홍차는 매우 비싼 값에 팔렸다. 그 때문에 상인은 시즌의 첫 홍차를 수송한 범선에 많은 상금을 지불하게 되었고, 티 클리퍼 사이에서 치열한 경쟁이 벌어졌다.

1866년 푸젠을 출항한 열일곱 척의 티 클리퍼 선박이 경쟁을 해서 그중 세 척이 99일 동안 평균 7노트(1노트는 한 시간당 1.85킬로미터)로 바다를 달렸다. 범선이 낼 수 있는 최고 속도가 14~15노트이므로 경이적이라고 할 수 있는 속도였다.

그중에서 위스키의 브랜드명이 될 정도로 저명한 티 클리퍼가 '커티삭호'이다. 이 선박은 '바다의 귀부인'이라고도 불리며 전체 길

커티삭

티 클리퍼

이 약 85미터, 폭 약 9미터로 황홀하리만큼 참신한 배였다. 배 이름의 유래는 스코틀랜드 민요에 등장하는 마녀 나니의 '짧은 속옷(스코틀랜드 게일어로 Cutty Sark)'에서 왔다.

1872년 커티삭호는 그때까지 가장 빠르다고 알려진 '텔모피레호'와의 경쟁에서 한때 740킬로미터를 앞섰지만 폭풍우로 키가 망가지는 바람에 일주일이 늦어져 원통한 패배를 맛보았다.

그러다가 증기선이 보급됨에 따라 티 클리퍼는 없어지고 '커티삭호'도 오스트리아에서 양모를 운반하는 울 클리퍼가 되었다. 이 배는 이후 포르투갈에 팔렸다가 1922년 영국에서 도로 사들여 현재는 템스 강변의 그리니치에 계류되어 있다.

아편으로 살아난 영국과
눈물 흘린 청

1839년 청淸의 특명전권대신特命全權大臣, 欽差大臣이 된 임칙서林則徐
는 아편 밀수에 의해 대량의 은이 청나라에서 유출되는 것을 막기
위해 영국 상관商館을 포위하고 1,425톤의 아편을 몰수했다. 몰수한
아편은 후먼虎門 지구의 모래밭에 구덩이를 파고 생석회에 물을 섞
어 파묻었다. 생석회는 물을 가하면 온도가 매우 높아지면서 굳기
때문에 그 성질을 이용한 것이다.

때마침 '굶주린 40년대'로 일컬어지는 경제 위기에 봉착해 있던
영국은 청에서의 아편 시장이 붕괴되자 아편 산지인 인도의 벵골
지방에서 세금을 걷을 수 없게 되었고 영국의 면제품, 인도의 아편,
청의 홍차를 잇는 아시아 무역 시스템(삼각 무역)이 붕괴되는 것을
우려했다.

그래서 영국의 공업을 위해 거대한 중국 시장 개방을 목표로 '아

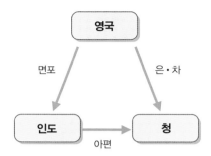

편 전쟁(1840~1842)'을 시작했다. 청에 파견된 영국군은 연인원 2만 명이었는데 그중 80퍼센트 이상이 인도인 세포이(용병)였다.

영국은 이 전쟁에서 승리해 전쟁 비용, 몰수당한 아편 대금 등 2,100만 달러를 획득했다. 이때 체결된 난징 조약은 아편 무역에 대해서는 전혀 언급하지 않았다. 요컨대 아편 무역을 묵인한 것이다.

아편 수출은 전쟁 이후 엄청난 기세로 계속 증가해 1880년에 절정에 달했다. 이로 인해 대량의 은이 청에서 유출되었고, 재정 악화와 은값 상승 및 동전의 가치 절하로 농민의 궁핍(농민은 일상적으로 사용하는 동전을 은으로 바꾸어 납세했다)이 극에 달했다. 그 때문에 1851년 '태평천국의 난'이라는 농민 반란이 발발한다.

엔필드 총 도입이
대영제국 번영의 계기?

영국 왕의 왕관을 장식하는 가장 큰 다이아몬드는 인도산이다. 영국
은 1857년에 일어난 '세포이 반란'을 진압한 후 약 90년 동안 광활
한 인도를 지배했다. 식민지 인도는 대영제국의 번영을 지탱하는 중
요한 기둥이 되었다. 그런데 세포이 반란이 발발한 데에는 종교 문
제가 크게 개입되어 있었다.

영국 동인도회사는 '세포이'라 불리는 인도인 용병을 거느리면서,
무굴 제국(1526~1858)의 분열과 혼란을 이용해 100년 동안 인도
를 지배했다.

19세기 중엽이 되자 영국 동인도회사는 아시아의 식민지 체제를
확고히 하기 위해 미얀마, 아프가니스탄 등지에 세포이를 파병하기
로 했다. 그러자 '부정한 세계'로 여겨온 '외국'으로 가라는 명령을
받은 세포이들 사이에서 불만이 확산되었다. 거기에 불을 붙인 것이

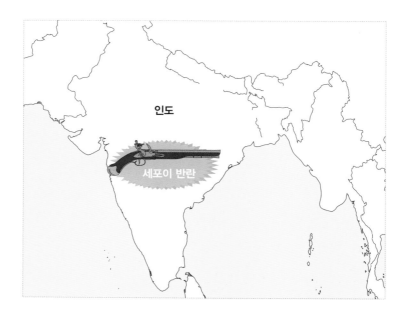

회사가 새롭게 채택한 '엔필드 총'이었다.

이 신형 총은 습기를 방지하기 위해 기름 바른 약포를 사용해야
했다. 세포이들은 이 기름에 힌두교도가 신성시하는 소의 기름과 이
슬람교도가 기피하는 돼지기름이 들어 있을지 모른다고 의심해 이
총의 사용에 강하게 반발했다.

그것이 세포이 반란이라는 인도 독립 운동이 일어나는 계기가 되
었다. 반란은 크게 확산되었지만 당시 인도 총독이던 캐닝의 강경한
반격 작전이 주효해 1859년에 진압되었다.

그때부터 빅토리아 여왕이 인도 황제를 겸했고, 인도는 약 90년
동안 영국의 완전한 식민지가 되었다.

프랑스 혁명과
내셔널리즘의 확산

프로이센과의 전쟁(1870~1871)에서 완패한 프랑스는 굴욕감과 위기의식을 배경으로 내셔널리즘이 고조되었다. 이때 오래전에 일어난 프랑스 혁명이 국민 통합의 상징이 되었다. 열광적인 내셔널리즘이 지구를 뒤덮은 시대였다.

1889년 파리 만국박람회와 동시에 '프랑스 대혁명 100주년 축제'가 개최되었다. 개회식은 혁명의 발단이 된 전국 삼부회가 열린 5월 5일로 정해졌다.

바스티유 감옥을 습격했던 7월 14일은 1880년에 이미 건국 기념일이 되어 국가적인 행사로서 성대하게 축제를 열었다.

또한 8월에는 파리시의 호소에 부응해 전국 약 3만 6,000개의 시정촌市町村 중 약 1만 1,000명의 시정촌장이 함께 만나 프랑스의 국기인 '삼색기'로 장식한 탁자를 에워싸고 국가 〈라 마르세예즈〉를 합창했다고 한다.

이 삼색기는 프랑스 혁명 때 등장했다. 원래는 프랑스 혁명 당시 라파예트(1757~1834)가 신설 시민군의 모자 장식에 채택한 것으로서 파리시의 색인 '적색'과 '청색' 사이에 부르봉 왕조의 '백색'을 끼워 넣은 것인데 나중에 프랑스 혁명의 정신인 자유·평등·박애를 상징하게 되었다.

그리고 〈라 마르세예즈〉(원래는 〈라인 군인의 노래〉)는 공병장교 루제 드 릴이 작곡한 "일어서라 조국의 젊은이들이여, 영광의 날은 왔도다! …… 무기를 들어라, 진군이다. 놈들의 더러운 피를 밭에 뿌리자"로 시작되는 프랑스 국가이다.

프랑스 혁명 후인 1792년 오스트리아와 프로이센 연합군이 쳐들오자 정부의 비상 사태 선언에 호응해 전국에서 파리로 들어온 의용군 중 마르세유 군단이 불렀던 노래이기도 하다. 이 노래는 1875년에 국가가 되었다.

📖 **역사 메모**

〈라 마르세예즈〉는 루제 드 릴이 1792년 4월 프랑스가 오스트리아를 상대로 선전포고를 했다는 소식을 듣고, 스트라스부르의 숙소에서 하룻밤 사이에 가사와 멜로디를 썼다고 한다.

6장 변화하면서 성장하는 세계

이슬람 원리주의의 나라,
사우디아라비아

전 세계에 이슬람 국가가 여럿 있지만, 국기에 이슬람교도들이 의무적으로 암송해야 하는 "알라 외에 신은 없다. 마호메트는 그 사도이다"라는 문구 그리고 무력을 표시하는 '검'을 배치한 나라는 사우디아라비아뿐이다. 나라 이름은 '사우드가家의 아라비아'라는 의미이다. 여기에서 사우디아라비아라는 나라의 특징을 알 수 있다.

사우디아라비아의 건국은 아라비아 반도 출신 이븐 아브드 알 와하브(1703~1792)에 의해 시작된 이슬람의 복고적 개혁 운동과 깊은 관련이 있다. 이 개혁 운동을 통해 와하브는 예배 참가를 의무화하고, 흡연을 할 경우 최고 마흔 대의 채찍형에 처한다는 등의 급진적인 주장을 했다.

와하브는 10세에 《코란》을 암송했을 정도로 재능이 출중한 인물이었는데, 현실을 부정하는 그의 과격한 주장은 많은 동조자와 함께

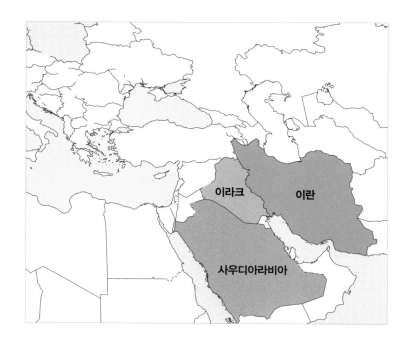

많은 적 또한 만들었다.

고향을 버리고 떠난 그는 중앙 아라비아 동부 네지드 지방의 호
족 무함마드 이븐 사우드의 보호를 받았다. 와하브의 교리와 사우드
가의 무력이 합쳐진 것이다.

1902년 쿠웨이트에서 10년 동안 망명 생활을 하던 사우드가의
압둘 아지즈(1880~1953, 구미에서는 이븐 사우드로 불린다)는 우여곡
절 끝에 리야드의 성을 탈환하고, 그 후 아라비아 반도 대부분을 지
배하다 1932년에 이르러 사우디아라비아 건국을 선언했다.

아지즈는 1953년에 73세를 일기로 세상을 떠났는데 몸에 마흔
세 군데나 칼에 베인 상처가 있었다고 한다.

      6장 변화하면서 성장하는 세계

아라비아 반도의 경제적 가치를 과소평가한 구미 제국은 사우디 아라비아의 독립을 인정했는데, 나중에 엄청난 유전이 발견되어 사우디아라비아는 세계 최대의 산유국이 되었다.

지금도 계속되는
쿠르드인의 투쟁

터키, 이라크, 이란 국경에 걸쳐 있는 '쿠르디스탄'이라 불리는 지역
에는 오늘날 약 2,500만 명의 쿠르드인이 살고 있다.

그들은 예부터 매우 용맹한 민족으로 알려져 있었다. '쿠르드' 역
시 '강한 사람'이라는 뜻이다. 문화적 동일성과 강한 일체감을 공유
함에도 불구하고 그들에게는 '국가'가 없다. 쿠르드인은 자신들의
국가 건설을 강력히 요구하고 있지만 터키공화국은 쿠르드인을 '산
악 터키인'으로 간주하고, 이란과 이라크 등은 쿠르드인의 국가 건
설을 단호하게 반대하고 있다.

'쿠르드인 문제'는 현재의 '국민 국가' 체제의 모순을 보여주는 가
장 대표적인 예이기도 하다.

'쿠르디스탄'은 16세기에 오스만 제국에 정복당해 이란과 오스만
제국의 격전지가 되었다가 결국은 1639년에 두 나라에 의해 분할

터키

쿠르디스탄

이라크

이란

되었다. 제1차 세계대전 후 터키령 쿠르디스탄은 유럽 열강에 의해
일시적으로나마 자치 정부 수립을 약속받았다. 하지만 1923년의 로
잔 조약에서는 터키의 민족주의적 요구에 밀려 쿠르디스탄의 독립
약속은 지켜지지 않았다.

제2차 세계대전 때는 이란 지역에서의 세력권 확보를 위해 소련
이 쿠르드인의 독립 운동을 돕기도 했다. 이로써 1946년 쿠르디스
탄공화국이 세워졌지만 같은 해에 소련군이 철수하자 힘없이 붕괴
되었다.

이란·이라크 전쟁에서는 두 나라가 쿠르드인을 움직여 제각기
전황을 유리하게 만들려고 시도했다. 1988년에는 이라크가 이란과
손잡은 쿠르드인을 화학 무기로 대량 살상하는 사건이 일어나기도
했다.

이란·이라크 전쟁 과정에서 쿠르드인 난민은 백수십만 명에 이르렀으며, 국가 건설을 지향하는 쿠르드인의 고난에 찬 전쟁은 여전히 계속되고 있다.

6장 변화하면서 성장하는 세계

미국에서 금주법과 마피아가 탄생한 이유

'격동의 20년대'라 불리는 1920년대의 미국은 금주법(1919~1933)의 시대였다. 제1차 세계대전 후, 공전의 호경기를 맞아 들끓었던 미국에서 약 14년간 음주가 금지되었다고 하니 참으로 재미있다. 당시의 호경기와 반대로 정치는 극단적으로 보수화하는 경향이 있었던 것이다.

'전국금주당'이라는 정치 결사와 청교도들이 주요 멤버로 참가한 '술집반대기성동맹'이 중심이 되어 술꾼들에게는 그야말로 지옥의 법률이나 마찬가지였다. 금주법은 1919년에 무리 없이 의회를 통과했다.

그러나 금주법을 시행했어도 전 미국에서 감시관은 고작 1,520명에 지나지 않아 전격적으로 음주를 단속하는 상태는 아니었다. 게다가 법률 발효 이전에 사서 모아둔 술은 단속 대상이 되지 않는다는

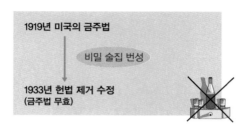

1919년 미국의 금주법

↓ 비밀 술집 번성

1933년 헌법 제거 수정
(금주법 무효)

등 허술하기 짝이 없는 법률이었다. 그래서 '밤의 시장'이라고도 불린 알 카포네 등의 마피아가 밀주를 제조하고 '비밀 술집speakeasy' 등을 경영하며 암약하는 결과를 낳았다. 법률 시행 전 뉴욕의 술집은 1만 5,000군데에 불과했지만 시행 중에는 3만 5,000군데나 되는 비밀 술집이 있었다니 놀라울 뿐이다.

마피아 두목으로 이름을 날린 시카고의 알 카포네 같은 사람은 700명의 부하를 거느리고 161군데의 비밀 술집을 경영했으며, '사자의 오줌'이라는 이름의 형편없는 밀주를 제조하고 캐나다로부터 고급 위스키를 밀수하는 등 1927년에만 1억 5,000만 달러의 소득을 올렸다고 한다.

마피아는 의원, 재판관, 경찰을 매수해 권리 독점을 꾀하고, 조직끼리 기관총과 권총을 휘두르는 등 요란한 폭력전을 펼치기도 했다. 1929년에만 500명의 조직 폭력배가 목숨을 잃었다.

금주법은 1929년에 갑자기 일어난 세계공황 후, 완전히 의기소침해진 미국인의 의욕을 북돋아주기 위해 1933년에 프랭클린 루스벨트 대통령에 의해 폐기되었다.

어쨌든 금주법 시기에 가장 화려한 활동을 전개한 것은 '마피아'

였다. 마피아는 이탈리아 이민자들이 만든 범죄 조직으로 위스키 밀조와 밀매로 이름을 떨쳤다. 마피아는 미국 영화에도 자주 등장하는데, 원래 의미는 시칠리아섬을 중심으로 남이탈리아 농촌에서 성립된 반半정부 조직을 말한다.

광활한 농지를 지배하는 부재不在 지주가 많은 남이탈리아에서는 '가베로트'라는 마름에게 농지 관리를 맡기는 것이 일반적이었다. 그들은 나라를 대신해 개인적인 권위로 농촌 사회의 질서를 유지하려 했다. 이러한 개인적인 권위에 의해 남이탈리아 농촌에 구축된 지배 시스템이 원래의 마피아였다. 19세기 말 이후 수많은 남이탈리아 사람들이 바다 건너 미국으로 이민을 떠났다. 하지만 막상 미국에서 이탈리아인을 기다리고 있는 것은 어두운 현실뿐이었다.

광활한 농지를 얻어보겠다는 그들의 꿈은 산산이 부서졌다. 도시의 비참한 슬럼가에 살며 싸구려 술집에서 우울함을 달래는 수밖에 없었다.

이런 상황에서 이탈리아인은 자신들을 방어하기 위해 마피아적인 인간 관계를 형성할 필요가 있었다. 그 조직이 마침내 폭력적인 범죄 조직으로 변신해 이른바 마피아가 된 것이다.

역사는 역시
인간이
만드는 것이다

'주지육림'으로
은나라를 멸망시킨 주왕

예부터 '성자필쇠盛者必衰(흥한 자는 반드시 쇠한다)'라는 말이 있다. 중국에서는 하늘에 있는 천제天帝가 덕망 있는 인물을 골라 왕(황제)으로 삼았다가 왕이 포악한 소행을 저지르면 천명天命이 옮겨 가 왕일족이 변한다(혁명)는 사고방식이 있었다. 신이 역사를 움직이는 것이다.

은殷의 전 왕조인 하夏의 마지막 왕 걸왕桀王도 그렇고, 은의 마지막 왕 주왕紂王도 여자에 미쳐 방탕하고 잔혹한 행위로 나날을 보내다가 왕조를 멸망시켰다고 사서史書에 기록되어 있다.

'주지육림酒池肉林'이라는 사자성어는 《사기史記》의 "술로써 연못을 이루고 고기를 매달아 숲이 된다"라는 표현에서 온 것인데, 기원전 11세기경 은의 주왕이 벌였던 해괴한 폭거를 표현한 말이다. 주왕은 두뇌가 명석하고 언변이 뛰어난 데다가 맹수를 맨손으로 쓰러

하	
은	(기원전 17세기 ~ 기원전 11세기)
주	(기원전 11세기~ 기원전 256)
춘추전국 시대	
	(기원전 770 ~ 기원전 221)
진	(기원전 221 ~ 기원전 206)

뜨렸다는 이야기가 전해질 정도로 완력 또한 대단했다.

그런데 주왕이 제후 유소有蘇를 토벌했을 때 그에게서 전리품으로 받은 미녀는 다름 아닌 유소의 딸 달기妲己였다. 주왕은 달기에게 흠뻑 빠져 사치와 난행의 끝으로 치닫게 되었고, 결국은 주周의 무왕武王에게 멸망당하고 만다.

여기서 '주지육림' 이야기가 등장한다. 주왕은 사구沙丘라는 별궁에 연못을 파서 술을 채워놓고 나무마다 고기를 매달아 숲처럼 만든 다음, 그 사이에서 벌거벗은 남녀로 하여금 술래잡기를 시키며 달기와 함께 즐겼다고 한다.

쾌락이란 갈수록 그 도를 더해가는 법. 주왕은 기름을 바른 구리 기둥을 활활 타는 불 위에 걸쳐놓고 반정부 인사들로 하여금 그 위로 걷게 했다. 주왕은 기름 바른 기둥 위를 걷다 미끄러져 불 속에서 타 죽어가는 사람들의 고통스러운 모습을 보며 즐거워하고, 진언하는 중신을 죽여 소금에 절이거나 살을 발라 말리는 등의 극악무도한 짓을 자행했다고 한다.

그 결과 천제는 주왕과 은을 버리고, 새로 뽑은 무왕에게 새로운 왕조를 맡겼다.

아테네를 변혁하려다가
사형당한 소크라테스

페르시아 전쟁(기원전 500~기원전 449)에서 승리한 아테네는 '델로스 동맹'을 통해 이 지역의 맹주가 되었다.

그 시대에는 데모스(민중)·크라토스(권력), 다시 말해 특별한 엘리트를 두지 않고 18세 이상의 자유민 남자로 구성된 '민회'에서 폴리스의 의지를 결정하는 정치 시스템을 가지고 있었다. 이러한 시스템에서는 언변 뛰어난 인물이 주도권을 갖게 마련이어서 변론술을 가르치는 '소피스트Sophist'라는 교사가 유행했다.

이윽고 스파르타와 전쟁(펠로폰네소스 전쟁, 기원전 431~기원전 404)을 벌이게 된 아테네는 '데마고그demagogue(대중을 선동해 권력을 획득, 유지, 강화하는 정치가-옮긴이)'라 불리는, 정견도 없는 정치가의 주먹구구식 통치가 판을 치는 바람에 쇠퇴의 길로 빠져 결국 패배하고 말았다.

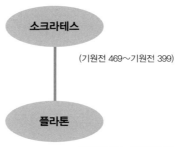

소크라테스

(기원전 469~기원전 399)

플라톤

(기원전 427~기원전 347)

이때 '지知'와 '덕德'의 통일을 설파하는 소크라테스가 등장했다. 그는 자신감을 잃고 헤매는 아테네를 "잠에 빠져드는 말"에 비유하며 자신을 "말의 잠을 깨우는 한 마리의 등에(벌레)"라고 자칭했다. 그리고 가두에서 청년들과 적극적으로 대화를 벌이며 아테네 개혁을 위해 일어서라고 촉구했다.

이에 대해 수구파는 소크라테스가 청년들에게 의심스러운 종교를 퍼뜨려 미혹시킨다며 그를 민중 재판소에 고소하고 사형을 요구했다. 자신의 신념에 확신을 가지고 있던 소크라테스는 당연히 무죄를 주장했고, 사형인지 무죄인지를 판결하는 민중 재판관의 투표가 실시되었다. 그 결과 소크라테스는 유죄로 '사형'을 선고받았다.

소크라테스에게 다른 폴리스로 망명하라고 권유했다. 하지만 소크라테스는 아테네의 법을 어길 수는 없다며 기원전 399년 스스로 독배를 마셨다. 그 후 아테네는 파멸의 길을 걷기 시작했다.

자기 자식인 시황제를
조종하는 데 실패한 여불위

《사기》는 진秦나라 시황제始皇帝의 파란만장한 출생 비밀을 기록하고 있어 흥미롭다.

일찍이 시황제의 아버지 자초子楚는 인질로 조趙의 도읍 한단邯鄲으로 보내져 고통스러운 나날을 보냈다. 그 자초의 정치적 배경을 이용하려고 했던 사람이 한韓에서 재물을 축적한 정상政商 여불위呂不韋였다.

빈틈 없는 여불위는 자초를 도와 진왕에 오르게 함으로써 천하를 얻으려 했던 것이다. 여불위는 자초에게 자신의 애첩을 부인으로 내주었다. 그러나 사실 그녀는 이미 여불위의 아이를 임신하고 있었다. 그 아이가 나중에 진시황이 되었다.

이윽고 여불위의 계획대로 자초는 진으로 돌아가 장양왕莊襄王(재위 기원전 250~기원전 246)이 되었지만 불과 4년 만에 갑자기 세상

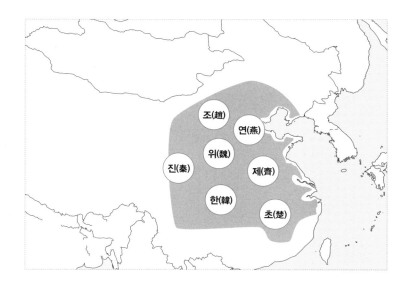

을 떠났다.

　이어서 기원전 246년에 시황제는 13세의 어린 나이로 진왕의 지위에 오르게 되었다. 그러나 나이 어린 시황제는 꼭두각시에 불과했고, 모든 실권은 어머니인 황태후와 '상국相國(재상)'의 지위에 있던 여불위가 쥐고 있었다. 여불위가 드디어 목적을 달성한 것이다.

　여불위는 노예 수만 명, 식객 3,000명을 거느리는 등 권세를 자랑하며 실질적인 진왕으로 행세했다. 황태후는 자신이 거느린 환관과의 사이에서 두 자식을 낳는 등 행실이 좋지 않았다.

　시황제가 어떻게 출생의 비밀을 알았는지는 확실치 않다. 그러나 시황제는 즉위 9년째에 황태후의 환관을 찢어 죽이고, 이듬해에는 여불위를 면직시켰다. 실의에 빠진 여불위는 기원전 235년에 자살했다. 그가 가장 잘못 판단했던 건 자신의 아들, 즉 시황제의 가혹한 성격이었는지도 모른다.

진은 기원전 221년에 중국을 통일하지만 흑정이 계속되다가 불과 15년 만에 멸망했다.

영웅 카이사르는
선동가였다

가이우스 율리우스 카이사르(율리우스 시저, 기원전 102~기원전 44)
는 로마의 영웅이지만 사실 자화자찬의 명수이기도 했다.

명문 출신인 카이사르는 서민의 이익을 대변하는 평민파의 우두
머리로서 다른 두 파의 우두머리와 함께 기원전 60년, 제1회 삼두
정치를 조직했다. 이어서 켈트인이 거주하는 갈리아 지방의 지배를
맡게 되면서 기원전 51년에 갈리아 정복을 완성시켰다.

카이사르가 이 정복 전쟁에 대한 기록으로 남긴 것이《갈리아 전
기》이다. 그는 이 저작 안에서 자신을 은근히 칭찬해 현재에 이르기
까지 명장으로 이름을 남기고 있다.

그러나 카이사르의 명성을 시기한 폼페이우스와 로마의 원로원
이 그의 갈리아 총독 지위를 해임하고 군을 해산시킬 움직임을 보
였다. 이에 카이사르는 군대를 갈리아와 이탈리아 본토의 경계를 흐

르는 루비콘강에 집결시켰다. 여기서 그는 싸움을 주저하는 병사들에게 그 유명한 "주사위는 던져졌다"는 말을 한다.

카이사르는 4년간의 전투 끝에 폼페이우스 일파를 쓰러뜨리고 권력을 장악했다. 기원전 46년 현재의 터키 동북부에서 결정적인 승리를 얻은 카이사르는 "왔노라, 보았노라, 이겼노라Veni, vidi, vici"라는 간결한 승전보를 로마에 보냈다고 로마의 전기 작가 플루타르코스는 《플루타르코스 영웅전》에 기록하고 있다. 이 또한 간결하고 함축적인 표현으로 역사에 남는 슬로건이 되었다.

📖 **역사 메모**

여덟 권으로 이루어진 《갈리아 전기》는 카이사르가 갈리아 총독으로 있을 때 자신의 군사 활동을 적은 기록이다. 제7권까지는 카이사르가 직접 집필한 것이고, 제8권은 그의 부하 히르티우스가 쓴 것이다.

대운하를 건설한
수 양제의 화려한 생활

수隋나라 문제文帝의 차남이었던 양제煬帝(재위 604~618)는 아버지의 병이 깊어지자 암살을 기도한 다음, 황제의 명령이라 둘러대고 형과 그 아들을 살해한 후 제위에 올랐다.

605년 양제는 장난에 대한 지배를 강화하고 남북의 물자 교류를 활발하게 하기 위해 100만 명의 농민을 동원하여 곡창 지대인 장난, 정치와 군사의 중심인 창안長安, 군사의 중심인 탁군涿郡(현재의 베이징) 세 지점을 잇는 Y자형의 '대운하' 건설에 착수했다.

장난에서 수확한 막대한 양의 쌀을 화북으로 원활하게 수송하고 빠른 기간 내에 대군大軍의 이동을 가능케 하기 위함이었다. 6년간의 공사로 폭 30~50미터, 길이 1,794킬로미터의 '대운하'가 완성되었다. 그러나 인해전술로 진행한 대공사는 동원된 농민에게 가혹한 희생을 강요했고, 그 결과 동원된 농민의 50~60퍼센트가 사망

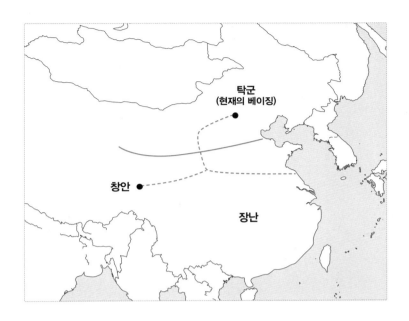

탁군
(현재의 베이징)

창안

장난

했다고 한다.

'대운하'가 완성되자 양제는 많은 배를 건조해 자랑스럽게 장난까지 대규모 행차를 벌였다.

당시 양제는 길이 20장丈(1장은 약 3미터)에 100개 이상의 방을 가진 4층짜리 '용선龍船'을 만들게 하여 많은 미녀를 태우고 여러 차례 주연을 베풀면서 20만 명이 넘는 사람들을 데리고 남쪽 장두江都 (지금의 양저우)의 이궁離宮으로 내려갔다고 한다. 흐름이 없는 대운하에서 여러 척의 큰 배를 끄는 일은 엄청난 노동력이 필요했고, 따라서 8만 명의 농민이 차출되었다고 한다.

장두의 이궁이 마음에 든 양제는 농민 반란이 일어났는데도 그곳을 떠나려 하지 않다가 화가 난 신하에게 살해당했고, 수 제국은 고작 2대에서 끝나고 말았다.

그러나 대운하는 현재도 중국의 대동맥으로 계속 남아 있다.

7장 역사는 역시 인간이 만드는 것이다

1,300년 전에 국제 무대에서
활약한 일본인이 있었다

아베노 나카마로阿倍仲麻呂(698~770)는 《백인일수百人一首》에 수록되어 있는 "하늘을 우러러 바라보니……"라는 노래로 유명하다. 그러나 사실 그는 성인이 되고 나서는 한 번도 일본에서 생활하지 않았다.

나카마로는 19세가 되었을 때 다지히마히토아가타모리多治比眞人縣主를 대사로 하는 제8차 견당사단에 유학생으로 참여했다.

710년에 헤이세이平城 천도가 이루어진 직후의 견당사단은 네 척의 배에 557명으로 이루어진 대규모였다. 일행은 717년 3월 9일 나니와의 미츠항을 출발해 9월에는 무사히 당 제국의 도읍인 창안에 도착했다.

당시 당 제국은 712년에 28세로 즉위한 제6대 현종玄宗의 시대였고, 수도 창안은 페르시아 문화가 유행하는 국제 도시로서 번영하고 있었다.

향학심에 불타던 나카마로는 창안에서, 701년 견당사의 일원으로서 이미 당에 건너가 있던 벤세이弁正라는 인물의 보살핌을 받았다.

이 인물은 도래인渡來人계인 진씨秦氏 출신으로 현종이 황태자이던 시절부터 '바둑의 적수'로 황제와 친교를 맺고 있었다. 벤세이는 이미 당나라 여성과 결혼해 두 아이를 두었다. 창안의 생활이 몸에 밴 그는 젊은 나카마로를 가족처럼 보살펴주었다고 한다.

그런 인연이 작용해, 나카마로는 현종의 특별한 허가를 얻어 태학太學(국립대학)에 입학할 수 있었다. 5~6년 동안 침식을 잊고 학문에 몰두한 그는 이국어의 벽을 깨고 어렵다고 소문난 시험인 과거에 합격해 순조롭게 진사進士(고등문관후보)가 될 수 있었다.

당시 일본인으로서 과거에 합격하고 당 제국의 고급 관료가 된 사람은 나카마로 단 한 명뿐이었다. 그의 순조로운 인생은 꿈처럼 흘러갔다.

그러나 고향을 그리워하는 나카마로의 마음은 나이를 먹을수록 더욱 깊어만 갔다. 그는 가까스로 현종의 허가를 얻어 귀국길에 오르게 되었다.

752년 11월 나카마로는 네 척의 배로 이루어진 일본의 견당사 선단 제1선을 타고 일본으로 출발했다. 나카마로가 출발하는 항구에서 부른 노래가 서두에 소개한 "하늘을 우러러 바라보니……"라는 와카和歌(일본의 전통 시조-옮긴이)였다.

이때의 일행 중에는 일본에 불교의 계율을 전하기 위해 목숨을 걸고 다섯 번에 걸쳐 일본 도항을 시도했지만 실패를 거듭하는 가운데 녹내장에 걸려 두 눈을 실명하고 만 66세의 당나라 승려 감진鑑眞(688~763)도 있었다. 감진은 서역, 타이, 캄보디아 출신의 승려 세 명을 포함한 스물네 명의 제자를 동반하고 선단의 제2선에 타고 있었다.

그러나 불행히도 견당사의 선단은 야쿠시마 부근에서 폭풍을 만났다. 감진이 탄 제2선은 다행히 46일간의 표류 끝에 가까스로 사쓰마에 표착했다. 그는 염원하던 불법을 일본에 전하고 도쇼다이지唐招提寺를 세웠다.

한편 나카마로가 타고 있던 제1선은 다네가시마를 향해 항해하던 중 좌초되었고 그 후 바람에 실려 베트남 해안에 표착했다. 180여 명 가운데 나카마로 등 10여 명만이 755년 6월 기적같이 창안으로 귀환할 수 있었다.

755년 11월, 양귀비에게 푹 빠진 현종의 태도에 불만을 가진 절도사 안녹산이 반란을 일으켜 창안은 반란군의 손에 떨어졌다.

나카마로는 황제와 함께 쓰촨四川으로 도망가 고난의 세월을 보낸 다음, 757년 12월에 다시 창안으로 돌아왔다. 그 후 나카마로는 장관으로서 베트남의 하노이에 파견되었다. 임기를 마치고 다시 창안으로 돌아온 후 세상을 떠났다.

나카마로가 당 제국의 관료로서 베트남을 통치했다는 사실은 어떤 의미에서 당 제국의 국제성을 보여주는 것이라고도 할 수 있다.

카를 대제의 대관식에 감추어진
교황의 진짜 목적

800년에 교황 레오 3세는 프랑크 왕국(현재의 프랑스가 중심)의 카를 대제에게 로마 제국의 황제관을 부여했다. 이 '카를 대제의 대관식'은 서로마 제국이 멸망한 476년 이후 황제를 갖지 못했던 서구에 로마 제국이 재건된 사건으로서 높이 평가받고 있다.

그 결과 민족 대이동으로 성립한 게르만 세계가, 하나의 세계로 자리를 잡고 로마 교회는 동로마 황제의 종속으로부터 해방되었다.

그러나 이 대관식은 카를 대제와 교황 레오 3세의 합의에 의한 것이 아니라 교황이 일방적으로 꾸민 일이었다. 800년 12월 25일, 크리스마스 미사에 참가하기 위해 로마의 성 피에트로 대성당 제단에 부복한 카를 대제의 머리 위에 교황은 아무런 언급도 없이 황금관을 올려놓았다. 참여한 사람들이 일제히 "장엄한 카를", "로마 황제에게 영원한 생명과 승리를"이라고 외쳤다고 한다.

7장 역사는 역시 인간이 만드는 것이다

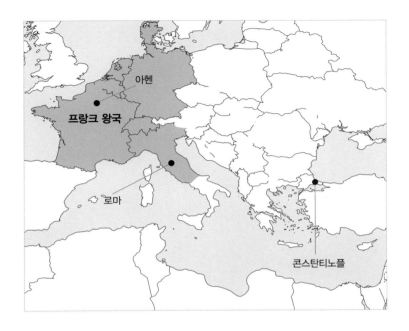

이는 로마 제국에도 동로마 제국에도 전례가 없는 일이었다. 카를 대제를 옆에서 보좌했던 아인하르트라는 인물의 기록에 따르면 당시 카를은 "만약 사전에 그것을 알고 있었다면 나는 로마의 미사에 가지 않았을 것"이라고 말했다고 한다.

참고로 프랑크 왕국이 궁정을 둔 아헨이라는 곳은 아주 작은 마을로서 동로마 제국의 수도인 대도시 콘스탄티노플과는 비교가 되지 않았다. 당시 서구에서 콘스탄티노플과 비교할 수 있는 도시는 고작 교황이 있는 로마 정도였다. 교황은 게르만 사회의 종교적 지배자라는 지위가 필요했던 것이다.

열한 명의 황제 밑에서
고관으로 봉직한 풍도의 처세술

중국에는 무려 열한 명의 군주를 보위한 유능한 관료가 있었다. 당이 멸망한 후 송宋에 의해 재통일되기까지 중국은 54년간 군벌이 다투어 나라를 세우는 등 혼란에 빠졌다. 이 시기를 '5대10국 시대(907~960)'라 불린다.

소지주의 아들로 태어난 풍도馮道(882~954)는 가문의 지위는 낮았지만 박학다재하고 원만한 인품이 호평을 받아 927년에 45세의 나이로 후당後唐(923~936)의 재상에 발탁되었다. 그리고 자신이 봉직하고 있던 후당이 멸망하고 후진後晉(936~946)이 세워지자 계속해서 신왕조에 봉직했다. "군자는 두 임금을 섬기지 않는다"는 것이 상식이던 유교 세계에서는 보기 드문 처신이었다.

현재 같으면 헤드 헌팅을 통해 경쟁 상대의 기업으로 옮겨 간 전문 경영인 정도에 비유할 수 있을까. 풍도는 그 후 몽골족의 나라

7장 역사는 역시 인간이 만드는 것이다

요遼에 봉직했다가 다시 후한後漢 (947~950), 후주後周(951~960)에 봉직하는 등 관료적 삶으로 철저하게 일관했다.

5대	후량(907~923)
	후당(923~936)
	후진(936~946)
	(요: 거란)
	후한(947~950)
	후주(951~960)

극도로 혼란한 시대의 군인 정권, 유목민 정권으로서는 통치 기술이 뛰어난 관료가 무엇보다도 필요했을 것이다. 일테면 '충忠'이나 '의義'는 그다지 기대하지 않았다. 그렇기 때문에 풍도는 평생 동안 열한 명의 군주 밑에서 고관으로 30년, 재상으로 20여 년을 봉직할 수 있었다.

풍도는 자신의 이러한 삶에 상당히 자신감이 있었던 모양이다. 그는 69세 때 쓴 자서전에서 일관되게 "나라에 충성했다"고 술회하고 있다. 자신은 군주를 위해 봉직한 게 아니라 '나라' 즉 민중을 위해 최선을 다했다는 것이다. 그가 생전에 '관후장자寬厚長者'라는 평가를 받은 것은 분명하다.

그러나 후세 사람들로부터는 "무절제하기가 끝이 없다"는 평가를 받았다. 그런데 만약 현대에 그가 살아 있다면 그 평가 역시 달라졌을 것이다.

📖 역사 메모

"입은 재앙을 불러들이는 문이요, 혀는 몸을 자르는 칼이로다. 입을 닫고 혀를 깊이 감추면 가는 곳마다 몸이 편안하리라"는 〈설시舌詩〉에서처럼 풍도는 말조심을 처세의 기본으로 삼았다.

어리석은 지도자 주위에는
어리석은 추종자뿐

거대한 시스템 하나가 붕괴될 때에는 그에 걸맞게 시대의 흐름을 보지 못하는 어리석은 지도자가 등장하게 마련이다.

엄청난 재정 적자에 시달리던 송나라에서는 어떻게든 구조 개혁을 실현하려고 했던 왕안석王安石의 개혁(1069~1076)이 기득권을 지키려는 관료와 대지주, 대상인의 반대에 부딪혀 어이없이 무너졌다. 게다가 외교적으로도 신흥 세력인 '금金'과 동맹해 숙적 '요遼'를 타도하려다 오히려 금의 공격을 당하는 새로운 위기가 고조되었다.

그런 시기에 제8대 황제 휘종徽宗(재위 1100~1125)이 28세로 즉위했다. 그는 그림이나 글씨에 뛰어난 재능을 갖고 있었지만, 많은 미녀를 총애하고 전국에서 진귀한 돌이나 동식물을 도읍에 모아들이는 등 도락과 풍류를 좋아하는 인물이었다. 즉 휘종은 황제로서의 자각自覺이 부족했던 것이다. 그는 미술품 감정을 통해 신뢰를 쌓은 동관童官이라는 환관과 함께 정치는 아랑곳하지 않고 도락에 심취했다. 어리석은 지도자 주위에는 어리석은 '추종자'들이 모여드는 법이다.

결국 고달픈 건 약한 민중이다. 도읍의 정원을 장식하기 위해 장난에서 막대한 양의 거암과 수목을 옮겨 오는 강제 노동에 차출된 농민들은 결국 방랍方臘이라는 인물을 지도자로 삼아 반란을 일으켰다. 진압하는 데만 450일이나 걸린 대규모 반란이었다.

그 때문에 수개월 동안 도읍으로 가는 식량 수송이 끊기고 다수의 민중이 기아로 죽어갔다. 농민 반란으로 인해 내부로부터 동요하기 시작한 송나라는 그로부터 7년 후 금에 멸망당한다.

송은 금에게 광활한 땅을 내주고 신하로 복종하며, 소국으로서 왕조를 이끌어 가는 수밖에 없었다.

일대에 대국을 건설한
용사 티무르

실크로드의 영웅으로 가장 먼저 꼽을 수 있는 인물은 역시 티무르
(1336~1405)일 것이다. 1336년 사마르칸트의 남쪽 오아시스 케시
에서 태어난 티무르는 타고나기를 '실크로드를 위한 사람'이었다.
그는 몽골 제국의 쇠망을 틈타 중앙아시아 대부분을 통합했다. 이후
몽골 제국의 칸 후계자를 옹립한 다음 자신에게는 '아미르(태수)'라
는 칭호를 부여하는 형태로 몽골 제국의 재건을 꾀했다.

티무르는 자신의 힘을 과시라도 하듯 인도의 델리, 서아시아의
바그다드 등을 정복하고 당시 비잔틴 제국을 위협하고 있던 오스만
튀르크 제국까지 무찔렀다.

그는 전쟁의 와중에서도 각지의 장인을 불러들여 일찍이 칭기즈
칸에 의해 파괴된 사마르칸트를 인구 15만 명 이상의 화려한 도시
로 재건했다.

7장 역사는 역시 인간이 만드는 것이다

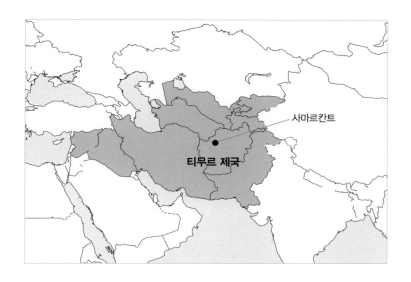

사마르칸트

티무르 제국

유럽에서는 오스만튀르크 제국를 무찌른 티무르의 명성이 높아 만 갔다. 당시 이베리아 반도에서 이슬람교도와 싸우고 있던 카스틸 라왕은 사절使節 쿠라비호를 사마르칸트에 파견할 정도였다. 쿠라비 호는 티무르가 사마르칸트에 커다란 궁전들을 세웠음에도 불구하 고 견고한 벽으로 둘러싸인 궁전에 사는 것은 비겁하다며 교외의 큰 텐트에서 생활하는 모습을 경이롭게 기록하고 있다.

70세가 되어 시력이 나빠지고 몸도 쇠약해졌지만 유라시아 통일 에 대한 티무르의 야망은 사그러들지 않았다. 1404년 그는 명明의 영락제永樂帝에게 선전포고를 하고, 20만 명의 병사와 7년분의 식량 을 가지고 원정길에 올랐다. 그러나 혹독한 겨울에 시르강을 건너던 중 천하가 인정했던 용사 티무르도 열병을 이기지 못하고 그만 세 상을 떠났다.

뛰어난 리더를 잃은 제국은 급격히 쇠퇴했고 유라시아 재통일에 대한 꿈은 사라졌다.

역사 메모

사마르칸트는 1220년 칭기즈 칸에 의해 멸망하기 전까지 실크로드의 교역 기지로 번창했다.

7장 역사는 역시 인간이 만드는 것이다

환상으로 사라진
다빈치의 이스탄불 가교 계획

〈최후의 만찬〉, 〈모나리자〉 등의 명화로 알려진 레오나르도 다빈치
(1452~1519)는 조각, 토목, 건축, 수학, 해부학, 음악 등 모든 분야
에서 출중한 재능을 보인 '만능 천재'였다. 그는 바로 르네상스 시기
의 사회가 이상으로 삼은 '보편인'이었다.

그러나 정작 다빈치 자신은 기술자로 자처했던 듯하다. 기중기,
준설선, 고속방적기, 견고한 복개전차, 헬리콥터, 비행기 등 다종다
양한 장치를 잇따라 고안해 냈다. 그는 자신의 아이디어를 각지의
지배자들에게 적극적으로 팔아 그 돈으로 생계를 꾸려갔다. 특히 교
량 건설 등의 토목 설계에는 자신감이 있었던 모양이다.

예를 들면 1481년에 밀라노 공작 앞으로 쓴 자기소개서에서 다
빈치는 가볍고 튼튼하면서 쉽게 들었다 놓았다 할 수 있는 교량 건
설 기술을 가지고 있음을 첫 번째 자랑거리로 쓰고 있다.

이스탄불

보스포루스 해협

마르마라 해

　최근의 연구에 의하면 1502～1503년경에는 오스만튀르크 제국의 술탄 바야지트 2세 앞으로 쓴 편지에서, 폭 500미터 정도의 금각만金角灣을 건너서 콘스탄티노플(이스탄불)의 갈라타 지구와 구 시가지를 잇는 다리를 건설하고 싶다, 또 가능하다면 이스탄불의 유럽 측과 아시아 측을 잇기 위해 보스포루스 해협을 가로지르는 다리를 건설하고 싶다는 등의 제의를 했다고 한다.

　르네상스 시기의 이탈리아와 오스만튀르크 제국은 상당히 가까운 관계에 있었던 것이다.

　다빈치가 내놓은 이 제의는 실현되지 못했지만 만약 그가 보스포루스 해협에 다리를 가설했다면 그 당시로서는 엄청난 화젯거리가 되었을 것이다.

바다의 평온함만이
위안이었던 마젤란의 지구 일주

1480년경 포르투갈 귀족의 아들로 태어난 마젤란(1480?~1521)은 청년 시절에는 인도와 동남아시아에서 교역 활동에 종사했지만 성과가 좋지 않아 한때 본국으로 귀향했다. 나중에 예전의 동료로부터 말루쿠 제도(향료 제도)에 대한 정보를 얻게 된 마젤란은 스페인 왕에게 아메리카 남단을 우회해 동남아시아의 향료 제도에 이르는 항로를 개발할 것을 진언했고, 이것이 받아들여졌다.

1519년 110톤의 트리니다드호를 비롯한 다섯 척의 함대는 스페인의 세비야항을 출항해 대서양을 횡단하고 아메리카 대륙 남단의 '폭풍의 해협'을 거쳐 태평양으로 나왔다. 이 해협은 나중에 '마젤란 해협'이라 불리게 된다.

태평양 항해는 가도 가도 끝이 없는 바다인지라 식량 보급도 되지 않아 많은 승무원이 괴혈병으로 목숨을 잃었다. 항해 도중 한 번

말루쿠 제도
(향료 제도)

도 폭풍우를 만난 적이 없어 마젤란은 이 대양을 '마르 파키피코(평
온한 바다, 태평양)'라고 명명했다. 하지만 그 바다는 너무나 넓었다.
이윽고 함대는 99일간의 항해 끝에 1521년 괌에 도착했다.

  7일 후 함대는 향료 제도와 매우 가까운 필리핀 군도에 도착했는
데, 마젤란은 막탄섬에서 추장 라푸라푸의 군대와 싸우다 전사하고
만다. 참고로 필리핀에서 라푸라푸는 침략자에게 저항한 민족의 영
웅으로 추앙받고 있다.

  다섯 척의 함대 중 간신히 살아남은 빅토리아호는 몰루카 제도에
서 향료를 사들인 다음 1522년에 스페인으로 돌아왔다. 출항 당시
237명이었던 승무원 중 생존자는 18명뿐이었다. 하지만 그들이 갖
고 돌아온 향료는 항해의 총비용을 크게 웃도는 가격으로 팔렸다고
한다. 마젤란의 항해로 지구가 둥글다는 것은 실증이 되었지만 항로
자체는 크게 도움이 되지 않았다.

7장 역사는 역시 인간이 만드는 것이다

헨리 8세의 불운한 여섯 왕비와
영국 국교회의 탄생

영국 귀족의 내전인 '장미전쟁(1455~1485)'을 종식시킨 왕 헨리 7세는 자국의 안정을 되찾기 위해 스페인 왕의 딸 캐서린을 장남 아서의 비로 들였지만 재위 25년 만에 사망했다.

부왕의 죽음으로 왕위를 이어받은 차남 헨리 8세(재위 1509~1547)는 형 아서의 죽음으로 7년간 미망인으로 지내던 당시 24세의 캐서린을 왕후로 맞았다. 말할 것도 없이 정략 결혼이었다.

헨리 8세는 사랑 없는 결혼을 했지만 캐서린과의 사이에 일곱 명의 자녀를 두었다. 그러나 자녀는 딸 한 명만 남기고 모두 세상을 떠났다. 마흔이 넘은 캐서린에게 아들을 기대할 수 없게 되자 헨리 8세는 시녀 앤 불린과 사랑에 빠졌다. 그리고 이혼과 재혼을 허락하지 않는 교황에 반발해 1534년 '수장령首長令'을 발표하고 영국 교회를 로마와 분리시킨 다음(영국 국교회의 탄생) 캐서린과의 이혼했다.

캐서린
앤 불린
제인 시모어
앤
캐서린 하워드
캐서린 파

헨리 8세

두 번째 비 앤 불린은 딸을 낳았지만 3년 후 간통을 했다는 이유로 처형당했다. 세 번째 비가 된 27세의 제인 시모어는 아들을 낳았지만 출산 직후 사망했다.

3년 후 나이 49세의 헨리 8세는 독일에서 데려온 25세의 신부 앤과 결혼했지만 매력이 없다며 6개월 후 이혼했다. 같은 해에 18세의 캐서린 하워드와 다섯 번째 결혼을 했지만 그녀 역시 앤 불린과 마찬가지로 2년 후 간통을 했다는 이유로 처형당했다. 이후 헨리 8세는 52세 때 31세의 캐서린 파와 결혼했지만 4년 후 캐서린 파는 스스로 죽음을 선택했다. 참으로 분주한 일생이었다.

헨리 8세가 사망한 후 시모어가 낳은 유일한 아들이 왕위를 계승했으니 그가 바로 에드워드 6세(재위 1547~1553)이다. 그리고 헨리 8세의 첫 번째 왕비가 낳은 딸이 에드워드 6세의 뒤를 이어 메리 1세(재위 1553~1558)로 즉위했다. 이어 그들의 뒤를 이어 간통죄로 처형된 두 번째 왕비 앤 불린의 딸 엘리자베스 1세(재위 1558~1603)가 왕위에 오르면서 영국의 정국은 겨우 안정되었다.

기구한 인생이 낳은
세르반테스의 《돈키호테》

스페인 사람 세르반테스(1547~1616)는 귀머거리에다 가난했기 때문에 정규 교육을 받을 수가 없었다. 21세 때 이탈리아로 건너가 추기경의 신하로 일하다 23세 때 병졸로 전직했다. 1571년에는 오스만튀르크 제국과의 레판토 해전에 참가해 가슴에 두 군데 상처를 입고 왼손의 자유를 잃었다.

요양을 마친 후 다시 병사가 되어 아프리카의 튀니지에서 전쟁에 참가한 세르반테스는 1575년 스페인으로 돌아가려고 했지만 도중에 오스만 제국의 해적에게 붙잡혀 노예 생활을 했다. 5년 후인 33세 때 겨우 몸값을 지불하고 자유의 몸이 되어 염원하던 마드리드로 귀환할 수 있었다.

11년간의 외국 생활을 보내고 귀국한 세르반테스를 기다리고 있는 건 실업이라는 혹독한 현실이었다. 1587년 세르반테스는 해군의

세르반테스가 참여한 두 번의 해전

1571년
레판토 해전

1588년
알마다 해전

식량 징발인이 되어 세비야에서 밀을 매입하는 일에 종사했다. 이듬해 1월에는 스페인 '무적함대'의 식량 징발에 나섰는데, 이해에 무적함대는 잉글랜드로 원정을 떠났다가 궤멸에 가까운 타격을 입었다.

1594년 이번에는 스페인 남부 그라나다에서 징세를 담당하는 세금 수금원이 되었다. 그런데 1597년 그가 공금을 맡겼던 은행이 파산한 데다 설상가상으로 포르투갈인 상사가 행방을 감춰버리는 바람에 그에 대한 책임을 지고 투옥당하는 처지에 놓이면서 빈곤한 생활이 이어졌다.

1605년 궁핍한 형편에서도 계속 집필한 《돈키호테》가 가까스로 발간되어 세르반테스는 58세에 비로소 문인으로서의 명성을 얻었다. 엄청난 대기만성이다. 《돈키호테》는 그가 세르비아의 감옥에 있을 때 착상을 얻은 작품이라고 한다.

7장 역사는 역시 인간이 만드는 것이다

의욕 없는 국왕이 탄생시킨
내각 제도

명예혁명(1688) 후, 1714년에 앤 여왕(1702~1714)이 사망하자 스튜어트 왕조가 단절되고 64세의 독일 명문 귀족 하노버 선제후選帝侯가 조지 1세(재위 1714~1727)로 영국 국왕의 지위에 오르게 된다.

국왕은 영어를 이해 못할 뿐 아니라 켄도르 공작 부인이라는 덩치 좋은 애인에게 빠져 있었다. 게다가 고향인 독일에 체류하는 일도 많아 국왕으로서의 직책을 제대로 수행하지 못했다.

여기에 당혹한 영국 지배층은 시행착오와 위태로운 과정을 겪으면서 '의회정치'와 '내각책임제'를 완성했다.

국왕의 직무 수행 포기라는 사태에 대처하기 위해 영국의 지배층은 '밀실'이라 불리던 장관 회의를 개혁했다. '내각'에 행정 업무를 맡기고, 의회의 다수당 당수가 총리로서 국왕을 대신해 내각을 이끄는 통치 시스템을 만들어 낸 것이다.

1688년	명예 혁명
1689년	권리장전
1707년	그레이트 브리튼 연합왕국 성립
1714년	조지 1세
1721년	내각책임제

총리와 내각은 의회에 대해 정치상의 책임을 져야 했다. 그것이 '내각책임제'이다. 일테면 의회가 불신임 결의를 했을 경우, 의회 해산 조치를 취하지 않는 한 내각이 총사직을 해야 했던 것이다.

이렇게 하여 영국은 의욕 없는 국왕을 배제하는 정치 시스템을 완성했다.

그러나 대외적으로는 국왕을 받들어야만 했다. 그래서 "국왕은 군림하지만 통치하지 않는다"라는 알쏭달쏭한 말이 만들어졌다.

7장 역사는 역시 인간이 만드는 것이다

나폴레옹을 따돌리고
떼돈을 번 로스차일드 일족

로스차일드 은행의 상징은 '다섯 개의 화살'이다. 이 '다섯 개의 화살'은 프랑크푸르트의 가난한 고물상에서 태어나, 로스차일드 일족이 세계적인 규모의 대재벌로 성공하는 기반을 만든 초대 회장 마이어(1743~1812)의 유언에서 비롯되었다. 유언을 받든 다섯 자녀는 결속해서 대재벌의 기반을 구축했다.

마이어가 활약한 것은 나폴레옹 시대였다. 교묘하게 프로이센 왕가에 빌붙은 마이어는 프랑스 혁명이 발발하던 1789년에 궁정의 금융 기관 자리를 획득했다. 그리고 아들 하나를 런던에 파견해 국가를 초월한 금융 네트워크를 마련했다.

나폴레옹이 유럽의 패자覇者가 되자 프로이센 왕가의 재무 관리인이 된 마이어는 현금 60만 달러를 몰래 와인 술통에 감추어 지켜 냈다.

1806년에 나폴레옹이 대륙봉쇄령을 내리고 대륙과 영국 사이의 무역을 금지하자 마이어는 그전부터 구축해 온 네트워크를 이용해 영국에서 판로를 잃고 가격이 폭락한 면제품, 담배, 커피, 설탕 등을 몰래 수입해 떼돈을 벌었다.

정상政商(정경유착이라는 특수한 관계를 이용해 이권을 챙기는 상인 – 옮긴이)이 된 로스차일드 상회의 이중바닥 마차는 비밀 암호나 군자금을 숨겨 반反나폴레옹 세력의 통합에 공헌했다. 그중에서도 포르투갈에 있던 영국의 웰링턴 장군에게 80만 파운드 상당의 군자금을 보낸 이야기는 너무도 유명하다.

1812년 마이어는 다섯 아들에게 '하나로 묶은 다섯 개의 화살'처럼 결속해 가업을 이어가라는 유언을 남기고 세상을 떠났다.

빈 체제를 만든
메테르니히의 고뇌와 이면

메테르니히(1773~1859)는 1773년 오스트리아의 백작 가문에서 태어났다. 그는 외교관인 아버지의 뒤를 이은 타고난 외교관이었다.

1806년에 주프랑스 대사가 된 메테르니히는 1809년에는 36세의 나이로 외상外相이 되었다가 나폴레옹에게 패배한 뒤 모국의 국제적 지위 향상에 전념했다. 오스트리아의 황녀 마리 루이즈와 나폴레옹의 결혼을 중매한 것도 메테르니히였다.

나폴레옹 실각 후인 1814년, 독어·불어·영어·러시아어·이탈리아어 등 각국의 언어를 절묘하게 구사하는 메테르니히는 아흔 명의 국왕, 쉰세 명의 공국 대표로 구성된 '빈 회의'를 주재했다. 약 10만 명의 손님을 맞이한 유럽 사상 최대의 국제 회의를 주관한 것이다.

그러나 이 회의는 10개월 동안 지지부진 이어지면서 "회의는 춤춘다. 그러나 회의는 진행되지 않는다"는 야유를 받을 정도였다. 잔

빈 체제

영국　프랑스

메테르니히
(오스트리아)

러시아　프로이센

뜩 뜸을 들여가며 교섭이 이루어지는 가운데 각국의 세력 균형에
의한 질서 유지 체제, 즉 자유주의·국민주의를 억압하고 낡은 유럽
의 질서를 유지하는 체제가 확립되었다.

　그러나 그 자신이 1820년에 "나는 붕괴하고 있는 건물을 지탱하
면서 인생을 보내고 있다"고 썼듯이 메테르니히는 머지 않아 새로
운 시대가 올 것임을 예측하고 있었다.

　빈 체제는 30년 남짓 이어졌지만 영국이 라틴아메리카 국가들의
독립을 승인한 이후부터 차츰 유명무실해졌다.

　1848년의 3월 혁명으로 영국에 망명한 그는 70세 때 32세나 연
하인 여성과 세 번째 결혼을 했다. 당시 병아리 외교관에 불과했던
비스마르크는 그를 찾아가 외교술을 배웠다고 한다.

나폴레옹 3세의 파리 대개조와
마가린 탄생

1848년 12월, 2월 혁명이 좌절된 후의 프랑스 대통령 선거에서 약 75퍼센트의 득표로 당선된 사람은 애초 등외 후보자로 여겨지던 나폴레옹 1세의 조카 루이 나폴레옹(재위 1852~1870, 나폴레옹 3세)이었다.

그는 나폴레옹 영광의 부활을 선전하며 서민의 편임을 내세우고 군대를 방패로 1870년의 프로이센·프랑스 전쟁(1870~1871)에서 포로가 되어 실각하기까지 권좌를 누렸다.

나폴레옹 3세 휘하에서 센현의 지사가 된 조르주 유젠 오스만은 7월 혁명, 2월 혁명 때처럼 꼬불꼬불한 도로와 포석을 이용한 시가전이 다시 일어나지 않도록 하기 위해 약 25억 프랑의 거액을 들여 도로를 확장하고 상하수도 정비, 공원 신설을 실시하는 등 현재 파리의 원형을 만들었다.

1853년 파리 대개조

1855년 파리 박람회

1869년 수에즈 운하 개통

한편 서민의 편임을 자처한 나폴레옹 3세는 1869년 서민 계층을 위해 버터 대용으로 싸고 보존이 잘되는 식품 개발을 제창하며 전국적인 대회를 열었다.

그때 과학자 이폴리트 메주 무리에라는 사람이 출품한 '마가린'이 당선되었다. 마가린은 우지에 우유를 넣어 유화 냉각시킨 것으로, '진주 같다'는 뜻의 그리스어 '마가라이트$_{margarites}$'에서 딴 이름이다.

그러나 이 마가린은 프랑스인들의 취향에 맞지 않아 훗날 미국에서 고래 기름을 사용해 공업화되고 나서야 보급이 재개된다.

백부伯父의 명성을 짊어지고 잇따라 전쟁을 벌인 나폴레옹 3세. 그러나 그는 무리에 무리를 거듭한 끝에 프로이센·프랑스 전쟁 개시 2개월 후 8만 명의 병사와 함께 프로이센군의 포로가 되어 권력의 자리에서 밀려났다.

📖 역사 메모

파리는 숲이 우거진 도시 중 하나다. 파리 시민의 휴식 장소인 불로뉴 숲은 프랑스 혁명 때 완전히 파괴되었다가 나폴레옹 3세 때 재정비되면서 현대적인 모습을 갖추게 되었다.

대영제국 번영의 발판을 만든
디즈레일리의 빚더미

수에즈 운하는 1869년에 이집트·프랑스가 '수에즈 운하회사'를 만들어 공동으로 개통했다. 수에즈 운하의 개통으로 인해 런던-뭄바이(인도) 간의 거리는 5,300킬로미터, 시간으로는 무려 3분의 1인 24일로 단축되었다.

이와 같이 거리와 시간이 단축된 이점은 상당히 클 수밖에 없었다. 영국 입장에서는 군침이 도는 운하였다. 그런데 기회는 생각지도 못할 정도로 빨리 찾아왔다. 1875년 총공사비의 70퍼센트를 부담했던 이집트가 재정난에 빠져 전체 주식의 44퍼센트를 팔겠다고 내놓은 것이다. 마침 프로이센·프랑스 전쟁 직후라 프랑스는 돈이 없었다.

외무성에서 극비 정보를 얻게 된 영국의 수상 디즈레일리(1804~1881)는 너무나 급한 나머지 당에도 의회에도 논의하지 않고, 유대

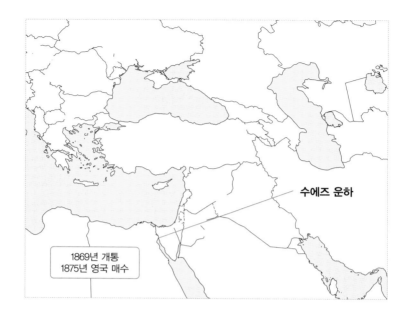

수에즈 운하

1869년 개통
1875년 영국 매수

인 재벌 로스차일드에게서 독단적으로 4,000만 파운드(2,000만 달러)를 빌려 그 주식을 사버렸다.

그때 로스차일드가 저당을 요구하자 디즈레일리가 했던 말이 "영국을 저당잡히겠다"였다. 이러한 무모하고도 재빠른 행동에 세계 사람들은 간담이 서늘할 정도로 놀랐다.

소설가이도 한 디즈레일리는 이탈리아계 유대인으로 선거에서 네 번이나 떨어진 후 32세에 하원의원이 되었다. 그는 정치가와 소설가라는 두 가지 직업을 계속 유지하며 눈에 띄는 화려한 복장으로 남의 이목을 끌면서 보수주의 간판을 내걸고 활동했다.

그러나 네 번이나 총리를 역임한 호적수, 자유당의 글래드스턴에게 막혀 좀처럼 기를 못 펴다가 70세가 돼서야 겨우 총리가 되었다.

영국은 이 수에즈 운하의 매수로 인해 이집트와 아시아 진출의 발판을 구축했다. 나아가 인도를 직할지로 삼고 58세의 빅토리아 여왕을 인도 황제의 자리에 앉혔다. 수에즈 운하의 매수는 제국의 번영을 건 과감한 도박이었다.

오스트리아 제국의 비극은
제1차 세계대전 발발로 끝났다

제1차 세계대전 중인 1916년, 오스트리아 제국의 늙은 황제 프란츠 요제프(재위 1848~1916)가 84세로 세상을 떠났다. 그로부터 2년 후 오스트리아 제국이 와해됨으로써 13세기 이후 600여 년 동안 계속돼 온 유럽의 명문 합스부르크가家의 영광스러운 역사도 종지부를 찍게 되었다.

2월 혁명이 유럽 사회를 뒤흔들던 1848년, 프란츠 요제프는 13세의 나이로 황제 지위에 올랐다. 그는 혁명에 의한 혼란을 겨우겨우 수습하면서 약 60년간 쇠퇴해 가는 제국을 계속 붙잡고 버티었다. 그러나 비운이 연달아 밀려들었다.

최초의 시련은 1867년에 일어났다. 프랑스 나폴레옹 3세의 추대를 받아 멕시코 황제가 된 동생 막시밀리안이 33세의 나이에 멕시코에서 민족주의자들에게 처형을 당한 것이다.

다음 비극은 제위 계승자인 외아들이 1889년에 무희와 불륜의 사랑에 빠져 자살을 한 일이었다.

60세를 앞두고 있던 요제프는 슬픔을 억누르고 동생의 장남(조카)인 프란츠 페르디난트를 제위 계승자로 지명했다. 그로부터 약 10년 후인 1898년 이번에는 사랑하는 아내가 스위스의 레만 호수 인근에서 이탈리아의 무정부주의자에게 암살당했다.

열강들의 대립이 고조되는 가운데 요제프는 협조주의로 일관하면서 분쟁 방지에 힘썼지만, 제위 계승자인 페르디난트는 오스트리아의 세력 확대에 전념했다.

1914년 6월 28일 페르디난트는 세르비아인의 민족 운동이 맹렬하게 타올라 위험이 고조된 보스니아의 수도 사라예보에서 실시된 육군 훈련에 거의 무방비 상태로 나갔다가 아내와 함께 암살당했다. 이것이 마지막 비극이었다. 이 사건을 계기로 제1차 세계대전이 발발하면서 제국 자체가 와해되었다.

천재 에디슨을 만든
운명적 만남

발명가 토머스 에디슨(1847~1931)은 "천재란 99퍼센트의 땀과 1퍼센트의 영감이다"라는 말로 유명하다. 그러나 인생에서 성공하려면 '운'도 빼놓을 수 없다.

에디슨은 스스로 납득이 갈 때까지 집요하게 생각하는 성격이었다. 그것을 보여주는 이야기가 7세 때의 초등학교 퇴학 사건이다.

그는 미시건주 포트휴런의 공립 초등학교에 입학했다. 그런데 선생님이 2 더하기 2는 4라고 가르쳐 준 것을 도저히 납득하지 못해 '저능아'로 낙인 찍혀 3개월 만에 퇴학 처분을 당했다.

속을 끓이던 어머니는 8세 때 에디슨에게 화학 교과서를 사서 보여주었다. 교과서에 쓰여 있는 세계에 흥미를 가진 에디슨은 거기에 적혀 있는 실험을 빠짐없이 해보면서 화학의 세계에 빠져들었다. 이것이 바로 첫 번째 운명적 만남이었다.

7장 역사는 역시 인간이 만드는 것이다

에디슨
(1847~1931)

그 후 에디슨은 신문팔이와 사탕 장수 등을 전전하다가 전신 기사로 사회에 진출했다. 이때 그는 새로운 에너지로 등장하기 시작한 '전기'를 만나면서 끈질기게 계속 발명해 냈다. 에디슨에게 가장 결정적 만남이라면 전기 에너지와의 만남일 것이다.

에디슨은 21세 때 전기 투표기로 특허를 따낸 이후 84세로 세상을 마감할 때까지 무려 1,300건 이상의 특허를 취득했다. 물론 그 대부분은 전기와 관련된 것들이었다.

그는 32세 때 직류발전소와 백열전구를 연결해 도시의 조명 시스템을 발명하고 전화기, 축음기, 간단한 영사기, 탄소립炭素粒 마이크로폰 등을 계속해서 만들어 냈다.

그의 뜨거운 열정이 인류사에서 새로운 전기 시대의 막을 열었던 것이다.

고대 로마를 이용한
무솔리니의 자기 관리술

화려한 대관식을 거행하거나 관직의 명칭을 부활시키는 등 로마 제국의 이미지를 자신의 권위에 이용한 인물로는 나폴레옹이 유명하지만 이탈리아의 무솔리니(1883~1945)도 그에 못지않았다.

제1차 세계대전 후 절망적인 불황이 확산되는 가운데 무솔리니는 1919년 파시스트당을 창설하고, 전위 활동대인 '검은 셔츠단'을 조직해 폭력적인 가두 활동을 전개했다. 파시스트라는 이름은 고대 로마에서 관리나 귀족을 경호하는 시종의 '파쇼fascio(이 말은 원래 도끼 주위에 느릅나무나 자작나무 가지 묶음을 감는다는 뜻이었으나 결속, 단결을 의미하는 뜻으로 전용되었다)'에서 유래한 것이다.

그는 1922년 10월, 사회당이 총파업을 벌이자 이를 분쇄하기 위해 '로마 진군'이라는 공공연한 쿠데타를 선언하고, 국왕의 조각組閣 명령으로 총리가 되었다. 그리고 이듬해에 전체 투표의 4분의 1밖

7장 역사는 역시 인간이 만드는 것이다

에 획득하지 못한 파시스트당이 의석의 3분의 2를 차지하는 날치기 선거법을 제정하고, 이 법에 의해 권력 기반을 굳혔다.

나아가 그는 파시스트의 정권 획득 10주년인 1932년 상징적인 로마 개조를 실시해 콜로세움 등 로마 제국의 이미지와 파시즘 정권의 이미지를 결합시키려고 했다.

무솔리니의 계획은 콜로세움과 파시즘의 상징으로 세운 '베네치아 궁전'을 잇는 폭넓은 '제국 거리'를 건설함으로써 '고대의 제국'과 '현대의 제국'을 결합하려는 것이었다. 그리고 그 거리에 파시스트당 중앙 본부가 건설되었다. 파시스트 정권은 붕괴했지만 궁전과 제국 거리는 지금도 남아 있다.

히틀러는 자동차 관련 사업으로
대중의 마음을 사로잡았다

독일은 1929년 미국에서 시작된 세계공황의 파도를 정면으로 맞았다. 미국 자본의 철수로 인해 4년 동안 공장의 60퍼센트가 문을 닫았고, 1932년의 실업률은 약 40퍼센트, 실업자가 600만 명 이상에 이르는 절망적인 상태였다. 경제 구조를 전환하지 않으면 불황으로부터의 탈출은 불가능해 보였다.

이런 상황에서 권력을 잡은 히틀러는 1933년 1만 4,000킬로미터에 달하는 '라이히스아우토반(독일의 자동차 전용 고속도로)' 건설 계획을 세웠다. 대규모 국영 사업을 통해 엄청난 실업자들을 흡수하고자 했던 것이다.

1933년 3월, 의회의 승인 없이도 헌법에 반하는 법률을 제정할 수 있다는 '전권위임법'을 통과시켜 권력을 잡은 히틀러는 아우토반 건설 계획에 착수했다. 6월에는 아우토반 건설을 담당할 기업체를

7장 역사는 역시 인간이 만드는 것이다

아돌프 히틀러

자동차 산업 → 독일 경제
호전

아우토반 건설

설립하고 이어서 9월에는 첫 기공식을 거행했다. 결단은 신속하고 실행은 빨랐다.

1938년 말에는 예정된 6,900킬로미터 가운데 3,000킬로미터의 고속도로가 건설되었다. 건설 자금의 60퍼센트는 실업보험청의 자금을 야금야금 꺼내 썼다.

그러나 1932년 당시 독일에서는 자동차가 별로 보급되지 않아 백 명에 한 대에 불과했다. 자동차 보유율이 다섯 명에 한 대 꼴인 미국과 비교할 때 크게 차이가 났다. 그래서 히틀러는 '폴크스바겐(국민차)'을 대량으로 생산해 월급에서 공제하는 식으로 판매를 촉진시켜 자동차의 대중화를 이루었다.

자동차 문화를 이식함으로써 독일 경제를 단숨에 호전시키는 데 성공해 독일인의 마음을 확고하게 잡아끌었던 것이다. 나치가 독일 국민의 신뢰를 얻었던 이유는 여기에 있었다.

인도 독립의 아버지 간디가
철도를 증오한 이유

영국의 식민지 인도에서는 식민지 본국에 의해 1850년 이후 적극적인 철도 건설이 이루어져 20세기 초에는 총길이가 약 4만 킬로미터에 이르렀다. 미국, 캐나다, 러시아에 이어 세계에서 네 번째였다. 19세기 말이 되자 식민지 정부의 지출 가운데 약 4분의 1이 철도 회사의 이자 지불을 보충하는 데 쓰일 정도였다.

영국이 철도를 건설한 목적은 인도 오지에서 산출된 다양한 상품을 항구까지 편리하게 운반하는 데 있었다. 다시 말해 인도인에게 '철도'는 영국이 '문명의 위대한 선물'이라는 식으로 자화자찬하는 시설이 아니라 영국에 종속된 인도 경제의 상징이었던 것이다.

국내에서는 농작물 수출로 인해 기근이 확산되고, 농촌의 수공업은 영국의 공업 제품에 밀려 무너졌다. 비폭력·불복종으로 인도 독립 운동을 지도한 마하트마 간디(1869~1948)는 '철도'가 영국의 인

7장 역사는 역시 인간이 만드는 것이다

19세기 말

델리

뭄바이

철도

도 지배를 가속화한다고 생각했다. 게다가 철도는 많은 사람들의 이동으로 인한 역병 유행, 곡물의 상품화에 의한 기아 확대 등을 초래했다. 일테면 철도는 인도를 지배하기 위한 영국의 수단이었던 것이다. 간디가 철도를 모두 버리라고 주장한 것은 당연한 일이었다.

간디는 1929년 라홀에서 열린 인도국민회의파 대회에서 '푸르나스와라지(완전한 독립)'를 주장했다. '푸르나'는 '완전한', '스와'는 '자기' 그리고 '라지'는 '통치하는 것'을 의미한다.

간디는 인도의 민중들에게 자기 몸집에 맞는 생활로 되돌아갈 것을 요구했다. 그래서 간디가 중시한 것이 '차르카'라는, 실을 잣고 베를 짜는 전통적인 물레였다. 인도 면업의 부흥을 철도에 대치시켰던 것이다.

역사의
틈바구니에
숨겨진 사건

현존하는 유일한 수메르어는
뜻밖에도 '크로커스'

세계에서 가장 오래된 문명이 일어난 곳은 메소포타미아 남부의 수메르 지방이고 그 주인공은 수메르인으로 알려져 있다. 그들이 만들어 낸 쐐기문자는 현재의 아라비아어, 페르시아어 등의 토대가 되었다.

그들은 흔하디흔한 잡초에 불과했던 '보리'를 따로 재배해 생활을 유지했다. 이처럼 농업을 하게 되면서 그들에게는 봄이 되어 거친 대지가 소생하는 것이 무엇보다 중요했다. 이 기쁜 봄이 찾아온다는 소식을 알려주는 것은 딱딱한 흙을 헤치며 노란 꽃을 피우는 '크로커스'였다.

한국에서도 초봄에 갑자기 노란 꽃을 피우는 복수초가 사랑을 받고 있지만 그 생각은 메소포타미아에서도 마찬가지였던 모양이다. 그래서인지 '크로커스'는 현존하는 유일한 수메르어라고 한다.

가을에 보라색 꽃을 피우는 '크로커스'는 향신료, 약품의 원료로 많이 재배되었다. 크로커스는 '사프란'이라고도 부른다.

태양이 풍성하게 내리쬐는 시기를 지나 가을에 꽃을 피우는 사프란의 암술 끝을 모아 건조시킨다. 100그램의 사프란을 만드는 데 5만 개의 암술이 필요하다고 하니 값이 매우 비쌀 수밖에 없었다.

사프란은 15만 배의 물을 노랗게 만들 정도로 강한 착색력을 갖고 있으며, 식욕을 증진시키는 힘이 있어 이슬람 세계를 거쳐 유럽으로 전해졌다.

사프란은 남프랑스 요리인 부야베스(여러 해산물을 토마토, 양파, 마늘과 함께 찐 요리-옮긴이), 스페인 요리 파에야(어패류나 고기를 넣어 만든 밥-옮긴이)에서 빼놓을 수 없는 향신료가 되었다.

16세기 프랑스에서는 사프란에 다른 물질을 섞은 사람은 사형에 처했을 정도였다.

단옷날 먹는
'떡'의 기원은 기원전

중국 고사와 일본의 관습은 서로 관련이 있는 경우가 많다. 단옷날 먹는 치마키도 그중 하나이다.

전국 시대 말기, '칠웅七雄'이라 불리던 나라들 중에서도 '진秦'은 다른 6국을 압도했다. 진은 장의張儀(?~기원전 309)를 각국에 파견해 각각 개별적인 동맹을 맺고 질서 유지를 위해 '연형책連衡策'을 추진함으로써 자국에 유리한 국제 환경을 만들어 내고자 했다.

한편 그 당시 남쪽 대국 초楚의 좌도左徒(정무차관)였던 굴원屈原(기원전 343?~기원전 277?)은 제齊나라와 손을 잡고 강력한 진나라에 대항하는 '합종책合縱策'을 제안해 초나라 회왕懷王의 신뢰를 얻었다.

그러나 굴원은 장의의 음모로 국정에서 멀리 밀려나고, 회왕이 진의 부름을 받고 그 땅에서 사망하자 정적에 의해 초나라에서 추

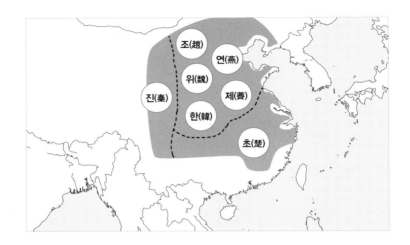

방되었다.

굴원은 초나라의 앞날을 걱정하며 비탄의 나날을 보내면서 동정
호洞庭湖 부근을 헤매고 다니다가 《초사楚辭》라는 일련의 시를 지었
다. 그것은 《시경詩經》과 함께 중국 고대시의 2대 원류로 꼽힌다.

《초사》의 한 구절인 "뜨거운 국에 데더니 냉채를 후후 불며 먹는
다"는 유명한 말이 되었지만, 그 뒷부분에 "세상 사람은 고난을 만나
뜻을 바꾸지만 자신은 충성스러운 태도를 절대 바꾸지 않는다"라는
구절도 있다.

실의에 빠진 굴원은 초를 걱정하는 마음을 바꾸지 않고 멱라汨羅
의 강에 돌을 안고 투신해 죽었다. 그리고 초나라는 기원전 223년
진나라에 멸망당한다.

그 지역 사람들은 굴원의 '우국의 뜻'을 기려 굴원의 기일인 5월
5일이 되면 대나무 껍질에 쌀을 싸서 물 속에 던져 그의 영혼을 위

로했다. 그 전승이 일본에 전해져 5월 5일 단옷날에 대나무 잎에 싼 떡을 먹는 관습이 생겼다.

소비를 위한 선전문구였던 '술은 백약의 으뜸'

역사상 '세금'은 다양한 드라마를 탄생시켰다. 약 200년의 역사를 이어오던 전한前漢을 멸망시킨 것은 왕망王莽(기원전 45~기원후 23)이라는 인물이었다. 그는 신新(8~23)이라는 왕조를 세우고 공부에 열중했지만, 책에 쓰여 있는 것에 현실을 맞추려다 '살아 있는' 사회에 대한 관찰을 게을리하고 말았다.

그는 주周라는 먼 옛날 왕조를 이상형으로 삼아 그 왕조의 제도를 기록한 《주례周禮》에 맞추어 억지로 사회를 변화시키려고 했다. '호족'의 힘을 억누르기 위해 밭을 공유화하고 노예 매매를 금지했던 것이다.

왕망이 재정을 유지하기 위해 중시한 것이 소금, 술, 철의 전매(다시 말해 특정 물품에 매기는 소비세)였다. 이러한 물품의 소비를 촉진시키기 위해 선전문구로 "술은 백약의 으뜸"이라는 말이 탄생했다.

이 선전문구는 세상의 술꾼들에게 든든한 방패가 되어 2,000년이라는 긴 세월 동안 입에서 입으로 전해져 오게 되었다. '세계사적' 명 선전문구인 것이다.

역사서《한서漢書》〈식화지食貨志〉에는 "소금은 곧 식효食肴(반찬)의 장將, 술은 백약의 장長, 가회嘉會의 호好, 쇠鐵는 전농田農(농사)의 본本"이라 기록되어 있다.

그러나 왕망은 '흉노'를 '항노降奴'로, '고구려'를 '하구려下句麗'라 부르는 등 주변 세력과 무의미한 전쟁을 시작했다가 내정까지 혼란스러워져 농민 반란을 초래했다. 내외 정세가 악화된 신은 불과 15년 만에 멸망한다.

왕망은 하늘의 신이 이렇게 모범적으로 정치를 하려는 자신을 버릴 리가 없다고 생각하며 유교 경전을 읽다가 부하에게 살해당했다고 한다.

로마 제국의 모든 길은
곧장 로마로

"모든 길은 로마로 통한다"는 말이 있다. 로마 제국의 도로는 강력한 군대의 정복 활동과 함께 뻗어나갔다.

초기에 '켄투리아 아케르소름 웰라토룸'이라는 군단이 이용하기 위한 공병부대가 만들어졌는데, 이것이 수백 년 동안 계속 도로 건설의 중심이 되었다고 한다. 당시 도로 건설에 자금을 제공하는 일이나 도로에 자신의 이름이 붙여지는 것은 무엇보다도 명예로운 일이었다.

로마 제국 도로의 특징은 도로가 튼튼한 토대를 갖고 포장되어 있다는 것과 자연적인 지형을 거슬러 가면서까지 '곧게' 만들어졌다는 데 있다. 그 이유는 말이 끄는 전차가 달릴 수 있도록 하여 군대의 시야를 넓게 하기 위해서였다고 한다.

현재까지도 사용되고 있는 로마와 남이탈리아를 잇는 아피아 가

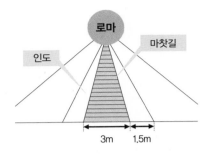

로마

인도   마찻길

3m   1.5m

도는 초기에 만들어진 간선도로인데 약 100킬로미터나 되는 '곧게' 난 도로이다. 이러한 직선 도로의 건설은 자연적인 절벽을 깎아내기도 하고, 다리나 터널을 만드는 등 매우 많은 돈이 드는 공사였지만 로마인은 과감하게 거기에 도전했다. 이렇게 로마의 토목 기술은 날로 발전했다.

역사가 슈라이버는 '곧게' 난 도로는 미개 사회에 '문명'의 빛을 가져다준다는, '정복자'의 긍지를 채워주는 의미도 갖고 있지 않았을까 추측하고 있다.

그리고 서기 원년을 전후하여 간선도로에 40~50킬로미터 간격으로 숙박소를 설치해 로마와 지방을 연결하는 역전제驛傳制가 정비되었다. 그 당시 황제의 허가증을 가진 디프로마라는 사자使者는 숙박소마다 말을 갈아타고 하루에 평균 90킬로미터로 관용 문서를 전달했다고 한다.

📖 **역사 메모**

로마 도로는 큰 돌을 가지런히 놓은 다음 석괴石塊나 쇄석碎石을 깔고, 그 위에 다시 자갈이나 일정한 크기의 사암을 깐 후 이를 화산회로 굳혔다.

와인 문화였던 중앙아시아가
와인의 공백 지대로

와인 생산의 중심은 원래 서아시아와 중앙아시아였다. 그러나 와인이 기독교 문화와 밀접한 관계를 갖기 시작하면서부터 수도원, 교회 등에서 손님을 환대하기 위한 음료로 품질이 거듭 개량되었고, 이윽고 일반 농가에서도 와인 양조가 이루어지게 되었다. 잉글랜드에도 와인이 전파되어 왕성하게 양조되었다.

농업 생산력이 매우 낮은 서유럽에서는 삼림에서의 돼지 사육, 와인 양조 등이 사회를 유지하는 중요한 수단이 되었다. 원래는 건조 지대의 음료였던 와인이 서유럽에서는 식량의 일부가 되었던 것이다.

한편 일찍이 와인 생산의 중심지였던 서아시아, 중앙아시아, 이집트에서는 급속한 이슬람화가 진행되었다. 이슬람교는 '천국'에서의 음주만을 인정하고 현세에서의 음주는 금했다. 그 때문에 이들 지역

에서의 와인 양조는 쇠퇴하였고, 순수하게 과일로 먹거나 건포도용 포도 재배로 급속하게 전환되었다. 서아시아와 이집트에 널리 퍼져 있던 와인 문화가 이슬람 문명에 의해 배제됨으로써 와인의 공백 지대로 변한 것이다.

14세기가 되자 지구의 한랭화로 인해 잉글랜드의 포도 재배가 쇠퇴하였다. 그것이 영국이 와인의 대규모 산지 보르도에 강하게 집착하는 이유가 되었고, 나아가 '백년 전쟁'의 원인이 되었다.

그러나 이 전쟁에서 패배한 영국은 거의 전면적으로 프랑스로부터의 와인 수입에 의존하지 않을 수 없었다. 따라서 400년이라는 세월 동안 런던은 유럽 와인 무역의 중심 항구가 되었다. 17세기 이후 패권 국가로서 유럽 경제를 이끌었던 네덜란드, 영국 등의 맥주 문화권에서 와인은 사치품으로 여겨졌다.

8장 역사의 틈바구니에 숨겨진 사건

국기에 등장하는
유일한 건조물

"세계 각국의 국기에 등장하는 유일한 건조물은 무엇인가?"라는 질문에 얼른 대답할 수 있을까. 그것은 고대 캄보디아 문화를 대표하는 '앙코르 와트'이다.

캄보디아의 정글 안에 묻혀 있다가 19세기에 프랑스인에 의해 발견된, 동남아시아 세계를 대표하는 화려한 건조물이 앙코르 와트이다. 12세기에 건조된 앙코르 와트는 인도에서 전해진 "왕이 신으로서 나라를 지배한다"는 사상을 절묘하게 표현한 건조물이다.

앙코르 와트는 크메르어로 '사원 도시'를 의미하는데 자신을 힌두교의 비슈누 신으로 자처한 왕이, 신들이 지배하는 대우주와 속세를 잇기 위한 소우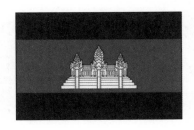

주로서 만든 성스러운 도시의 중심에 세운 신전(나중에 캄보디아가 불교국이 되고 나서부터는 사원)이었다.

위성衛星 탐사 결과, 프랑스의 소설가 앙드레 말로가 소설《왕도》(1930)에서 지적하고 있듯이, 앙코르 와트에서 사방으로 뻗은 '속세간'에 대규모 도로망이 구축되어 있었음이 밝혀졌다. 그야말로 '모든 길은 앙코르 와트로'라고 해야 할 정도였던 것이다.

앙코르 와트는 수십만 명의 농민과 전쟁 포로를 동원해 30년에 걸쳐 완성되었다. 주위에 해자垓子를 파고 탑과 회랑으로 장식한 3기基의 석조 건조물은 인도에서 세계의 중심으로 여겼던 메루산(수미산)을 본떠서 만든 탑을 중심으로 정사각형 모양의 산맥 일곱 개가 주위를 에워싸고, 다시 그 주위에 바다를 배치한 구조이다.

메루산을 보며 쌓은 높이 약 65미터나 되는 중앙탑의 맨 꼭대기 부분은 신이 강림하는 특별한 자리로 여겨졌다. 왕과 신이 대화하는 특별한 제의祭儀가 그곳에서 이루어졌던 것이다.

📖 **역사 메모**

앙코르 와트는 고대 크메르 왕국 앙코르 왕조(9세기 초~15세기 초)의 유적으로, 그보다 반세기 후에 세워진 앙코르 톰과 함께 앙코르 문화의 쌍벽을 이룬다.

최초의 병원은
순례자 등의 '숙박소'였다

영어로 '병원'은 'hospital'이라고 적는데 이 단어에는 동시에 '자선
시설'이라는 의미가 있다. 이 단어에서 파생한 hospitality는 '대접'
혹은 '환대'라는 의미이다. 이러한 말을 힌트로 병원의 성립 과정을
생각할 수 있다.

로마 제국에서는 313년의 밀라노 칙령에 의해 기독교가 공인되
었다. 그러자 《신약성서》〈마태복음〉에 있는 "병들었을 때 돌봐주고,
여행을 하고 있을 때 잠자리를 빌려준다"라는 기록에 근거해 교회
는 신도로부터 기부금을 모아 자선 사업을 시작했다. 신도 중에는
자원 봉사로 환자를 간호하는 사람도 나타났는데 의학이 발달하지
않은 당시 환자를 간호하는 일은 죽음을 무릅쓸 만큼 무모한 일이
었다.

7세기가 되면서 프랑스의 파리나 리옹에 '오텔'이라는 시설이 등

장했다. '오텔'은 환자, 고아 등을 수용하는 시설이었는데 동시에 순례자가 묵는 곳으로도 이용되었다. 이때까지는 병원과 숙박소는 분리되지 않았다. 오텔은 영어로 하면 '호스피스hospice(순례자 숙소, 환자·가난한 자 등의 수용소)'라는 말이다. 지금의 '호텔hotel'에는 고급스러운 숙박소라는 이미지가 있는데 '호스피스'와 어원이 같은 '호스텔hostel'에 고급스러운 느낌이 없는 것은 그 때문이다.

16세기 이후가 되면서 도시의 발달과 더불어 '병원'이 발달했다. 그러나 그곳은 환자 치료가 목적이 아니라 어디까지나 의식주를 보장해 주며 안심하고 천국에 갈 수 있도록 준비하는 장소였다.

병원의 기능이 크게 달라진 것은 19세기 후반 이후의 일이다. 마취나 지혈, 소독 기술의 발달, 미생물의 활동을 억제하는 수많은 약이 개발되고 나서부터이다.

커피 하우스에서 나온
불후의 명작

17세기 후반 유럽에서는 커피를 마시는 풍습이 크게 유행하여, 1708년에는 런던에만 3,000군데가 넘는 커피 하우스가 있었다고 한다. 커피 하우스는 사교나 정보 교환의 장이 되었고 마을의 소문, 궁정 소식, 연극에 대한 평가, 배우의 동정, 유행 중인 상송 등을 취재해 커피 하우스에서 한가하게 시간을 보내는 대중에게 화제를 제공하는 정기간행물도 등장하기 시작했다.

영국에서 발간된 잡지 《태틀러》(1709~1711)나 《스펙테이터》(1711~1712) 등이 그것이다. 이윽고 많은 계층의 다양한 사람들이 정보 제공자로서 잡지의 편집에 협력하면서 현재의 주간지와 같은 체제를 갖추게 되었다.

이러한 커피 하우스를 드나들던 저널리스트 가운데《로빈슨 크루소》의 작자로 유명한 대니얼 디포(1660~1731)라는 인물이 있었다.

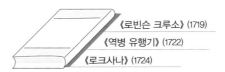

대니얼 디포(1660~1731)

《로빈슨 크루소》 (1719)
《역병 유행기》 (1722)
《로크사나》 (1724)

그는 개인적으로 취재를 하고 기사를 써서 주간지 《리뷰》(1704~1713)를 발간하고 있었는데, 어느 날 커피 하우스에서 한 가지 흥미 있는 이야기를 주워들었다.

동료 선원들과의 불화로 칠레 앞바다의 남태평양 절해고도 마스아티에라섬에 유배되어 4년 4개월 동안 어쩔 수 없이 무인도 생활을 하다가 간신히 영국의 개인 포경선에 의해 구출된 스코틀랜드인 알렉산더 셀커크라는 전직 해적에 대한 이야기였다.

그는 이 이야기를 토대로 절해고도에서 억척스럽게 살아가는 모험심 넘치는 남자 로빈슨 크루소 이야기를 썼다고 한다. 《로빈슨 크루소》라는 불후의 명작은 커피 하우스에서 탄생한 작품이다.

📖 **역사 메모**

마스아티에라섬은 마스아푸에라섬, 산타클라라섬과 함께 후안페르난데스 제도에 속한다. 이 제도는 1563년에 스페인의 항해가 후안 페르난데스가 발견했다.

8장 역사의 틈바구니에 숨겨진 사건

약제사와 부티크는
'와인 창고'가 기원

약을 조제하는 것은 원래 마술적인 의미를 갖고 있어 신비스럽게 여겨졌다. 로마에서 부적을 약으로 여기고, 중세 유럽에서 성인聖人의 유물이 약효를 높인다고 생각하고, 이슬람 세계에서 보석에 약효가 있다고 여긴 것 등이 그런 분위기를 보여준다.

중세 유럽에서는 약을 조제하는 사람을 '아포티케르apothi-caire'라고 불렀다. 이것은 그리스어의 '아포테케apotheke(예비로 마련해 둔 것, 와인 창고, 식품점)'에서 유래한 말이다. 아포티케르는 원래 건강 유지, 질병 치료에 효과가 있는 생약을 거래하는 상인을 가리키는 말이었다. 그들은 후추, 향료 등의 상품도 판매했다. 의사는 처음에는 먼 지방에서 약재를 사들여 만드는 '피그멘타리우스'라는 조제사에 의뢰했는데, 곧이어 그 일을 아포티케르라는 상인에게 맡기기 시작했다. 그 결과 향신료도 판매하는 생약 상인이 차츰 약을 조제하는 기술자로 활동하다 '약제사'가 된 것이다.

　아포테케는 라틴어 아포테카apoteka에서 온 것인데, 같은 어원에서 유래한 말로 '부티크boutique'라는 단어가 있다. 그런 이유로 아포티케르에는 '가게를 내고 있는 모든 상인'이 포함되어 적절하지 않은 표현이라 여기게 되었고, 훗날 약제사는 파르마콘pharmakon(약)을 어원으로 하는 '파르마시안'으로 고쳐 부르기 시작했다.

　부티크라고 하면 세련된 부인용 양장점이라는 이미지가 있는데, 원래는 모든 상점을 아포테케 또는 부티크라 불렀던 것이다.

'하렘'은 그리스의 '부인방'에
더 가까운 이미지

세계사에는 후세 사회의 상황과 연계하여 역사를 추리한 결과 잘못된 이미지가 만들어지는 경우가 있다. 중근동은 역사적으로 남존여비 풍조가 강하고, 고대 그리스에서는 여성의 사회적 지위가 인정되지 않았을 거라는 생각 등이 그 예이다.

고대 이집트에는 '남성 궁정'과 별도로 '여성 궁정'이 있었다. 그것은 남성과 마찬가지로 여성 '권력자'가 존재했음을 의미하고, 따라서 여성 궁정도 독자적인 내정·외교를 실행했다.

이러한 '여성 궁정'이 나중에 아라비아어 '하렘'이라는 말로 바뀌었기 때문에 하렘이라는 말에서 거꾸로 이미지가 만들어졌고 일관되게 여성의 사회적 지위가 낮았을 거라는 추리를 낳게 된 것이다. 예부터 중근동에서는 일부다처 제도가 있어 여성을 밖으로 내놓지 않고 남성이 전유했다는 이미지이다.

고대 그리스   중동

부인방   하렘

그러나 '하렘'이 갖는 이러한 이미지에 가까운 것은 오히려 '남존 여비' 풍조가 강했던 고대 그리스의 '부인방(지네케움)'일 것이다.

아테네에서는 여성에게 교육을 시키지 않고 가능한 한 세상 물정을 알기 전에 결혼시키는 것이 일반적이었다. 심지어 10대 소녀를 30세 이상의 남성과 결혼시키는 경우가 많았다. 결혼 후에 남편은 아내를 '부인방'에 가두어 둔 채 밖으로 내돌리지 않았고, 식료품 등 생활용품의 구입은 남편, 혹은 노예가 대신했다.

부인은 '부인방'의 주인이었지만 방에서 나오는 게 용납되지 않았다. 이러한 제도가 비잔틴 제국으로 이어져 이슬람 제국에 영향을 끼친 것이다.

커피의 원류
'모카'라는 이름의 유래

킬리만자로, 콜롬비아 등 전 세계에는 다양한 종류의 커피가 있다. 그중에서도 가장 많은 종류가 모카다. 왜 유독 모카가 이렇게 유명한 것일까.

에티오피아가 원산지인 커피는 동에티오피아에서 아라비아 반도 남부 예멘에 있는 '모카항'의 상인에 의해 이슬람 세계로 운반되었다고 한다.

커피에 대한 열기가 고조되던 17세기 무렵 네덜란드는 1628년에 예멘 지방의 모카항에 상관을 설치하는 데 성공했고, 상관을 통해 직접 구입한 마흔 자루의 커피콩을 처음으로 유럽에 가져갈 수 있었다.

1640년 이후, 모카 커피는 암스테르담에서 대대적으로 판매되었고, 커피 선적항인 모카는 커피의 대명사가 되었다.

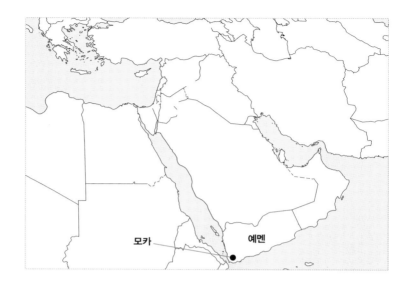

모카   예멘

　　이익을 늘리려면 직접 재배할 수밖에 없다고 생각한 네덜란드 사
람들은 커피 나무를 몰래 예멘 지방에 들여오는 데 성공했다. 그들
은 식민지인 자바섬 주민들에게 강제로 커피를 재배하도록 했다. 이
커피는 순조롭게 이익을 가져다주었고, 네덜란드인은 '세계 제일의
커피 상인'으로 많은 수익을 거두었다.

　　네덜란드에 이어 모카항에 들어온 영국 상인은 커피 하우스가 폭
발적으로 증가하는 가운데 커피 수입을 늘리다가 이후 모카의 거래
를 장악하게 된다.

　　나중에 자바섬에서 암스테르담 식물원으로 이식된 커피 묘목(원
래는 모카 커피)이 18세기 전반에 프랑스의 루이 14세에게 헌상되었
다. 프랑스인은 그 묘목을 마르티니크섬에 이식했고, 남미의 프랑스
령 기아나를 거쳐 1720년대에 브라질로 들어갔다.

그때부터 브라질은 세계 최대의 커피 생산국이 되었다.

예멘의 모카 커피는 마타리, 샤르키, 사나니 지방의 것이 가장 좋은데 사나니 모카는 와일드하고 과일의 신맛이 나며, 마타리 모카는 초콜릿 맛이 난다.

이문화와의 만남이 낳은
'모른다'는 이름의 동물

인류는 '언어'라는 공통적으로 이해할 수 있는 기호를 만들어 내 자신들의 사회를 확대해 나갔다. 그렇게 생각하면 '언어'는 귀중한 '의사 소통의 도구'이다.

서로 다른 문화가 갑자기 만났을 때 사람들은 온갖 노력을 기울여 상대가 횡설수설 뱉어내는 '말'을 자신들의 언어로 번역하려고 하는데, 때로는 그것이 어이없는 착각인 경우도 많다.

예를 들면 멕시코만과 카리브해를 나누는 멕시코 남동부의 '유카탄 반도'가 그런 경우이다. 이 반도는 예부터 마야 문명의 중심지로 유적이 많은 곳이었다.

1517년 스페인의 정복자 데 코르도바 일행이 이 반도를 탐사했을 때 마침 함께 있던 원주민에게 "이곳은 뭐라고 부르는가?"라고 물었다. 질문의 의미를 모르는 원주민은 마야어로 "뭐라고요(테크텔

8장 역사의 틈바구니에 숨겨진 사건

```
모른다
  ↓
캥거루
```

란)?" 하며 반문했는데 마야어를 모르는 데 코르도바는 그것을 지명
이라고 멋대로 생각했다. 이 '테크텔란'이 와전되어 나중에 '유카탄'
이 되었으니 유카탄 반도는 결국 '뭐라고요 반도'라는 뜻이다.

그와 마찬가지 경위로 이름이 만들어진 것이 '캥거루'이다. 영국
의 항해사이자 탐험가인 제임스 쿡은 1770년 호주 동부 해안 지방
에 상륙했다. 그때 일행은 폴짝폴짝 두 다리로 뛰어다니는 기묘한
대형 동물을 보았다. 그래서 원주민에게 "저건 뭐지?" 하고 물었는
데 그 대답이 "캥거루!"였다. 그때부터 그 동물은 '캥거루'라 불리게
되었는데, 그것은 원주민 말로 '모른다'는 의미였다.

수많은 〈터키 행진곡〉,
어디가 매력적인가

1453년, 오스만튀르크 제국의 메메트 2세(재위 1444~1446, 1451~
1485)는 21세의 나이로 100마리의 소가 끄는 거대한 대포, 20만 명
의 육군, 400척의 군함이 동원된 대군을 지휘해 1,000년간 이어져
온 비잔틴 제국의 수도 콘스탄티노플(현 이스탄불)을 공격하기 시작
했다.

　비잔틴 제국 측은 성벽의 방어 태세를 굳건히 하고 자국의 함선
을 거리가 6킬로미터나 되는 금각만 항구 깊숙한 곳으로 피난시킨
다음 그 입구를 무거운 쇠사슬로 막았다. 이에 오스만군은 일흔두
척이나 되는 군함을 육지로 이동시켜 비잔틴 제국을 공격했다. '튀
르크 함대, 육지를 건너다'라는 유명한 이야기다.

　그런데 전쟁은 뜻밖에도 싱겁게 끝났다. 5월 29일 비잔틴 제국
측이 작은 성문 자물쇠를 깜빡 잊고 잠그지 않는 바람에 콘스탄티

노플이 함락된 것이다. 이로써 기독교도는 동방의 거점을 잃었다.

이 전쟁에서 오스만군의 주력 부대는 '예니체리(yeni는 '새로움', çeri는 '병사'라는 뜻으로 '새로운 군대'를 의미한다)'라고 불리는, 이슬람 교육을 받은 동유럽 기독교도의 자제들로 이루어진 군대였다. 그들은 군악에 맞추어 규율을 따라 질서정연하게 행동했다. 17세기에 오스만군의 악대는 200명을 넘었고, 술탄 직속으로 편성된 악대도 따로 있었다.

이처럼 오스만군은 치장도 화려하고 강했기에 오스만 군악대는 〈터키 행진곡〉으로 빈을 비롯해 유럽 세계에서 환영을 받았다. 모차르트 등 많은 작곡가가 〈터키 행진곡〉을 작곡한 것도 그 때문이다.

📖 **역사 메모**

오스만 제국의 유럽 침공으로 18세기경부터 각지에 터키 군악대가 등장하기 시작했는데 〈터키 행진곡〉은 이 터키 군악대의 리듬을 특징으로 하는 음악이다. 〈터키 행진곡〉은 유럽 음악에도 영향을 끼쳐 모차르트, 베토벤, 하이든 등이 〈터키 행진곡〉을 발표했다.

스페인 남부로 쫓긴
집시가 낳은 '플라멩코'

유랑민 '집시(집시는 영어이고, 스페인어로는 히타노)'라는 말은 어딘가 낭만을 느끼게 하는 분위기가 있다. 그러나 유럽에서는 다분히 모멸적인 뉘앙스가 포함되어 있다. 현재 스페인에는 40만 명에서 50만 명의 '집시'가 있다고 추정되는데, 그들이 스페인에 온 것은 국가 통일이 진행되던 15세기였다.

16세기가 되면서 스페인에서는 종교 개혁에 대항해 가톨릭 강화 정책을 채택했다. 이 정책에 따라 집시에게는 그들의 말과 풍습이 금지되었다. 그 때문에 집시들은 이슬람 문화가 강하게 남아 있는 남부 안달루시아 지방 여러 도시의 변두리 또는 뒷골목에 자리를 잡았다. 그들은 노래와 춤을 낙으로 삼으며 무리를 지어 살았는데, 그 수준이 높아 19세기 후반 스페인인들의 시선을 끌기 시작했다. 그리고 안달루시아의 도시마다 '카페 칸탄테'라 불리는 무대 딸린

8장 역사의 틈바구니에 숨겨진 사건

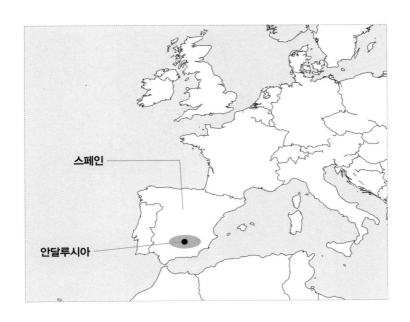

스페인

안달루시아

술집이 들어서기 시작하면서 그들의 노래와 춤이 급속하게 보급되기 시작했다. 이것이 바로 '플라멩코'의 기원이다.

플라멩코는 장중한 내용이나 일상의 애환을 표현한 노래 '칸테'가 기타 반주, '브라세오(팔, 손, 손가락의 움직임)', '사파테아도(발의 움직임, 구두 소리)'와 조화된 것이다. 거기에 더해 춤을 추고 캐스터네츠와 손박자, '오레!' 하는 추임새가 합쳐져 집시, 이슬람, 스페인 등 여러 문화가 융합된 이국적인 예술로 발전했다.

해수욕에도
역사가 있다

현재의 스포츠나 레저도 그 기원을 보면 의외로 새로운 것이 많다. 예를 들면 유럽에서 즐기는 해수욕의 기원도 그리 멀지 않은 18세기 전반 무렵으로 여겨진다. 그러나 당시 해수욕은 특권 계층의 보양保養을 위한 '목욕'이었고 '헤엄을 치는' 스포츠는 아니었다.

당시의 대표적인 사교 무대는 온천이나 광천수가 나오는 곳(스파)이었는데 집회장, 회비제 도서관 등을 갖춘 사교 전용 스파 타운이 잇따라 탄생했다. 최초의 해수욕도 스파의 온천·광천욕과 마찬가지로 여겨졌다.

당시의 해수욕은 매우 특이했다. 해수욕을 하고 싶은 사람들은 바퀴가 달린 특별한 마차를 끌고 바다로 들어가 옷을 갈아입은 다음 해수욕을 즐겼다. 해수욕이 끝나면 탈의실로 사용한 마차를 다시 모래사장으로 끌어올렸다.

8장 역사의 틈바구니에 숨겨진 사건

18세기 후반이 되면서 해수욕의 효용이 인기를 모으기 시작하자 해수욕용 마차는 해변 리조트에서 빼놓을 수 없는 존재가 되었다.

바닷물이 건강에 좋다고 여겨 온천수처럼 컵에 담아 마시기도 했다. 온천욕과 마찬가지로 여겼기 때문에 남녀가 같이 해수욕을 즐기는 경우는 없었다. 또한 '잠수꾼'이라는 직업이 있어서 물을 무서워하는 사람들을 억지로 바다로 끌고 들어갔다고 한다.

사람들은 곧 수영하는 즐거움을 알게 되었고, 남녀가 같은 해안에서 '혼욕'을 하게 되면서부터는 해수욕을 더욱 즐겼다. 19세기에는 해수욕이 목욕에서 차츰 수영이나 패션을 즐기는 일로 그 내용이 달라졌고, 사람들의 여름 오락이 되었다.

'카바레'와 '바'는
이렇게 탄생했다

유럽에서 '술집'은 원래 숙박 시설의 일부였다. 4세기 이후에 출현한 이 시설은 군대의 주둔지를 의미하는 게르만 고어 '헤르베르게herberge'에서 파생된 '오베르지auberge'라고 불렸다.

도시가 발달한 13세기경이 되면서 먹고 마시는 전문 술집이 분리되었는데, 이 술집은 네덜란드어로 '방'을 의미하는 '카브레트cabret'에서 따온 '카바레cabaret'라고 불렸다. 이 카바레에서는 토속주라고 할 만한 와인을 제공했다.

그러나 17세기에 오스만 제국으로부터 새로운 음료인 커피가 들어오자 삽시간에 온 유럽에 퍼져 카바레에서도 커피를 취급하게 된다. 둘은 시간이 경과함에 따라 차츰 나뉘어져 카바레는 주류를 제공하는 곳이 되고, 커피를 제공하는 곳은 '카페'로 불리게 되었다.

산업혁명 후에 도시의 규모가 급격하게 커지자 '쇼'를 즐길 수 있

8장 역사의 틈바구니에 숨겨진 사건

는 대형 업소를 카바레라 부르게 되었고, 카페도 커피와 함께 주류를 취급하게 되어 지역 사람들을 위한 술집으로 변했다.

그에 비해 급속하게 서부 개척이 진행되던 미국에서는 '살롱salon(프랑스어로 '거실'이라는 의미)'이 와전된 '살룬saloon'이라는 음식점이 확산되었다. 당시 음식점에서는 술통에 담은 위스키를 잔에 따라 팔았는데 취한 손님이 가게 주인 몰래 멋대로 술통에서 술을 따라 마시는 일이 자주 일어났기 때문에 업자는 굵은 봉(바)을 가로질러 놓고 손님이 멋대로 술통에 다가가지 못하게 했다.

경계선 구실을 하던 봉은 어느새 '판자'로 변하고, 마주 앉는 식의 술집으로 변화되었다. 그것이 '바bar'이다.

바(bar)

카페(cafe)

카바레(cabaret)

블루머에는 남녀평등 사회를
향한 희망이 담겨 있다

유럽에서는 중세 이후 1,000년 동안 남자는 바지, 여자는 스커트를 입는 것이 당연하다고 생각했다. 그러나 민주주의 사상이 보급되고 여성의 사회 진출이 진행된 19세기 후반부터 이러한 복장 차별이 여성의 사회 진출을 막는 게 아닐까 생각하는 여성이 나타났다. 그 중 한 사람이 미국의 어밀리아 블루머(1818~1894)였다.

그녀는 교육, 부인 참정권, 결혼 등과 관련해 남녀평등을 내걸고 폭넓은 활동을 했는데, 1851년에는 이슬람 세계의 여성 복장에서 힌트를 얻어 폭이 헐렁하고 발목에서 조여 묶는 여성용 바지를 발표해 호평을 받았다. 여성들이 이 풍성한 바지를 즐겨 입게 되면서 체조복으로 이용되고 차츰 짧아졌다. 그것이 바로 무릎까지 오는 바지 '블루머'이다.

블루머가 고안된 것과 때를 같이해 프랑스에서는 공상적 사회주의자 생시몽을 지지하는 사람들에 의해 남녀평등을 실현하려면 여성의 복장 개혁이 필요하다는 주장이 제기되었다. 여성도 남성과 똑같은 바지를 입자는 주장이었다.

제1차 세계대전 후 많은 국가에서 여성 참정권을 인정하기 시작했는데, 스커트 중심의 여성 패션은 좀처럼 바뀌지 않았다. 그것을 바꾼 사람이 파리의 디자이너 생로랑이다. 1967년 오트 쿠튀르에서 발표한 바지 정장은 호평을 불러일으켰고, 그때부터 여성용 바지가 세련된 패션으로 정착하기 시작했다.

프랑스는 왜 미국에
'자유의 여신상'을 선물했을까

뉴욕의 상징은 왼손에 '미국 독립 선언' 날짜(1776년 7월 4일)가 적힌 독립선언서를 들고 오른손에는 횃불을 높이 쳐든 거대한 '자유의 여신상'이다. 받침대에서부터 횃불까지는 93미터인 여신상은 멀리 뉴욕만에서도 볼 수 있어 유럽에서 '아메리칸 드림'을 찾아 대서양을 건너온 무수한 이민자들에게 자유의 나라 미국의 상징으로 여겨져 왔다.

그러나 이 자유의 여신상의 진짜 고향은 프랑스이다. 1878년 파리에서 개최된 만국박람회에 조각가 프레데리크 오귀스트 바르톨디는 높이 46미터의 거대한 여신상을 출품해 호평을 받았다. 상상을 초월하는 이 거대한 조각은 그저 단순한 예술 작품이기만 한 게 아니라 당시 과학 기술의 상징이기도 했다.

나중에 에펠탑을 건설한 것으로 알려진 건축가 에펠의 조언을 받

8장 역사의 틈바구니에 숨겨진 사건

아들여 이 여신상의 옷은 구리로 만든 디자인을 갖게 되었다.

자유의 여신상

만국박람회가 끝난 뒤 자유의 여신상은 1776년 독립을 선언하고 프랑스의 군사 원조를 받아 영국으로부터 독립한 미합중국에 전해졌다. 과거 두 나라의 위대한 연대를 기념하는 의미로 선물하게 된 것이다. 무게가 250톤이나 되는 거대한 여신상은 214부분으로 해체해 대서양을 건너 뉴욕으로 운반되었다고 한다.

한편 남북전쟁이 끝난 뒤 엄청나게 밀려드는 이민자를 받아들여 팽창 일로에 있던 미국 입장에서도 자유의 나라임을 알리는 상징물이 필요했다. 미국 시민은 기부금을 모아 받침대를 만든 다음 프랑스에서 가져온 자유의 여신상을 맞아들였다. 1886년 자유의 여신상은 뉴욕만을 내려다보는 형태로 뉴욕항의 리버티섬에 자리 잡게 되었다.

홍차를 싫어하는 미국인에게
홍차를 마시게 한 립톤

실론섬(현재의 스리랑카, 산스크리트어로 '눈부시게 빛나는 섬'이라는 의미)은 시나몬(시원하고 향기로운 맛이 나는 향신료. 일명 계피 – 옮긴이)과 보석의 산출지로 유명한 인도양 동쪽 끝에 있는 섬이다. 대항해 시대에는 포르투갈인이, 17세기 중엽에는 네덜란드인이 지배했다.

자바섬에 모카 커피를 이식해 큰 이익을 거둔 네덜란드는 1740년 실론섬 연해 지역에 커피 농장을 열었다. 그러나 기후 조건이 맞지 않았기 때문에 이 시도는 제대로 성과를 거두지 못했다. 이어서 진출한 영국인이 중앙 구릉 지대에 농장을 개척해 마침내 커피 재배는 궤도에 오르게 되었다.

그런데 아프리카에서 커피 잎을 말려 시들게 하는 질병이 전염되어 1877년에는 27.5만 에이커나 되는 커피 농장이 궤멸 상태에 빠지고 말았다.

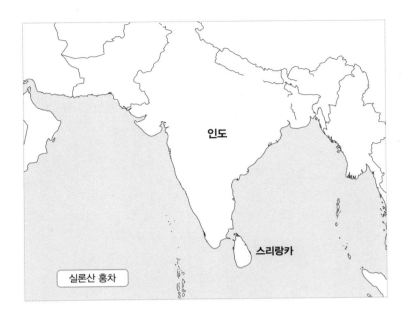

실론산 홍차

인도

스리랑카

　그런 시기에 15세 때 미국으로 이주해 식료품점 경영으로 성공한 아일랜드인 토머스 립톤은 런던에서 조금씩 유행하기 시작한 실론산 홍차에 눈을 돌렸다. 그는 실론섬의 궤멸된 커피 농장을 홍차 농장으로 바꾸어 산지에서 직송한 값싼 홍차를 대량으로 미국에 갖고 들어와 판매하겠다는 계획을 세웠다.

　행동이 빠른 립톤은 즉각 실론섬으로 건너가 커피 농장 2,800헥타르를 사들인 다음 새롭게 발견된 아삼종 홍차 재배를 시작했다.

　그는 "농장에서 곧장 티포트로"라는 카피로 일용 식료품과 함께 '립톤 홍차'를 그때까지의 반액에 가까운 값으로 판매했다. 이로써 립톤은 독립 전쟁 이후 홍차를 싫어했던 미국 사회에 홍차를 보급시키는 데 성공했다.

SOS 신호로 처음 생명을 구한 것은
바로 타이태닉호 사건

1912년 4월 10일 뉴욕을 향해 영국의 사우샘프턴을 출항한 4만 6,328톤의 초호화선 타이태닉호는 2,208명의 승객과 승무원을 태우고 무모하다고도 할 수 있는 속도로 안개 자욱한 북대서양의 빙원으로 진입하고 있었다.

4월 14일 오후 11시 40분, 갑자기 나타난 부류빙산浮流氷山을 피하기 위해 선회한 타이태닉호는 배 중간에 깊은 균열이 생겨 침몰을 피할 수 없게 되었다. 선장은 오전 0시 15분, 무선계에 'SOS' 타전을 명령했다.

SOS 신호는 긴급용으로 '···———···'라는 간단한 것이었다. SOS가 정해진 것은 1906년이었는데 세계에서 최초로 SOS를 타전한 배는 타이태닉호로 알려져 있다. SOS 무선을 접수한 카르파티아호가 현장에 달려간 것은 침몰한 지 두 시간 후였지만 다행히

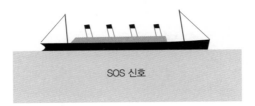

타이태닉호

SOS 신호

695명의 승객을 구출할 수 있었다.

　4월 21일자《뉴욕 타임스》는 마치 마법과도 같은 무선 전파를 이용해 수많은 인명을 구조했다고 보도하면서 전파에 의한 대규모 네트워크의 효용성을 지적했다.

　그렇게 생각하면 타이태닉호는 새로운 시대의 도래를 몸소 보여주면서 바다 밑으로 가라앉았다고 할 수 있겠다.

　그로부터 약 150년이 지난 후, 배가 난파된 장소를 순식간에 찾아내는 조난 안전 시스템(GMDSS)이 보급되었고, 1999년 2월 1일 모스 부호에 의한 구조 신호는 전 세계에서 모습을 감추었다.

최초의 스튜어디스가
간호사였던 이유

1903년에 라이트 형제가 약 260미터, 약 59초간의 동력 비행에 성공하면서 비행기 시대가 시작되었다. 그러나 20세기의 '비행기 시대'를 본격화시킨 것은 제1차 세계대전이었다. 대전 중에 약 17만 기의 비행기가 제조되었다.

전쟁이 끝나자 불필요해진 많은 군용 비행기가 민간에 불하되면서 장거리 우편 선로가 탄생했다.《어린 왕자》의 작가 생텍쥐페리도 아프리카로 가는 정기 우편 수송에 종사했다고 한다.

1919년에 발족한 '여객' 수송은 정원이 고작 두 명이었다. 그러다가 1935년에는 대서양 단독 무착륙 횡단 비행에 성공한 린드버그가 고문으로 있는 팬아메리칸 항공 회사가 미국 정부의 극진한 보호를 받으며 세계 일주 노선을 완성하는 데 성공했다.

그런 가운데 1930년에 미국의 보잉(현 유나이티드) 항공은 스튜어디스를 모집해 승객에 대한 서비스를 담당하게 했다. 그때의 채용 조건은 '간호사 자격을 갖고 있는 체중 50킬로그램 이하, 신장 162센티 이하, 나이 25세 이하의 여성'이었다.

비행기가 작아 빈번하게 이착륙을 반복했기 때문에 멀미로 속이 메스꺼운 승객이 많이 발생했고, 그에 대한 간호가 필요했던 것이다. 당시는 시카고에서 샌프란시스코까지 가는 비행기가 열세 번이나 이착륙을 반복했다고 하니 얼마나 힘들었을지 상상할 수 있다. 그리고 비행기가 작았기 때문에 스튜어디스도 '아담한 체형'을 요구하게 된 것이다. 참고로 파리-뉴욕 간 제트기가 취항한 것은 1958년의 일이다.

유엔에 대한 이미지는
일본과 유럽, 미국에서 모두 다르다

제2차 세계대전이 막바지에 있던 1945년 6월, 두 번에 걸친 세계대전으로부터 장래의 세대를 구하려는 목적으로 초안이 제기된 '국제연합헌장'이 50개국에 의해 조인되고 폴란드가 가세함으로써 51개국에 의해 '국제연합'이 발족했다. 소련은 얄타 회담의 합의에 의해 세 개의 의석이 인정되었다.

유엔 헌장은 미국·영국·소련·중국이 중심이 되어 전후 세계 질서를 확립한다는 미국 대통령 루스벨트의 '4인 경찰관' 구상에 프랑스까지 포함한 5대국(상임이사국)이 안전보장이사회의 거부권이라는 형태로 의사 결정권을 갖고, 구적국舊敵國 조항을 결정하는 등 전시 색깔이 매우 짙은 것이었다. 'The United Nations'

라는 명칭이 무엇보다도 그 성격을 말해주고 있다. 새로운 국제 조직의 명칭으로 소련은 'World Union'을, 영국의 처칠 수상도 전시색을 없애기 위해 다른 명칭을 요구했다. 하지만 처칠이 백악관을 방문했을 때 루스벨트 대통령이 목욕을 하면서 퍼뜩 떠오른 생각, 즉 미국의 주도권을 명확하게 하기 위해 전쟁 중의 '연합 국가들'을 의미하는 이 명칭을 채택했다는 에피소드가 있다.

전후의 동향을 더듬어 보면 신흥 독립 국가들의 참가나 세계화가 진행되는 가운데, 문제·분쟁 처리 기관으로서 '국제연합'이라는 단어 이미지에 합치되는 요소가 보태지기는 했지만 미국인이 애초 의도했던 '연합국'의 이미지는 여전히 살아 있는 것 같다.

아프리카 국가들의 국기에
녹·황·적색이 많은 이유

솔로몬과 시바의 여왕 사이에서 태어난 아들 메넬리크 1세를 건국의 조상으로 삼고 있는 에티오피아는 열강에 의해 아프리카가 분할되던 시대에도 독립을 지키며 왕실을 존속시켜 왔다. 1936년에는 비록 이탈리아에 정복당했지만 제2차 세계대전 후에는 독립을 회복했다.

그 때문에 에티오피아 국기를 장식하고 있는 녹·황·적 세 가지 색깔은 아프리카인의 긍지를 나타내는 '아프리카의 색'으로서 아프리카 신흥 독립국의 국기에 많은 영향을 끼쳤다. 가나, 카메룬, 기니, 기니비사우, 세네갈, 토고, 베냉, 말리, 르완다 등은 모두 국기에 '아프리카의 색'을 채택해 쓰고 있다.

녹·황·적, 3색에 대한 해석은 에티오피아가 '노동·풍성한 생산력', '희망·정의', '자유·평등을 보급하기 위한 헌신'을 뜻하는 데 비

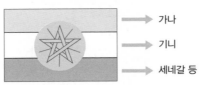

에티오피아

→ 가나

→ 기니

→ 세네갈 등

녹·황·적의 아프리카의 색

해 가나에서는 '풍요로운 삼림과 농지', '고대 가나 제국의 부와 지하 자원', '독립을 위해 싸운 사람들'이라는 의미를 부여하고 있고, 기니에서는 '나무와 농산물', '황금과 아프리카의 빛', '모든 생명의 원천이 되는 아프리카의 태양'을 뜻한다.

1950~1960년대에 걸쳐 아프리카에서는 아프리카 합중국을 만들고자 하는 범아프리카주의 운동이 일어났다. 하나로 뭉친 아프리카를 추구하던 이 시기에도 녹·황·적색은 그 상징 색깔이 되었다.

에티오피아라는 나라 이름의 어원은 원래 그리스어의 아이토스 오프시아(aitos는 '햇빛에 그은', ops는 '사람·얼굴', 지명 접미사 ia의 합성)가 와전된 것으로 '햇빛에 그은 사람들의 나라'라는 뜻이다.

편의점과 슈퍼마켓의
원조는 1920년대

1920년대 미국은 자동차, 가전 제품, 영화·라디오 네트워크를 결합시킨 대중 오락이 크게 유행하면서 대중 소비 사회라는 새로운 생활 방식이 보급된 시대였다.

대도시에서는 상품이 넘치는 '백화점'이 붐볐는데, 지방의 중소도시에서는 동일 경영자가 같은 규격으로 디자인한 소매점을 넓은 구역에서 여러 개 경영하는 '체인 스토어' 방식이 급속히 보급되어 '미국식 생활'을 창출하기 시작했다. 상품을 대량으로 직접 사들여 인건비를 절약함과 동시에 광고를 일원화함으로써 가격을 대폭 낮출 수 있었다.

예를 들면 뉴욕주의 시골에서 시작된 울워스('5&10센트 스토어'로 친숙하다)는 붉은색과 금색을 기본색으로 하는 쇼윈도를 이용한 일용품 판매에 성공해 점포수를 1900년 50개에서 1920년에는

111개로 늘렸다. 1913년에는 맨해튼에 높이 222미터짜리 울워스 빌딩을 세우기도 했다.

또 시카고에서 농민을 상대로 카탈로그 판매를 시작한 시어스로 벅은 시계 판매에서 시작해 일용품 소매로 손을 뻗어 1974년에는 높이 443미터의 본사 빌딩을 완공했다.

1920년대에는 800개 이상의 '체인 스토어' 회사가 격전을 펼치는 가운데, 회전문을 열고 들어온 손님이 진열대를 한번 휙 둘러보며 상품을 고른 다음 마지막으로 출구에서 계산하게 하는 셀프 서비스형 점포가 출현했다. 이 점포 방식은 인건비 삭감에 주효했기 때문에 30년대 이후 '슈퍼마켓'으로 급속히 보급되었다.

《기네스북》이
맥주 회사의 PR지인 것을 아는가

세상이 온통 PR 시대이다. 기업도 메세나(기업의 예술·문화 지원 활동을 말한다-옮긴이) 활동 등으로 기업 이미지를 높이고 자사 제품의 브랜드화를 노리고 있다. 기업의 PR지誌 중 가장 유명한 것은 세계 각지의 사람들에게 화제를 제공하고 있는 영국 기네스사의 PR지 《기네스북》이다. 영국에는 검은색을 띤 스타우트, 맑은 액체의 에일이라는 독특한 맥주가 있는데 기네스사는 스타우트의 대표적인 메이커로 세계 제10위(1995년)의 판매량을 자랑하고 있다.

영국의 맥주 전성기는 18세기 후반의 산업혁명기인데, 포터 비어(포터=짐꾼, 인부의 피로가 단번에 풀릴 정도로 영양가 높은 맥주라는 의미)가 세계 최고의 산출량을 자랑했다. 오늘날에는 독일, 미국이 맥주 왕국의 자리를 되찾아 가고 있다.

모든 분야에서 세계 최고를 모은 《기네스북》은 1955년에 초판이

기네스북   기네스사

간행된 이래, 계속 새로운 '세계 제일'을 발굴해 증보, 개정을 거듭
하며 네덜란드, 프랑스, 스페인 등 세계 각국에 번역되어 세계적인
베스트셀러가 되고 있다.

이 책의 원래 목적은 펍(생맥주 등을 들고 둘셋이 모여 담소하는 곳으
로 '선술집'이라고 할 수 있다-옮긴이) 등에서 술을 마시며 담소할 때
화젯거리를 제공하는 데 있었다.

그러나 편집을 맡은 맥허터家의 쌍둥이 형제 놀리스와 로이스
는 일반적으로 '세계 최고'라는 이름이 붙은 기록을 위대한 것부터
진기한 것에 이르기까지 모조리 수록해 언제, 누가, 어디서, 어떻게
그 기록을 달성했는지 해설을 덧붙임으로써《기네스북》이라는 이름
을 세계적인 것으로 만들었다.

📖 **역사 메모**

《기네스북》은 2001년 현재 177여 개국에서 23개국 언어로 300종류 이상
의 다양한 형태로 동시 판매되고 있다. 현재 1억만 부 가까이 팔렸으며, 이
책들을 쌓으면 에베레스트산 높이의 300배 이상 된다고 한다.

후
기

세계사에 관한, 다양한 관점에서 본 다양한 이야기를 읽은 느낌이 어떠신지? 세계사 교과서의 행간에 감추어져 있는 이야기가 많아, '이것이 세계사란 말인가' 하고 여기시는 분도 있을 것이다.

세계사 속에는 우리의 생활 반경을 훨씬 초월하는 폭넓은 이야기가 존재하며, 서로 이질적인 많은 문화가 병존하면서 활발한 교류를 이어 왔다. 의식하든 의식하지 않든 역사는 매일, 우리의 일상 안에서 창출되고 있는 것이다.

"춤을 추는 바보와 구경만 하는 바보가 있다면, 둘 중엔 춤추는 바보가 행복할 것이다"라는 말이 있다. 이처럼 우리의 인생이 결국 제한된 것이라면, 인간사 저변의 숨겨진 이야기들을 찾아 읽고 간접 경험하는 것도 삶의 재미가 아닐까.

그런 의미에서 《하룻밤에 읽는 숨겨진 세계사》가 독자 여러분이 지금까지 알고 있던 역사 지식의 구멍을 메우는 데 힌트 또는 계기가 된다면 저자로서 더없이 행복하겠다. 정보 혁명, 세계화 속에서 모든 것이 새로이 구축되고 있는 지금은 더욱 부드럽고 다면적이고 다각적인 '견해'가 요구되기 때문이다.

이 책의 구성과 작업에 편집부의 '부드러운 발상'이 많은 도움을 주었다. 그리고 본서의 성격상 많은 문헌을 참조했다. 그 책을 만든 분들께도 감사드린다.

하룻밤에 읽는
숨겨진 세계사

1판 1쇄 발행 2003년 7월 1일
2판 1쇄 발행 2010년 8월 6일
3판 1쇄 발행 2021년 5월 14일
3판 2쇄 발행 2021년 9월 24일

지은이 미야자키 마사카쓰
옮긴이 오근영

발행인 양원석 **편집장** 박나미
디자인 신자용, 김미선 **영업마케팅** 조아라, 신예은, 정다은, 김보미

펴낸 곳 ㈜알에이치코리아
주소 서울시 금천구 가산디지털2로 53, 20층 (가산동, 한라시그마밸리)
편집문의 02-6443-8865 **도서문의** 02-6443-8800
홈페이지 http://rhk.co.kr
등록 2004년 1월 15일 제2-3726호

ISBN 978-89-255-8870-4 (03900)